陕西理工大学科研基金项目"农业科技园区金融支持的影响效应研究"（批准号：SLGQD16–16）

陕西省教育厅专项科研计划项目"汉中市战略性新兴产业选择及培育对策研究"（批准号：15JK1129）

农业高新区和
农业高新技术产业发展研究

徐嘉祺 著

中国社会科学出版社

图书在版编目（CIP）数据

农业高新区和农业高新技术产业发展研究/徐嘉祺著. —北京：
中国社会科学出版社，2019.3
ISBN 978 - 7 - 5203 - 4197 - 4

Ⅰ.①农… Ⅱ.①徐… Ⅲ.①高技术产业区—农业产业—产业
发展—研究—中国②高技术产业区—农业产业—金融支持—研究—
中国 Ⅳ.①F323

中国版本图书馆 CIP 数据核字（2019）第 047210 号

出 版 人	赵剑英	
责任编辑	刘晓红	
责任校对	周晓东	
责任印制	戴 宽	

出 版	中国社会科学出版社	
社 址	北京鼓楼西大街甲 158 号	
邮 编	100720	
网 址	http：//www.csspw.cn	
发 行 部	010 - 84083685	
门 市 部	010 - 84029450	
经 销	新华书店及其他书店	

印 刷	北京明恒达印务有限公司	
装 订	廊坊市广阳区广增装订厂	
版 次	2019 年 3 月第 1 版	
印 次	2019 年 3 月第 1 次印刷	

开 本	710 × 1000 1/16	
印 张	22.5	
插 页	2	
字 数	346 千字	
定 价	99.00 元	

凡购买中国社会科学出版社图书，如有质量问题请与本社营销中心联系调换
电话：010 - 84083683

前　　言

　　本书是我 2016 年以前研究成果的汇总，大部分内容是在我的博士论文导师陆迁教授和贾金荣教授的悉心指导下完成的。本书研究的是农业高新区的协同发展绩效问题和农业高新技术产业的金融支持问题，希望读者借助本书能够对我国农业高新区以及农业高新技术产业的发展有所了解，尤其是我的母校所在地杨凌农业高新技术产业示范区是我国重要的农业高新区之一，杨凌的发展历程及其现状对我国农业高新区未来的发展具有导向作用，因此本书从杨凌农业高新区的协同发展和当地农业高新技术产业的金融支持双重角度展开了有意义的探讨。

　　本书内容可以分为两部分，第一部分主要从园区协同发展的角度来撰写。所在章节是第一章至第七章。主要内容分为五部分：第一，农业高新区发展的基础理论。首先，对农业高新区的概念及其相关发展理论进行界定分析；其次，通过系统学理论的引入，对农业高新区系统及其内部层级结构进行定义，同时引入协同理论，对农业高新区的协同发展机理进行深入探讨。第二，杨凌农业高新技术产业示范区发展现状分析。首先依据园区内进驻企业的数量对包括杨凌农业高新区在内的 81 个国家级高新区进行归类，运用因子分析法和聚类分析法对 81 个国家级高新区的总体发展情况进行对比分析，在此基础上对杨凌农业高新区进行客观评价。第三，杨凌农业高新技术产业示范区协同发展指标体系的建立。首先回顾了杨凌农业高新区的历史变迁，同时论述了建立协同发展指标体系的意义，在确定指标筛选办法和选取原则的基础上，建立杨凌农业高新技术产业示范区的协同发展指标体系。第四，杨凌农业高新技术产业示范区协同发展绩效的评价。结合杨凌农业高新技术产业示范区协同发展指标体系及其相关数据，通过杨凌农业高新技术产业示范区协同度模型，对杨凌农业高新技术产业示范区系统及其经济、科研和社区子系统的协同水平进行测度。第五，杨凌农业高新技术产业示范区子系统协同发展关系评价。通过构建杨凌农业高新技术产业示范区两两子系统间协同度模型、子系统灰色关联度模型和杨凌农业高新技术产业示范区系统灰色动态评价模型，结合经济、科研和社区子系统的协同度数据，对杨凌农业高新技术产业示范区的两两子系统间的协同关系及其优劣排序、子系统的自我发展能力、子系统间的相互作用展开实证分析，并找出困扰杨凌农业高新技术产业示范区协同发展的"症结"所在。

第二部分内容主要从农业高新技术产业金融支持效应的角度来撰写。所在章节是第九章至第十五章。主要内容分为五部分：第一，概念界定和基础理论分析。首先，对相关概念进行界定；其次，引入农业高新技术产业发展相关基础理论和金融支持相关理论；最后，在相关理论的基础上分析金融支持对农业高新技术产业影响效应的作用机理。第二，农业高新技术产业发展金融支持现状分析。首先阐述了农业高新区的发展历程；然后结合杨凌的实际情况，对我国农业高新技术产业发展现状进行归纳总结。在此基础上，对农业高新技术产业金融支持现状进行分析，并对农业高新技术产业金融支持强度进行评价。第三，农业高新技术产业发展金融支持的总体影响效应分析。以杨凌农业高新技术产业为例，结合金融支持强度的评价值进行回归分析，从产业规模和产业效率的角度探讨金融支持对农业高新技术产业发展的总体影响效应，阐明对农业高新技术产业进行金融支持的意义所在。第四，农业高新技术产业发展金融支持的直接影响效应分析。首先，对金融支持的直接影响效应进行理论上的分析；然后通过社会、科技、产业、农业生态、金融和产业发展绩效六个维度的测量方程模型的构建，结合相关数据，实证分析社会、科技、产业、农业生态、金融等多个影响因素对农业高新技术产业发展的直接影响效应，通过实证结果甄别出对产业发展具有显著、正向影响作用的潜变量因素，明确金融支持的实施对象。第五，农业高新技术产业发展金融支持的中介影响效应分析。首先，对金融支持的中介影响效应进行理论分析；然后，结合社会、科技、产业和农业生态四个维度的因素，实证分析金融维度因素对农业高新技术产业发展的中介影响效应，根据实证结果甄别出主导中介影响效应的金融维度潜变量因素，并得出金融支持对社会、科技、产业和农业生态四个维度影响因素中介影响效应的大小，明确金融支持的实施方法。

　　限于笔者的学识与见闻，本书的缺点和错漏在所难免，诚请广大读者提出批评与指正意见。

徐嘉祺

2018 年夏

目　　录

第一章　农业高新区协同发展研究概述·················· 1

第一节　农业高新区的发展历程···················· 1
第二节　学界的相关研究······················ 5
一　国外研究综述······················ 5
二　国内研究综述······················ 14
三　国内外研究述评····················· 20
第三节　研究的内容························ 21
第四节　研究思路和方法······················ 22
一　研究思路························· 22
二　研究方法························· 22
第五节　可能创新之处······················· 24
一　研究内容的创新····················· 24
二　研究方法的创新····················· 24

第二章　农业高新区的概念界定和基础理论··············· 25

第一节　概念界定························· 25
一　高新区的定义······················ 25
二　农业高新区的定义···················· 27
第二节　农业高新区发展的相关理论················· 28
一　三元参与理论······················ 28
二　创业中心理论······················ 29

　　三　技术诱导变革和技术创新理论 …………………………… 30

　　四　增长极理论 …………………………………………………… 30

　　五　风险投资理论 ………………………………………………… 31

　第三节　系统学理论 ……………………………………………… 32

　　一　思想来源 ……………………………………………………… 32

　　二　核心思想 ……………………………………………………… 33

　　三　基本研究方法 ………………………………………………… 33

　　四　复杂系统的概念 ……………………………………………… 33

　　五　农业高新区系统的界定 ……………………………………… 34

　　六　农业高新区系统的结构 ……………………………………… 35

　第四节　协同学理论 ……………………………………………… 36

　　一　协同学的形成 ………………………………………………… 36

　　二　协同学的主要思想 …………………………………………… 39

　　三　协同学的基本概念 …………………………………………… 40

　第五节　农业高新区协同发展机理 …………………………… 42

　　一　农业高新区系统子系统和序参量的关联机理 ………… 42

　　二　农业高新区系统协同发展的基本内涵 …………………… 44

第三章　杨凌农业高新技术产业示范区发展现状分析 ……… 47

　第一节　农业高新区的发展 ……………………………………… 47

　　一　农业高新区 …………………………………………………… 47

　　二　农业高新技术产业 …………………………………………… 52

　第二节　基于规模角度的国家级高新区相关研究及分类 ……… 63

　　一　关于规模报酬的研究 ………………………………………… 63

　　二　关于规模效率的研究 ………………………………………… 64

　　三　关于高新区规模的分类 ……………………………………… 65

　第三节　杨凌农业高新技术产业示范区发展现状实证

　　　　　分析 ……………………………………………………… 66

　　一　基于不同规模高新区的绩效对比分析 …………………… 66

　　二　基于聚类分析的相同规模高新区发展现状分析 ……… 68

　本章小结 …………………………………………………………… 74

第四章　农业高新区协同发展指标体系的构建 ……………… 75

　第一节　杨凌农业高新技术产业示范区协同指标体系构建的
　　　　　意义 ………………………………………………… 75

　第二节　序参量和指标的筛选方法、确定的原则 …………… 76

　　　一　序参量和指标的筛选 ……………………………… 76

　　　二　序参量和指标的确定 ……………………………… 77

　第三节　杨凌农业高新技术产业示范区协同发展指标
　　　　　体系 ………………………………………………… 78

　　　一　经济子系统的序参量和指标 ……………………… 78

　　　二　科研子系统的序参量和指标 ……………………… 80

　　　三　社区子系统的序参量和指标 ……………………… 81

　第四节　杨凌农业高新技术产业示范区协同发展指标体系的
　　　　　建立 ………………………………………………… 83

第五章　杨凌农业高新技术产业示范区协同发展绩效的评价 ……… 85

　第一节　杨凌农业高新技术产业示范区协同发展绩效的评价
　　　　　方法 ………………………………………………… 85

　　　一　农业高新区系统的协同度 ………………………… 85

　　　二　原始数据的预处理 ………………………………… 86

　　　三　系统内各层级要素权重的确定 …………………… 87

　　　四　杨凌农业高新技术产业示范区系统的协同度
　　　　　模型 ………………………………………………… 91

　第二节　杨凌农业高新技术产业示范区系统协同度测度 …… 94

　　　一　数据的来源及基础指标的无量纲化处理 ………… 94

　　　二　指标综合权重的确定 ……………………………… 96

　　　三　序参量的协同度 …………………………………… 102

　　　四　子系统的协同度 …………………………………… 103

　　　五　杨凌农业高新技术产业示范区系统的协同度 …… 109

　第三节　基于实证结果的进一步分析 ………………………… 110

　　　一　经济子系统协同发展动态变化分析 ……………… 110

二　科研子系统协同发展动态变化分析·······················111

三　社区子系统协同发展动态变化分析·······················111

四　杨凌农业高新技术产业示范区系统协同发展动态
变化分析···112

本章小结···113

第六章　杨凌农业高新技术产业示范区子系统协同发展关系
评价···115

第一节　杨凌农业高新技术产业示范区两两子系统间协同
关系评价···115

一　两两子系统间协同度模型·································116

二　两两子系统间协同关系评价的标准······················117

三　两两子系统间协同关系评价·······························118

四　基于评价结果的进一步分析·······························121

第二节　杨凌农业高新技术产业示范区两两子系统间协同关系
优劣分析···123

一　灰色关联度模型···123

二　两两子系统间协同关系优劣分析······················125

第三节　杨凌农业高新技术产业示范区灰色动态评价
分析···126

一　灰色动态评价模型···127

二　灰色动态评价的内容及其标准···························128

三　实证结果··129

四　基于结果的进一步分析·····································130

五　杨凌农业高新技术产业示范区系统的
"木桶效应"···131

本章小结···134

第七章　提升农业高新区协同发展绩效的措施·····················137

第一节　研究结论···137

一　杨凌农业高新技术产业示范区现阶段的发展

存在问题 ··· 138
二　杨凌农业高新技术产业示范区子系统的协同
发展绩效 ··· 138
三　杨凌农业高新技术产业示范区系统的协同
发展绩效 ··· 139
四　杨凌农业高新技术产业示范区子系统间的
协同关系 ··· 139
五　杨凌农业高新技术产业示范区子系统间协同关系的
优劣排序 ··· 140
六　杨凌农业高新技术产业示范区子系统自我发展
能力与协同作用力评价 ··························· 141
七　推动杨凌农业高新技术产业示范区协同发展的
政策建议 ··· 141
第二节　政策措施 ·· 142
一　进一步提高子系统自我发展能力 ··············· 142
二　改善子系统间协同关系 ··························· 145
三　撤区建市，打造现代化新杨凌 ··················· 148

第八章　农业高新区协同发展与金融支持的相关研究 ············ 151
第一节　区域协同发展 ··· 151
一　整体区域协同发展 ································· 151
二　区域因素之间的协同发展 ························· 152
第二节　区域发展的金融支持研究 ··························· 153
一　区域金融支持指数测定 ··························· 153
二　区域金融支持指标体系构建 ····················· 153
三　区域发展与金融支持的联系 ····················· 156
第三节　区域协同发展的金融支持研究 ····················· 157
一　金融要素的协同发展 ····························· 157
二　区域协同发展的金融支持促进作用 ·············· 158
三　区域发展要素与金融要素的协同 ················ 159
第四节　金融支持效应研究 ··································· 162

第九章 农业高新技术产业的金融支持研究概述……………… 167

　第一节 金融支持对农业高新技术产业发展的必要性……… 167
　第二节 学界的相关研究………………………………………… 171
　　一 高新技术产业发展研究………………………………… 171
　　二 金融发展与产业发展的关系研究……………………… 175
　　三 高新技术产业发展的金融支持问题研究……………… 178
　　四 研究述评………………………………………………… 180
　第三节 研究思路和方法……………………………………… 182
　　一 研究思路………………………………………………… 182
　　二 研究方法………………………………………………… 184
　第四节 可能创新之处………………………………………… 184

第十章 农业高新技术产业和产业金融支持的相关
　　　　概念界定与基础理论分析…………………………… 186

　第一节 概念界定……………………………………………… 186
　　一 高新技术和高新技术产业……………………………… 186
　　二 农业高新技术和农业高新技术产业…………………… 188
　　三 金融支持………………………………………………… 189
　第二节 基础理论……………………………………………… 190
　　一 农业高新技术产业发展相关理论……………………… 190
　　二 金融支持相关理论……………………………………… 193
　第三节 金融支持影响效应的作用机理……………………… 196
　　一 金融支持的影响作用和影响效应……………………… 196
　　二 金融支持对高新技术产业发展的作用机理…………… 198
　　三 金融支持对农业高新技术产业发展的影响效应……… 201

第十一章 农业高新技术产业发展金融支持现状分析……… 204

　第一节 农业高新技术产业发展的金融支持状况及
　　　　　特征分析…………………………………………… 204
　　一 农业高新技术产业金融支持的总体现状……………… 204

二　杨凌农业高新技术产业金融支持的现状·················· 206

三　农业高新技术产业金融支持的特征·················· 218

第二节　农业高新技术产业金融支持强度评价·················· 219

一　金融支持强度的理论分析·················· 219

二　构建指标体系的原则·················· 221

三　研究方法的确定·················· 221

四　金融支持强度评价指标体系和数据的来源·················· 223

五　金融支持强度的评价——以杨凌为例·················· 224

第十二章　农业高新技术产业发展金融支持的总体影响效应·········· 229

第一节　金融支持总体影响效应·················· 229

第二节　金融支持对产业规模的影响效应·················· 230

一　理论分析·················· 230

二　模型构建·················· 231

三　指标选择与数据来源·················· 231

四　金融支持对产业规模影响效应的实证分析·················· 232

五　金融支持对产业规模影响效应的实证结果讨论·················· 234

第三节　金融支持对产业效率的影响效应·················· 234

一　产业效率的测算·················· 234

二　理论分析·················· 235

三　模型构建·················· 237

四　指标选择和数据来源·················· 237

五　金融支持对产业效率影响效应的实证分析·················· 237

六　金融支持对产业效率影响效应的实证结果讨论·················· 239

本章小结·················· 241

第十三章　农业高新技术产业发展金融支持的直接影响效应·········· 242

第一节　多因素直接影响效应的理论分析·················· 242

一　农业高新技术产业影响因素确定的理论依据·················· 242

二　农业高新技术产业发展的影响作用·················· 246

第二节　模型构建·················· 247

　　一　结构方程模型 ……………………………………… 247

　　二　建模步骤 …………………………………………… 250

第三节　指标选择和数据来源 ……………………………… 251

　　一　指标的选择 ………………………………………… 251

　　二　数据的来源 ………………………………………… 254

第四节　数据的预处理和验证性因素分析 ………………… 255

　　一　数据的预处理 ……………………………………… 255

　　二　验证性因素分析 …………………………………… 260

第五节　多因素直接影响效应的实证分析 ………………… 270

　　一　社会维度 …………………………………………… 270

　　二　科技维度 …………………………………………… 271

　　三　产业维度 …………………………………………… 273

　　四　农业生态维度 ……………………………………… 275

　　五　金融维度 …………………………………………… 276

第六节　多因素直接影响效应的实证结果讨论 …………… 278

　　一　社会维度的分析 …………………………………… 278

　　二　科技维度的分析 …………………………………… 278

　　三　产业维度的分析 …………………………………… 279

　　四　农业生态维度的分析 ……………………………… 279

　　五　金融维度的分析 …………………………………… 280

本章小结 …………………………………………………… 280

第十四章　农业高新技术产业发展金融支持的中介影响效应 ……… 282

第一节　金融支持中介影响效应的理论分析 ……………… 282

　　一　金融支持对农业高新技术产业的中介影响效应 … 282

　　二　金融支持对社会维度影响因素的中介影响效应 …… 283

　　三　金融支持对科技维度影响因素的中介影响效应 …… 284

　　四　金融支持对产业维度影响因素的中介影响效应 …… 285

　　五　金融支持对农业生态维度影响因素的中介影响

　　　　效应 ………………………………………………… 286

第二节　模型构建 ………………………………………… 287

一　中介效应模型 ·· 287

二　指标选取 ·· 289

第三节　金融支持中介影响效应的实证分析 ············· 289

一　社会维度 ·· 289

二　科技维度 ·· 293

三　产业维度 ·· 296

四　农业生态维度 ··· 299

第四节　金融支持中介影响效应的实证结果讨论 ········· 303

一　社会维度的分析 ······································ 303

二　科技维度的分析 ······································ 304

三　产业维度的分析 ······································ 306

四　农业生态维度的分析 ·································· 307

本章小结 ·· 308

第十五章　提升金融支持效应的措施 ·················· 310

第一节　结论 ·· 310

第二节　推动农业高新技术产业发展的金融措施 ········· 312

一　加大产业发展的金融支持强度 ······················ 313

二　构建科研创新的金融支持体系 ······················ 315

三　完善基础设施建设的融资体系 ······················ 316

四　加快农业生态建设金融支持体系建设 ··············· 317

参考文献 ·· 319

第一章　农业高新区协同发展研究概述

第一节　农业高新区的发展历程

　　第二次世界大战以后，以生产机械化、工厂化为标志的现代农业生产方式在西方发达国家迅速普及。随着生命科学、信息科学、航天科学、材料科学、环境科学、系统科学、控制科学等新兴学科的不断发展和在农业领域中的全面渗透，为农业科技进步注入了强大动力。特别是超级水稻、转基因猪、克隆牛羊的培育成功，动植物生长激素、动植物生物反应器的开发应用，农业生产、流通、管理领域中的信息化，标志着世界农业正在进入一个高新化时代，世界性的新农业科技革命正在兴起。在农业科技革命的推动下，世界农业发生了巨大的变化，呈现出新的特征：高新技术在农业中广泛应用；农业从传统的种养业，向微生物产业、食品制造产业，乃至新生物制剂产业拓展，农业生产规模化，企业数量减少、实力增强；信息技术在农业生产、流通中广泛应用；跨国农业企业和企业集团不断壮大，农业竞争国际化。

　　进入 20 世纪 80 年代以来，在新科技革命引领下世界经济产业结构优化升级的背景下，高新技术产业成为世界新的经济增长点，这也刺激了世界各地建设高新区的热情，一时间世界各地各种类型的高新区纷纷兴起。美国硅谷的成功建设与开发，为美国乃至世界各地都提供了建设高新区的典型，美国之后兴建了包括 128 公路高科技产业地带以及北卡罗来纳三角研究公园等在内的 350 多个高新区。在美国建设高新区的示范作用下，世界各发达国家纷纷效仿，亚洲地区以日本为代表，兴建了包括筑波科学城、九州硅岛等高新区；在欧洲，苏联（俄罗斯）、英格兰、苏格兰、意大利、法国、德国、西班牙、荷兰、比利时、瑞典等国家也建立了各具特色的高新区，其中比较典型的包括剑桥科学园、安蒂波利斯科学城、新西伯利亚科学城等。发达国家的高新区建设热潮不断扩散，其影响范围覆盖东亚、东南亚以及南亚等地区的部分发展中国家。高新区的建立，为世界科技的发展起到了先导作用。

早在1988年5月，国务院就正式批准设立我国第一个高新区——北京市新技术产业开发试验区，从而拉开了发展我国高新区的序幕。从20世纪80年代以来，随着世界农业科技革命的迅速发展，农业生产方式逐步由传统粗放型向现代集约型转变，农业高新区作为现代集约型农业和高新技术应用示范的窗口应运而生，呈快速发展的趋势。现代农业高新区是近年来在加快农业现代化发展步伐中出现的一种新组织形式。各地在实施"八五""九五"计划中，把建设现代农业高新区作为重要内容，发展势头很猛，建设热情很高。据农业部科技司的调查统计，截至2000年，我国有国家级农业高新区1个，即杨凌农业高新技术产业示范区，省级农业高新区42个，地级农业高新区362个，县级3000多个，已初步建成国家、省、地区、县四级体系。20世纪90年代以来，我国各地致力于把高新技术成果迅速地向农业领域转移，通过创办农业高新区，加快利用高新技术改造传统农业的步伐。自2001年国家科技部、农业部等六部委联合正式启动国家农业高新区试点建设工作以来，全国分三批先后共建立了118个国家农业高新区，逐步形成了覆盖全国、特色鲜明、模式典型、科技示范效果显著的国家农业高新区发展格局。据不完全统计，园区累计引进培育新品种3.82万个，推广新技术1.6万项。园区农业科技贡献率约70%，科技成果转化率超过60%。园区入驻涉农企业达6376家，年产值4627亿元。园区累计培训农民超800万人，2013年园区吸纳农村就业人数达76.3万人，园区平均农村纯收入高出周边地区30%以上。

随着我国农业现代化步伐的加快，广大农村、农业生产基地对农业高新技术需求日盛。2012年的中央一号文件《关于加快推进农业科技创新持续增强农产品供给保障能力的若干意见》再次指出要"推进国家农业高新技术产业示范区和国家农业科技园区建设"。2013年，习近平强调，"农业出路在现代化，农业现代化关键在科技进步。我们必须比以往任何时候都更加重视和依靠农业科技进步，走内涵式发展道路"。针对发展现代农业的需求，农业高新区要发挥现代农业的重要载体的作用，结合农业产业发展，强化园区科技功能，进一步拓展园区的生产、经济、生态功能，开辟农业新的产业领域和就业领域，促进区域现代农业发展。针对促进农业科技创新的需求，需要进一步加强农业高新区的成果转化、引进与集成示范，增强园区技术创新能力。农业高新区是区域农业科技创新基地的重要组成部分。在加强农业科技成果的引进与示范的同时，特别要突出其引进消化吸收再创新能力，用先进科技改造传统农业，在农业科技创新中承担重要的角色。

总体看来，农业高新区为解决我国"三农"问题、实现农村小康，推动农业结构调整、增加农民收入起到了重要作用。国家农业高新区通过围绕创新不同类型的农业科技成果转化模式及其相应的产业化运行机制，强化了农业科技成果转化和孵化功能，使国家农业高新区成为在不断打造创新链和创业链中实现农业科技成果转化的重要平台，成为发展现代农业，建设新农村和建立区域科技创新体系的一项基础性、公共性和战略性工作。然而，我国农业高新区的发展并非一帆风顺。早在2001年，由科技部印发的《农业科技园区指南》中就指出，我国农业高新区的发展面临重重问题，"如重复建设，缺乏宏观指导；盲目引进，经济效益不高；产品科技含量偏低，市场竞争能力不强；运行机制不完善，发展缺乏活力等"。因此，有必要对农业高新区的发展进行深入研究，理顺园区总体发展思路，解决园区发展中的突出问题，为不同的园区"量身定做"相应的园区发展政策。要实现为不同的园区"量身定做"发展政策的目的，需要结合现代的管理学理论和数理方法，建立一套有效的评价机制，找出阻碍其发展的问题所在，有针对性地制定相应的政策措施。

建立适应社会主义市场经济需要的农业高新区是我国农业现代化的重要内容，也是我国解决"三农"问题的重中之重。本书在系统研究已有的相关理论和文献的基础上，运用系统学和协同学的相关理论，结合杨凌农业高新技术产业示范区的发展现状进行深入的研究探讨，应实现以下研究目的：①通过对农业高新区系统的分析，厘清系统中经济、科研和社区子系统之间的相互联系，进一步揭示其发展演变过程协同演变作用，为杨凌农业高新技术产业示范区系统的协同发展指明目标。②结合杨凌农业高新技术产业示范区的发展现状，基于科学性和可获得性的原则选择选择相关指标，建立农业高新区协同发展评价指标体系。③在农业高新区协同发展评价指标体系的基础上，构建杨凌农业高新技术产业示范区协同度模型，对 2004 年到 2012 年杨凌农业高新技术产业示范区系统及其子系统的协同发展绩效进行测度。④在杨凌农业高新技术产业示范区子系统测度数据的基础上，对杨凌农业高新技术产业示范区两两子系统间的协同关系及其优劣进行实证分析，进一步对子系统的自我发展能力和子系统间的协同作用力进行分析评价，为相关政策措施的制定提供理论依据。

同时，本书得以进展具有学术和现实双重意义。在学术方面：①健全农业高新区系统发展理论。长期以来，我国的学者都把研究的注意力集中于第二产业、第三产业的高新区，对于第一产业的高新区，即农业高新区的研究明显不足。而随着农业技术的日新月异、国家对农业发展的日益重视，以及农业科技对我国农业现代化所起作用日益明显，加强对农业高新区的研究已经刻不容缓。②从新视角研究高新区发展问题。协同学作为一门新兴的学科，在 20 世纪初我国的学者才大量地把其应用到社会科学的研究中，而把其应用到高新区的研究中来却是少之又少。从前人的研究中发现，协同学对于人文社科类学科的研究具有较大的适用性，因此本书大胆地把协同学的知识引入农业高新区的研究中来，从新的视角来解决农业高新区的发展问题。在现实方面：①制定农业高新区协同发展的评价方法。运用系统论和协同理论，分析农业高新区系统经济、科研和社区建设的内在联系，构建农业高新区协同发展指标体系，并在此基础上制定农业高新区系统协同发展的评价方法，促进我国农业高新区相关研究的进一步发展。②结合实例进行实证分析并提出相应改进政策。结合杨凌农业高新技术产业示范区的发展现状，运用农业高新区协同发展的评价方法，对杨凌农业高新技术产业示范区的协同发展现状展开深入研究，以研究结果为依据制定相应政策措施，使杨凌农业高新技术产业示范区的协同发展绩效得以提升。

第二节　学界的相关研究

农业高新区是高新区体系中的重要组成部分，因此其相关的理论性与应用性研究都源自学者们对高新区的研究。本书把关于高新区发展的文献分成四个部分加以整合综述。

一　国外研究综述

（一）高新区发展理论

在高新区发展的基础理论方面，发达国家的研究者们做出了杰出的贡献，从而他们也取得了丰硕的成果，其中主流的理论流派有以下几个，分别是增长极理论、技术扩散理论、孵化器理论、产业集群理论、创新理论。

1. 增长极理论

增长极（growth pole）的概念来源于法国经济学家弗朗索瓦·佩鲁（F. Perroux）的著作，在其著作《经济空间：理论的应用》和《略论发展极的概念》中，佩鲁指出"增长并非同时出现在所有地方，它以不同的强度首先出现在一些增长点或增长极上，然后通过不同渠道进行扩散，并对整个经济产生不同的最终影响"（F. Perroux，1950）。在20世纪50年代，增长极理论在区域发展理论中盛极一时，被世界各国用作制定区域发展政策的理论基础，在70年代末，它又被理论界普遍拒绝，但还是留下大量的理论和实践经验。进入80年代末，由于世界高新区建设的兴起，增长极理论再次复兴。

增长极理论的首次兴盛，始于20世纪50年代。当时的法国经济学家布德维尔（Boudville）对佩鲁始创的增长极理论的研究方向作出了调整，使其研究重点从主观的经济空间转向了更为客观的地理空间，布德维尔的区域增长极理论由此诞生。区域增长极理论认为增长极应是其所在区域引导并且推进区域经济发展的增长中心，发展初期的投资要在这一增长中心集中，使增长从中心向附近区域传播（Boudville，1966）。与布德维尔同一时期的学者缪尔达尔（Glmyradal）则从增长极理论的运行机制展开研究，提出了"二元经济结构"理论。二元经济结构理论认为增长极具有正面的"扩散效应"和负面的"回波效应",扩散效应促进经济发展的各项要素从增长极向周边欠发达地区扩散,使区域内经济发展差距缩小;回波效应促进经济发展的各项要素从周边欠发达地区向增长极回流,使区域内经济发展差距进一步扩大;政府应积极参与区域经济发展,遏制"回波效应",不能消极等待增长极的"扩散效应"。二元经济结构理论完善了增长极理论,并且为区域发展中的"政府的积极干预"提供了理论依据(施祖麟,2007)。在缪尔达尔提出二元经济结构理论的同时,美国经济学家赫希曼(Albert O. Hirschman)提出了"核心区—边缘区"理论,相对于二元经济结构理论里的"扩散效应"和"回波效应",赫希曼把核心地区对边缘地区的有利影响称作"涓流效应",不利影响则称作"极化效应",赫希曼指出在区域发展的初期,合理利用极化效应的作用,吸收增长极周边的各项生产要素重点发展区域内的增长极是非常必要的,他认为只有发展成熟的核心区才能发挥对边缘区的带动作用。与二元经济结构理论不同的是,"核心区—边缘区"理论认为政府的干预必须慎重,过于积极的政府干预行为将不利于"涓流效应"的产生(Hirschman,1958)。

经历了长达十年的衰落后,增长极理论在 20 世纪 80 年代末由于世界高新区的建设再次复兴。以波特(M. Porter)为代表的学者们认为这一时期的增长极理论的研究重点是区域内增长极竞争优势的建立,此时的区域内增长极所包括的内涵相较于 20 世纪 70 年代更为明确,其中有城镇行政机构、各项产业、新技术工业园区、科研机构等。波特等学者的理论建立在对生产要素的划分:基本要素和高级要素,基本要素包括区域的自然资源、气候、人口以及地理等,高等因素包括后天开发所需要的人才储备、科研机构、社区服务体系等。增长极的传统优势主要建立在基本要素的基础上,增长极的竞争优势却是在高级要素的基础上建立的,区域内增长极的作用主要体现在生产要素的高级要素上。

增长极理论经历了兴盛—衰落—复兴等成长阶段,已经成为一门成熟的理论体系。尤其是 20 世纪末因高新区兴起的再次复兴,为我国乃至世界关于高新区的研究提供了全新的视角。从现实的角度出发,高新区就是其所在区域内的增长极,因此把增长极对区域经济研究的成果应用到高新区相关问题的研究中,具有现实意义。

2. 技术扩散理论

对技术扩散的研究最早可追溯到 20 世纪初熊彼特创新理论对经济运行中的"模仿"现象的阐述；与其同一时期的泰勒则从社会学的角度研究这种"模仿"对社会经济发展的影响，并提出模仿的过程呈"S"形的曲线轨迹；到了 1943 年，学者格劳斯在对农业技术创新进行大量研究后证明技术扩散的过程遵循"S"形技术扩散曲线（Ryan and Gross，1943）；到了 1961 年，在对企业技术扩散的研究基础上，曼斯菲尔德对技术扩散曲线进行了完善（Mansfield，1961）；与曼斯菲尔德同一时期的学者黑哥斯特朗则把空间距离的因素引入技术扩散理论体系中（Hagerstrand，1952），由此在近代经济生活中被广泛应用的技术扩散理论基本形成。

基于技术空间距离的角度，可以把技术扩散划分为宏观与微观两个部分（Abreu M. and Henri L. F.，2004；康凯，2004；林兰和曾刚，2007；曾刚和林兰，2008）。宏观层面的研究，主要集中于国际间与不同区域间的技术扩散；微观层面的研究，则侧重于一定区域内技术扩散，如区域内的高新区对周边地区的技术传播。基于技术扩散路径的角度，可以把技术扩散分为静态和动态两种路径。静态技术扩散路径理论出现较晚，其代表者是 Buckley（Buckley，1976），他提出了 10 种经典的静态技术扩散：合资企业、外国独资企业、专卖、许可、管理契约、契约合资、国际转包、交钥匙工程、股权递减协议和外国多数股权安排；动态技术扩散理论出现较早，Schumpter（1934）从技术创新周期的角度出发，把技术扩散的过程划分成发明、创新和传播三阶段，其后来者 Vernon（1966）和 Burgleman（2003）则分别从技术生命周期和产品生命周期的角度来说明技术扩散的路径。基于技术扩散方式的角度，可以把技术扩散分为等级空间扩散和波浪式空间扩散两种方式。等级空间扩散理论的代表者是 Casetti（1969）、Pedersen（1970）、Richardson（1973），该理论认为技术扩散的空间是非均质的，技术在非均质的空间中按区域的等级扩散，决定技术扩散速度和方向的是该区域接受技术能力的等级而非与中心区距离的远近；波浪式空间扩散的代表者是 Darwent（1969）和 Morrill（1970），该理论认为技术在一定的均质空间里以同心圆的方式从中心向周边扩散，扩散的速度随与中心距离的扩大而衰减。因此为了以最快的速度取得最新的技术，大量企业聚集于中心区域，企业的聚集反过来促进技术的进步，促使与之配套的科研机构、行政和社区服务设施建立，最终形成高新区。

经过多年发展，技术扩散理论已经是一门较为成熟的理论体系。从技术空间距离的角度出发，在微观的层面高新区有利于地区内技术的扩散；从技术扩散路径的角度出发，高新区结合了静态与动态两种发展路径，为地区经济的发展提供多种方向；从技术扩散方式的角度出发，高新区在区域内曾波浪式地由中心向周边地区传播最新的技术，对技术具有依赖性的企业从节约成本的角度考虑自发地聚集到高新区，为高新区经济、科研的发展注入必不可少的资本，反过来促进高新区的发展。

3. 孵化器理论

孵化器最早出现于20世纪50年代，然而其真正受到学界的重视是在20世纪80年代以后，因此直接导致了这30年里几乎没有留下企业孵化器的相关研究资料。20世纪80年代以后，由于世界范围内高新区的兴起，大量科技企业涌现，企业孵化器日渐受到重视，学者对孵化器的相关研究正式步入正轨。所谓孵化器是一种为创业者提供共性服务和基础设施的组织或机构，在众多发达国家和部分发展中国家中孵化器作为扶持创业、加速技术创新，推动社会、经济、科技发展的政策工具，这一方式通过直接投资、间接资助或立法等方式得到了积极推广。Sean等（2004）对2002年以前的文献研究发现：孵化器被视为"新"经济中一种微观社会经济现象，围绕它在区域发展、创业/创新、就业中的作用，对孵化器的经济学特征进行研究。包括美国小企业署、NBIA组织在内的研究者根据各自不同的研究目的，为孵化器给出了多种多样的定义。Sean等（2004）将孵化器定义为在共享的办公设施内，能够提高入驻企业商业价值的干预网络。

美国是最早出现企业孵化器和高新区的国家，因此对科技企业孵化器的研究也最早。经过多年的发展，美国的学者们形成了一个企业孵化器的研究群体，这其中有David N. Allen、Peter Bearse、Candace Campbell、Deborah M. Markley、Richard McClucskey、Kevin T. Mc Namara、Sarfraz A. Mian、Rhonda G. Phillips、Mark P. Rice 等，这些研究者专注于以企业孵化器运营绩效为研究视角，采用投入—产出的分析方法，对科技企业孵化器进行评价。

孵化器理论在现今农业高新区的研究领域中，占有重要地位，它被广泛用于农业高新区创业服务中心的建设，农业高新区孵化器为农业高新技术企业群注入新的血液，有助于园区内产业发展的多元化和园区经济实力的提升。

4. 产业集群理论

集群（Cluster）的概念最早可追溯到亚当·斯密 1776 年出版的《国富论》，《国富论》对集群的解释是，"一群具有分工性质的中小企业为了完成某种产品的生产联合而形成的群体"（亚当·斯密，1776）。1990 年，美国经济学家波特（Porter）提出了产业集群（Industrial cluster）的概念，并把产业集群的一系列研究方法用于对国家和区域的竞争优势的分析（Porter，1998）。从此产业集群理论广泛用于区域经济问题的研究，在学者日益关注高新区发展之时，产业集群理论作为成熟的基础理论备受研究者青睐。

要系统理解产业集群理论，首先提到的马歇尔（Marshall）的集聚理论，他在 1890 年的《新经济地理》一书中较为系统地总结了一些产业的集群现象，并指出对外部规模经济的追求是促使产业内企业集聚的动力（Marshall，1920）。20 世纪初，韦伯（Weber）在其出版的《工业区位论》中提出了工业区位理论，他分别从技术水平、劳动力、市场和成本等四方面研究工业在区域内集聚的原因（李刚剑，1997）。到了 20 世纪 70 年代末 90 年代初，新经济地理学理论兴起，其代表者是克鲁格曼（Krugman），他利用新经济地理学理论对产业集聚的原因给出了新的解释：需求、外部经济和特殊的历史事件（Krugman，1991）。在克鲁格曼之后，波特（Porter）从竞争优势的角度出发研究产业集聚问题，并首次提出了产业集群的概念，波特从区域内集群的竞争优势出发，分析了企业与企业之间、企业与经济环境之间的关系，并且创新性地把产业集群的竞争优势因素与地理集中因素有机结合（Porter，1998）。波特所做的工作为产业集群的后续研究奠定了基础。

综观世界各国高新区的发展，均体现出极其明显的产业集群特征，即使不能把高新区等同于产业集群，但产业集群不失为一种有效的高新区组织形式，因此产业集群理论对关于高新区一系列问题的研究具有重要的指导意义。

5. 创新理论

创新理论最早由美籍奥地利经济学家熊彼特提出。他在其 1912 年出版的著作《经济发展理论》中提出经济发展的根本现象是创新，所谓"创新"是建立区别于现有生产函数的新生产函数，具体实施办法就是在现有的生产体系中引入没出现过的生产要素和生产条件，实现的形式有五种：①采用新产品；②采用新技术；③开辟新市场；④控制原材料新的供应来源；⑤建立新的工业组织（熊彼特，1997）。由于受到时代的局限，创新理论诞生后一直被主流经济学边缘化，一直到 20 世纪末随着高新技术在社会经济发展中的作用日益突出，创新理论终于跻身主流经济学，并得到进一步发展。

创新理论的复兴始于 20 世纪 60 年代西方国家的经济衰退。德国经济学家 Mensch 在 1976 年出版的著作《技术的困境——创新战胜萧条》一书中提出重要的技术创新可以使经济产生长期稳定的增长，但随着时间的推移，这种增长会日渐减少并产生经济萧条，必须有新的技术出现才能克服萧条，实现新的经济增长。进入 70 年代以后，大量的学者运用技术活动的相关数据对创新、技术扩散、增长和贸易等问题进行实证分析，在此基础上，Freeman 于 1974 年出版的《工业经济的创新》一书中总结了西方学术界十多年的研究成果，形成新的学科：创新经济学。创新经济学首次提出了"创新系统"的概念。进入 80 年代末以后，随着技术和组织创新的日益复杂，创新研究被提升到国家的层面，即国家创新系统理论。国家创新系统的代表者是 Freeman，Freeman 于 1987 年研究日本的案例后提出国家创新系统是第二次世界大战后的日本经济复苏的重要原因。对于"创新系统"的边界，Edquist 认为单纯按国家的层面来认定并不科学，应加入区域的层面，即区域创新系统（RSI）。Breschi 等则提出产业创新系统（SIS）用以研究不同产业部门之间的技术创新方式和技术扩散方式，Carlsson 等则提出技术系统（TS）用以研究区域创新系统的影响范围。

创新理论从诞生之日起，通过不断完善已经成长为一门成熟的理论体系。尤其是 20 世纪末区域创新系统理论的出现，为高新区建设和发展问题的研究提供了新的研究视角。所谓区域创新系统是指在一定的地域空间或开放边界内，以企业、研发机构、高校和行政服务机构为主的创新主体通过交互作用构建的一个创新性的社会系统。从理论的角度出发，高新区就是区域创新系统的现实体现。

（二）高新区发展的影响因素

David 和 John（2002）认为，高等教育机构会用一种间接的方式对高新区的发展造成影响。学生在高校接受教育期间，会建立起复杂的人际网络关系，生活习惯也逐渐与当地的生活习惯趋向一致，因此学生毕业后更有可能在其受教育的地区或区域就业，因此他们认为大学是为高新区带来优秀人力资本和创业型人才的重要因素。David 和 John 同时对硅谷进行研究后发现，如果高新区里拥有政府投资建成的高品质教育机构，对高新区发展造成的影响比起普通的教育机构更大。

Geetha（2008）以印度为例，说明政府对高新区的发展有重要影响。印度政府在 1991 年成立第一个软件技术的高新区以后，陆续在全国各地建立起多个软件技术的高新区，这些高新区对印度软件产业的发展起到至关重要的作用。近年来随着民营高新区在印度各地的普及，印度政府开始推动建设生物技术高新区，以促进这一新兴产业的发展，印度的生物技术高新区仍处于起步阶段，主要由印度各邦和来自不同国家的政府机构支持建设，印度政府继续发挥在建设高新区中的影响作用，计划使生物技术高新区成为下一个成功高新区的范例。

Quinton 和 Maxwell（2014）认为，大学是高新区发展的主要动力，同时也对国家的经济增长发挥关键作用。来自大学的创新型人才通过成立高新技术企业加强对新技术的研发，同时这些企业也很容易接受新技术、新想法和新生产工艺并把它们投入实际生产中。虽然有必要加强大学对发展国家经济的推动作用，但更为重要的是在大学的基础上建成科技的创新系统，即高新区。同时，Quinton 和 Maxwell 的研究还指出，大学的区位优势、研究人员的技术水平、R&D 费用的支出和成功的公私合作关系是建立成功高新区的关键因素。在一个有利的运行环境下，新投资、新公司数量、新的就业岗位可以作为实证指标，反映高校对高新区发展的影响作用。

（三）高新区发展的评价方法

Peter 和 Hans（2003）认为，要合理地评价高新区的发展状况，其中较为合理的方法就是对园区内和园区外的高新技术企业（NTBFs）进行对比分析。他们调查了273个NTBFs，其中134个在园区内，139个在园区外，结果显示，在企业经营战略层面，园区内和园区外的NTBFs存在显著差异，位于园区内的NTBFs明显在企业的创新能力、以市场为导向的竞争、产品销售和就业增长、高利润等方面占据优势。然而，大部分园区外的NTBFs并未意识到这种差异优势的重要性，在调查中，园区外NTBFs的经营者难以理解区位选择对企业的重要性。

Bennis（2006）以台湾地区新竹科学工业园为例，对国家在高新区发展中所起的作用进行重新评价，作者认为国家确实对高新区的发展起到积极的作用，然而并非所有积极的结果都源自政治精英和国家官僚机构的决策，并且如果国家不在高新区的发展步入正轨后减少干预，会使高新区对政策形成路径依赖。此外，国家为高新区制订的计划目标并未能很好地实现，却带来许多副作用，在以往的研究中，研究者们所给予的评价只强调政府对高新区发展的积极作用，却忽视了其中的负面效果。

Mariagrazia（2008）把园区创新苗床建设情况作为评价高新区的标准，他们把园区内和园区外的企业发展情况进行对比，目的是分析高新区是否提高了园区内企业的创新产出。在对芬兰企业1970年到2002年专利申请活动的数据进行分析后得到的研究结果表明，园区内企业的创新性产出相对园区外企业更高。

Annette和Johannes（2013）分别对中国不同类型高新区的区域政策方案进行评价后发现，以经济为主导的高新区其发展目标是使园区走向国际化，以科研为主导的高新区其发展目标是对区域产生技术溢出效应。然后他们又以园区出口市场、出口产品质量和企业业务升级等指标进行分析后指出：以经济为主导的高新区拥有更高的出口额、更多的出口产品销售量和更多的出口目的地；以科研为主导的高新区则定位于更好的产品质量，这些园区拥有更高的产品出口价格并能更多地成功出口到高收入的国家。

（四）高新区发展的作用

Dong（2001）在收集了韩国Daeduck高新区（DSP）建设项目数据以及政府部门的相关数据后，建立起DSP项目评估模型。模型的评价结果显示，虽然 DSP 的建设成功实施，但建设早期出现的一系列问题有待解决和完善。另外，从 DPS 实际运行中发现，良好的园区工作和居住环境对园区科研技术的进步和教育机构的工作有极大的推动作用。

Mario（2002）认为，高新区在发展的过程中必定伴随着区域经济增长的不平衡。

Donald 等（2003）认为，尽管高新区的发展的作用主要是产生技术外溢和增加就业，但它还有一个常被学者忽视的作用：可以刺激以新技术为基础的企业（NTBFs）的形成。

Byung（2004）认为，高新区是推动世界区域经济发展的主要手段。根据各地不同的条件，高新区的建立和发展可以通过三种途径来实现：一是在一个新的地区建立一个全新的高新区；二是对老旧的高新区进行升级改造，建立新的高新区；三是把现有的工业园区建设成新的高新区。

Peter 和 Hans（2004）认为，高新区的发展能为 NTBFs（高新技术企业）带来网络效益。Peter 和 Hans 对 273 个 NTBFs 进行调查后发现，虽然位于高新区内的 NTBFs 与园区内科研机构创新互动作用普遍较低，但仍优于高新区外 NTBFs 与园区内科研机构创新互动作用。应用资源基础理论和经验证据进行分析后，Peter 和 Hans 认为，NTBFs 与园区科研机构越接近，所取得的竞争优势越大，因为 NTBFs 的竞争力源于其创新性，其创新性在与科研机构正式或非正式的交流中得到极大提高。

Richard 和 Christer（2004）对处于高新区园区内和园区外的高新技术企业进行了比较分析后发现，虽然在产品销售和企业就业人数两方面没有明显的差异，但位于高新区园区内部的企业生存率更高并更有机会获得进一步的发展。研究表明在一定发展阶段内，高新区可以为高新技术企业提供更有利的区位，同时他们的研究证明，企业的成长与其在高新区中的区位正相关。

Elena（2013）以位于意大利北部的高新区为例，通过技术转让者与企业直接对话的方式，在彼此取得信任的前提下，探索高新区发展中技术转让服务的信用机制建设。研究发现，拥有专业的知识，独特的个性，相互间地理、社会关系、文化素养接近等一系列因素均能提高双方达成交易的成功率。Elena Giaretta 的研究已在园区的小型和中小型高新技术企业得到验证。

Angela 等（2014）利用西班牙国家统计局关于企业技术创新的年度数据进行研究后发现高新区对园区内企业技术与产品创新行为有强大而且积极的推动作用。

Deog（2014）认为，高新区发展的关键性问题是园区如何为技术的商业化和相关业务的推广提供支持，因此他提出应利用技术的商业化情况对高新区的发展进行评价，并特别提到了高新技术企业的创业孵化问题。Deog 认为，高新区必须最大限度地为学术科研机构与企业之间的技术转移创造机会并建立相关的技术和财政支持机制，高新区的建设应包括四项主要目标：建立 BI（企业孵化器），建立技术商业化中心，建立风险投资融资机构，建立企业研发的合作机制。

Isabel 和 Marta（2014）制定相关评估方法，对高新区的发展在促进地区知识交流和技术创新上所起的作用进行评价。研究结果显示，高新区内出现知识的外部性主要由于园区企业自身的策略所致，因为企业经营者明白园区内基础知识的普及有助于企业对新技术的理解和开发运用。为了论证这一结论，Isabel 和 Marta 收集了 2007 年到 2011 年 11201 家企业的数据，采用 PITEC 方法进行分析。研究发现，高新区的发展使企业与科研机构合作的收益更大，他们可以更轻易地把新的技术用于改善他们的产品；同时高新区内基础知识的共享可以加强企业内部研发产品的创新性。

Malcolm（2014）以英国萨里研究园为例，论证了园区总体规划对高新区发展的重要性。

二 国内研究综述

（一）高新区发展理论

在全球性科技革命和产业结构调整的浪潮影响下，我国从 20 世纪 80 年代中后期也掀起了创办高新区的浪潮。随着科技园区、大学科技园、企业孵化器等不同形式高新区的陆续出现，我国学者和专家也不失时机地对高新区的发展理论展开了深入的研究。其中比较具有代表性的理论有：高新区多元参与理论、高新区区位选择理论、高新区创新理论和高新区知识溢出空间局限性理论。我国学者的研究更贴合我国的基本国情，对我国高新技术产业园区的建设具有现实的指导意义，但由于起步晚的缘故，相较于国外比较成熟的理论研究尤显不足，仍需进一步加强理论上的深入研究。

1. 高新区多元参与理论

所谓高新区多元参与理论源自经典的三元参与理论，其理论成果包括了高新区五元驱动理论和高新区五元互动理论等。高新区五元驱动理论的代表者是学者景俊海，他根据我国西安高新区的多年工作经验，结合其他相关的国内外最新成果，提出了高新区发展的五元驱动理论（景俊海，2001）。高新区五元驱动理论认为园区的发展在于政府部门、工商界、大学科技界、企业孵化器和金融机构的有机结合和共同驱动，其核心是要建立高新技术企业发展的栖息地。政府部门作为政策的制定者要为高新区的发展提供必要的政策支持，引导其余"四元"的聚集和合作；工商界作为技术创新的主体，是产业园区发展的核心，他必须与知识创新的主体大学科技界加强合作，并且时刻关注自身成本的控制以及市场的变化。最后企业孵化器和金融机构作为中介服务和金融资源的载体，是整个产业园区的"润滑剂"。

另一位学者张忠德在景俊海的基础上又创立了高新区五元互动理论（张忠德，2004，2009）。他认为，原有的三元参与理论和五元驱动理论过分强调"参与"的过程，却忽视了因素之间的"互动"，他认为只有加强因素之间的"互动"才能让高新区真正走上可持续发展的道路。五元互动理论认为系统内部的因素之间是双向的关系，工商界作为产业园区的主体必须得到其他"四元"因素的有力支持，同时通过工商界的发展带动其他"四元"的进一步发展，从而达到相互促进、共同发展的目的。

2. 高新区区位选择理论

对高新区布局与区位选择因素的研究比较有代表性的是北京大学的魏心镇和王缉慈教授（魏心镇和王缉慈，1993）。在其专著《新的产业空间：高技术产业开发区的发展与布局》中，借鉴世界高新技术产业发展经验，从我国高新区的发展实际出发，对高新技术产业以及高新区等相关概念做了界定，介绍了科学园、技术城、高新技术加工区三种典型的高新技术园区的特点，并从产业发展及其布局区位的角度，研究了产业园区的区位选择问题。他的研究认为，产业的发展离不开一定的软硬件资源条件的支持，而高新技术产业聚集的产业园区的发展是建立在技术创新的基础上的，与资源约束型产业的发展相比，高新技术产业受能源、矿产等硬资源条件的约束较少，区位选择相对自由。但是，高新区中高新技术产业对技术创新和市场信息的依赖性较高，因此其发展对区域内软资源的要求相对较高。研究发现，高新区的区位因素按照重要程度排列如下：智力密集区、开发性技术条件、人才、信息网络、完善的基础设施、适宜的生产和生活环境等。

3. 高新区创新发展理论

针对高新区的创新发展理论主要由创新激发理论和集成创新理论两部分组成，这与国外的创新理论是有区别的。创新激发理论的代表者是著名学者顾朝林，在其著作《中国高技术产业与园区》一书中，通过对国内外高新区的比较研究，对高新区的形成、发展、类型、特征等内容进行了详细的阐述与分析（顾朝林，1998）。顾朝林认为高新区具有三大创新激发因子：政府、企业和研究与开发，这三者的有机结合是高新技术产业园区发展的动力源泉。在高新技术产业园区发展的过程中，在激发因子的推动作用下，资本、人才、技术、政策、管理等各种资源在园区的参与主体政府、企业与大学科研机构之间有效流动并合理配置，促进高新区的演化与发展；另外，在顾朝林的书中详细阐述了从超流动性、孵化器、技术创新、精英人才、风险资本及公司网络等各个方面对高新区的演化机理，并且对高新区的布局和规划问题进行了系统的分析，并就指标体系对我国高新区的定性、定量分析进行了设计，提出了我国高新技术优先发展领域和区域布局调整的若干设想，从理论和实践上探索了我国高技术产业发展与区域布局。

相对于顾朝林的创新激发理论，学者吴林海有不同的看法。吴林海（2000）认为，集成创新是高新技术产业创新活动的客观要求，是高新区的有效创新模式；高新区的创新是集制度创新和技术创新于一体的创新，其目标是实现系统整体功能最优，在实现集成创新的过程中要把高新区的各种创新的要素进行有机的结合，使其相互促进，进一步推动创新系统发生质变，形成园区系统独特的创新能力和竞争优势。在一个全新的视角下，高新区的集成创新理论丰富了创新理论的体系，为进一步的研究打下了坚实基础。

4. 高新区知识溢出空间局限性理论

知识溢出空间局限性理论是由南京大学商学院的梁琦教授首先提出的，她通过对知识类型和知识传播途径的深入研究发现，知识按传播的过程的分类可以分为两种：缄默知识和黏性知识（梁琦，2004）。缄默知识是指在传播过程中不留任何痕迹的知识，黏性知识是指具有高度语境限制、不确定的知识，知识在传播的过程中边际成本会随距离的增加而增加，这必然会使知识的溢出具有空间的局限性，即知识具有地域的性质。知识溢出空间局限性理论可以有效解释形成高新区的原因，那是由于知识溢出具有地域性质的特点，使高新技术企业不得不在一定的区域内聚集，形成一定规模的集群，才能有效节省建立知识、信息、资源沟通渠道的成本，提高企业甚至整个产业园区的效率和产出。

（二）高新区发展的影响因素

王林雪等（2005）依据国际竞争力理论，从系统观点出发，剖析了我国高新区内部结构与国际竞争力影响要素的相互关系，对我国高新区国际竞争力评价的原则、指标体系和评价步骤进行了初步的探讨和研究，从国际竞争力角度构建了评价指标体系。通过对我国各高新区国际竞争力的评价，为进一步提升我国高新区国际竞争力制定政策、方针和战略提供科学依据。

曾硕勋等（2013）采用三阶段 DEA 模型分析法，研究 2010 年我国 31 个地区高新技术产业效率。研究结果显示：环境和随机干扰因素对我国高新技术产业效率影响显著，虚高了综合技术效率水平，且对中西部地区影响较大；规模效率不足是制约综合技术效率水平的主因，但其提升空间相对较大，全国 26 个非综合技术有效地区规模效率递增率高达 100%，因此，加大规模投入是综合技术效率水平提升的首选途径。区域差异明显主要反映在中西部与东部地区之间，全国高新技术产业综合技术效率水平总体呈东、中、西高低排列，其中，中西部地区规模效率的巨大鸿沟是其综合技术效率不足的根源。

徐嘉祺等（2013）运用聚类分析和方差分析的研究方法，选取 18

个小规模国家级高新区的相关数据建立指标体系进行实证分析，并根据不同的发展水平把 18 个高新区分成三类。研究结果表明 18 个高新区在国际化水平、园区经济规模、工业化水平、企业经济效益、科研人才和必要的科研投入等六方面均存在不同程度的问题，在系统分析研究结果的基础上文中针对不同类别的高新区给出了相应的政策建议。

田新豹（2013）从资本、劳动力和科技投入三个研究角度出发，并把三者作为主要影响因素建立生产函数，在此基础上对我国东部和中西部高新区的经济发展情况进行对比分析后发现，资本投入对高新区发展的影响力最大。

（三）高新区发展的评价方法

权进民等（2008）将数据包络法应用于对高新区可持续发展的评价中，并根据 DEA 有效性和可持续发展的对应关系，从纵向和横向两个角度，对选取的 9 个国家级高新区六年来的可持续发展能力进行了比较分析。结果显示北京、上海、深圳和苏州高新区的可持续发展能力较强；成都高新区由于资源没有得到有效利用等问题，可持续发展能力相对较差。

郭彦君等（2009）从高新区技术创新的角度建立高新区技术能力评价指标体系，运用层次分析法和模糊数学的相关理论，对我国东部、中部和西部的国家级高新区的技术创新能力进行实证分析，研究表明我国不同地区高新区的发展水平存在较大差距。

高早亮等（2011）在系统研究科技部和多位研究者关于高新区评价指标体系相关研究成果的基础上，构建了包含三层模型框架的黑龙江高新区竞争力评价指标体系，在此基础上对黑龙江地区的高新区竞争力展开评价分析。

牟仁艳等（2011）从自主创新、国际竞争力与效益贡献力三个研究角度出发，在“三力模型”的基础上建立国家级高新区发展非均衡评价模型，结合 54 个国家级高新区的相关数据运用相对偏差模糊矩阵法进行实证分析，研究结果表明我国高新区系统的内部和外部环境均存在发展不均衡的问题，在此基础上文中给出了促进国家级高新区均衡发展的政策建议。

徐嘉祺等（2013）运用因子分析法对全国 29 个省级地区中的 81 个

国家级高新区的发展绩效进行评价，实证结果表明影响我国高新区绩效的决定性因素分属科研与经济两大范畴，而我国高新区均存在不同程度的科研与经济发展不均衡问题，高新区科研和经济发展的不均衡对其整体的综合发展水平存在显著影响，根据实证结果文中给出了相应的发展策略。

（四）高新区发展的作用

刘辉等（2001）通过分析生产力结构的内涵变化来界定高新技术，并引出高新技术产业的定义；在回顾世界高新技术产业的发展历程、展望世界高新技术产业的发展趋势的同时，比较研究了各国管理体制的特点和各国政策的异同；得出世界高新技术产业发展的几种典型模式。

刘军（2002）对我国高新技术产业开发区的布局进行比较研究，以利各地区因地制宜地制定高新技术产业的发展战略。

方一平等（2005）：利用 MATLAB 工具，选择我国高新区 1991—2000 年十年间的出口额、工业总产值、技工贸收入和企业数量 4 个指标进行数学模拟，利用模拟函数的数值积分研究东、中、西部地区高新区发展的规模差异，结果表明：东、中、西部差异最大的是出口创汇的规模与水平，且随着时间的推移西部地区与东部的差距在不断扩大；工业产值、技工贸收入、企业数量指标与出口额相比，东、中、西部地区的差距相对要小，但西部地区与中、东部地区的差距仍然突出，工业产值西部地区与东部地区的比例平均为 1：4.3，与中部地区的比例为 1：1.5；技工贸收入差距在不断缩小，不过中部地区技工贸收入的增长比西部地区的增长幅度要大。

王芳（2008）从农业高新技术产业园区的内涵特征和功能定位，园区成长的内涵和特征，产业集群与园区成长的关系，园区成长的源泉、路径和阶段等方面构建了农业高新技术产业园区成长理论的基本范畴。

郁俊莉（2013）分析了高新区研发转化 5 个相关方的权能和具体作为，指出适合我国高新区采用的 5 种研发转化模式；结合我国高新区 20 多年发展的经验教训与成败得失，提出了研发转化实施策略；在实践基础上，对我国高新区研发转化模式及其实施策略进行了理论概括和总结。

三　国内外研究述评

综上所述，国内外对高新区的研究已经取得了丰富的成果，但就总体而言，国外对高新区的研究已经比较成熟，无论是高新区发展的基础理论、影响因素、评价方法和作用，均形成了系统的理论体系；而国内的研究由于起步较晚，虽然在基础理论方面建树颇多，已取得丰富的成果，但在高新区发展的应用研究上仍有一定的局限性。

第一，在高新区发展的影响因素上，国内学者偏重于对外部影响因素的研究，这与我国大部分高新区仍处于发展的初级阶段离不开外部力量的扶持，无法形成可持续的自我发展体系有莫大的关系。进入 21 世纪以来，我国经济发展迅猛，已经有一部分高新区进入发展的中级阶段，甚至高级阶段，此时外部影响因素的力量必然日渐式微，高新区要在中高级阶段仍能实现可持续性发展，必然要完善自身内部的发展体系，增强自我发展能力，因此加强对高新区内部影响因素的研究将有助于解决在新的发展阶段高新区所面临的发展难题。

第二，在高新区发展的评价方法上，相较于国外评价方法的多元化，国内学者们更着重于高新区的绩效问题。由于近几年来，学者们获得政府统计数据的难度日渐变小，因此运用各种计量软件结合相关数据进行研究的文献日渐增多，但此类绩效研究均有一个明显的缺陷，只注重不同高新区的绩效横向比较或者历年绩效的纵向对比，流于表面的分析，而缺乏对造成绩效差异的深层次因素的探讨，无法为高新区发展中面临的难题提出实质性的建议，因此必须从评价方法上加以革新，用新的评价手段找出高新区发展问题的"症结"所在，以利于"对症下药"，解决其发展中的难题。

第三，在高新区发展的作用上，国内的研究多侧重于高新区对区域发展的推动作用，却忽视了高新区内部影响因素的相互关系与作用。高新区发展到一定阶段以后，推动其发展演变的外部与内部作用力会呈现此消彼长的趋势，高新区会从初级时依赖外部力量的扶持，逐渐向自我发展的方向转变。因此加强对高新区发展过程中内部因素影响作用的研究有助于找出其发展中所面临困难的"根源"，为制定相关政策提供理论依据。

　　作为我国高新区的重要组成部分，农业高新区也面临着相同的发展难题，因此有必要结合国内外先进的发展理论，在此基础上制定相关评价方法，对其展开系统性的研究，推动其进一步的发展。本书以杨凌农业高新技术产业示范区为研究的重心，通过对杨凌农业高新技术产业示范区协同发展绩效、子系统间协同关系及其优劣情况、子系统间相互作用展开深入研究，在此基础上将因地制宜、有针对性地提出解决问题的政策建议。

第三节　研究的内容

　　第一阶段研究的内容主要有五个方面：

　　第一，农业高新区发展的基础理论。首先，对农业高新区的概念及其相关发展理论进行界定分析；其次，通过系统学理论的引入，对农业高新区系统及其内部层级结构进行定义，同时引入协同理论，对农业高新区的协同发展机理进行深入探讨。

　　第二，杨凌农业高新技术产业示范区发展现状分析。首先，依据园区内进驻企业的数量对包括杨凌农业高新区在内的 81 个国家级高新区进行归类，然后，运用因子分析法和聚类分析法对 81 个国家级高新区的总体发展情况进行对比分析，在此基础上对杨凌农业高新区进行客观评价。

　　第三，杨凌农业高新技术产业示范区协同发展指标体系的建立。首先，回顾了杨凌农业高新区的历史变迁，同时论述了建立协同发展指标体系的意义，然后，在确定指标筛选办法和选取原则的基础上，建立杨凌农业高新技术产业示范区的协同发展指标体系。

　　第四，杨凌农业高新技术产业示范区协同发展绩效的评价。结合杨凌农业高新技术产业示范区协同发展指标体系及其相关数据，通过杨凌农业高新技术产业示范区协同度模型，对杨凌农业高新技术产业示范区系统及其经济、科研和社区子系统的协同水平进行测度。

　　第五，杨凌农业高新技术产业示范区子系统协同发展关系评价。通过构建杨凌农业高新技术产业示范区两两子系统间协同度模型、子系统灰色关联度模型和杨凌农业高新技术产业示范区系统灰色动态评价模型，结合经济、科研和社区子系统的协同度数据，对杨凌农业高新技术产业示范区的两两子系统间的协同关系及其优劣排序、子系统的自我发展能力、子系统间的相互作用展开实证分析，并找出困扰杨凌农业高新技术产业示范区协同发展的"症结"所在。

第四节　研究思路和方法

一　研究思路

本书第一阶段的研究思路是以系统学、协同学、经济学和管理学等学科为理论背景，在系统分析已有的相关理论、研究成果和高新区理论体系的基础上，构建杨凌农业高新技术产业示范区协同度模型对杨凌农业高新技术产业示范区的协同发展绩效进行测度；进一步地，结合经济、科研和社区子系统协同度的相关数据，通过杨凌农业高新技术产业示范区两两子系统间协同度模型、子系统灰色关联度模型和杨凌农业高新技术产业示范区系统灰色动态评价模型，对杨凌农业高新技术产业示范区的两两子系统间的协同关系及其优劣排序、子系统的自我发展能力、子系统间的协同作用力展开实证分析，并找出困扰杨凌农业高新技术产业示范区协同发展的"症结"所在，有针对性地提出解决的政策建议；最后给出本书的研究结论和研究展望。本书第一阶段的技术路线图如图 1 - 1 所示。

二　研究方法

第一阶段研究是在系统研究有关高新区、农业高新区以及协同学的相关的文献、报告的基础上，以翔实的数据和资料为基础，参考系统学和协同学等相关学科的研究成果与分析方法，对杨凌农业高新技术产业示范区协同发展等一系列问题进行研究，运用的研究方法主要有：

①规范分析方法。在借鉴已有研究成果和相关研究文献的基础上，对农业高新区系统和协同度的相关概念进行界定，运用规范分析的方法提出本书的技术路线，为实证研究提供理论依据。

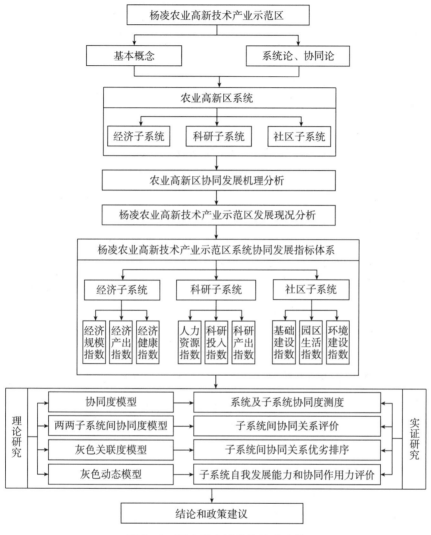

图 1-1 研究基本思路和技术路线

②计量分析方法。计量分析法主要是通过构建杨凌农业高新技术产业示范区协同度模型、两两子系统间协同度模型、子系统灰色关联度模型和杨凌农业高新技术产业示范区系统灰色动态评价模型,对杨凌农业高新技术产业示范区系统及其经济、科研和社区子系统的协同水平,杨凌农业高新技术产业示范区的两两子系统间的协同关系及其优劣排序,子系统的自我发展能力,子系统间的协同作用力进行实证分析。

③比较分析法。对杨凌农业高新区经济、科研和社区子系统的协同发展绩效、两两子系统间的协同关系及其优劣排序进行对比研究，探讨造成差异的一般规律。

④结构分析法：运用于基础数据层和序参量层权重的确定，本书的结构分析法主要指层次分析法。

第五节　可能创新之处

一　研究内容的创新

第一，结合系统论与协同论，对杨凌农业高新技术产业示范区内部的复杂影响因素进行科学划分，从纵向的角度，把杨凌农业高新技术产业示范区系统分成四个层级：目标层、准则层、序参量层和基础指标层；从横向的角度，在准则层中划分出经济、科研和社区三个子系统，在序参量层中划分出9项分别隶属于不同子系统的序参量；并最终构成杨凌农业高新技术产业示范区系统体系。

第二，在系统划分的基础上，运用理论分析和专家调查的方法，建立杨凌农业高新技术产业示范区协同发展指标体系，其中选取的32项指标全面反映了杨凌农业高新技术产业示范区系统总体的发展现状。

二　研究方法的创新

第一，在权重设置方面采用主客观赋值法，既借鉴了专家的宝贵经验，又避免了人为主观因素的不良影响，保证了研究结果的科学与合理性。

第二，在实证分析中，采用杨凌农业高新技术产业示范区协同度模型、两两子系统间协同度模型、子系统灰色关联度模型和杨凌农业高新技术产业示范区系统灰色动态评价模型，对杨凌农业高新技术产业示范区系统及其经济、科研和社区子系统的协同水平，杨凌农业高新技术产业示范区的两两子系统间的协同关系及其优劣排序，子系统的自我发展能力，子系统间的协同作用力进行测度与对比分析，找出阻碍杨凌农业高新技术产业示范区协同发展的"症结"所在，为政策措施的制定奠定理论基础。

第二章　农业高新区的概念界定和基础理论

第一节　概念界定

一　高新区的定义

高新区作为科学、教育与工业相结合的一种经济、社会现象产生于20 世纪 50 年代美国的斯坦福研究园和苏联的新西伯利亚科学城。高新区的出现对于促进世界经济发展，加快全球科技进步起到了巨大的推进作用。然而由于政治、法律、经济体制和各国发展高科技的重点方向不同，高新区在不同的国家或地区有不同的发展过程、发展模式和开发规模，国外称其为 Science Park、Research Park、Hi – tech Park、Research & Technology Park、Research Triangle 等，国内也有科技园区、科学城、科学园、科技工业园、高技术产业园等多种称谓。由于分析研究问题的角度不同，因而高新区有众多的定义。学术界对高新区含义的理解、对高新区的运行机制始终存在许多争论，尚未达成统一认识。学术界对于高新区的定义有很多，比较有代表性的有以下几种观点：

①高新区是由专家组成的管理机构，其宗旨是鼓励相关企业及科技机构通过文化创新及竞争机制创造社会财富。为实现这些目标，高新区刺激及组织大学、研发机构、企业和市场之间知识与技术的流动，它通过孵化及结茧吐丝的过程帮助以创新为背景的企业创立及发展，同时提供其他高素质的场所及设备等增值服务。

②高新区是一种以研究、生产和出口高技术产品为主要目标的科技型经济特区，它以大学和科研机构为依托，以科学研究为先导，以吸引外资和高技术为手段，以创立技术密集和知识密集型的新兴产业以及提高产品出口竞争力为目的，是一种以科研带动高技术产业发展的特区。

③高新区是一种规划建设的科学—工业综合体，其任务是研究、开发和生产高技术产品，促进科技成果商品化。是在技术创新、技术竞争、科技转化为生产的周期缩短、竞争机制转变这四种主要力量的驱动下，政府、大学、企业规划和设计出的具有良好的区位环境，来培育科学与工业之间的联系，孵化或吸引高技术企业，以促进高技术成果商品化和产业化的一种组织形式。

④高新区是高技术企业集群的地域载体，是具有紧密经济联系的企业集群化而形成的，集群化的结果可以降低以信息搜索成本为主的交易成本，降低企业所负担的技术创新投资成本，有助于降低为弥合企业间知识和经验技能差距所付出的成本等，因而企业群具有较强的创新能力。

⑤高新区是以研究、开发、生产高技术产品，推动科研成果商品化，培育高技术企业与产业为主要内容，集研究、开发、生产、销售、服务多种功能，产、学、研、贸多种企业与经济组织，或通过规划建设，或经过较长时间的自我发展，在地理上相对集中，从而形成的高技术产业群。

⑥高新区是一种以智力密集为依托，吸引高技术和开拓高技术产业为目标，促进科技、教育、生产相结合，推动科技与经济协调发展的综合基地。

高新区的内涵理解应通过对纷繁多样园区个体的认识，透过高新区区位、规模、名称、形成发展过程及其管理体制、内部结构等具体特征，从多层次、多方向、多角度、多参照系中去设想，探求其不同性质和功能，然后进行概括、总结、抽象，从而达到对高新区本质全面、准确的把握。从而站在一个更高的层次，超脱具体高新区发展的影响，从更广阔的视野去看待高新区的发展。据此，本书较为认同钟书华的定义：高新区是一个随着人类科技、经济的发展而不断完善，由自然要素、经济要素、社会要素所构成，以智力密集、高技术产业开发为主要特征，受自然规律、经济规律以及系统学定律制约的人文地理系统。

二　农业高新区的定义

农业高新区作为农业科学、农学教育与农产品加工工业相结合的一种经济、社会现象，是高新区集合里的重要组成部分。正如高新区在国内外拥有诸多不同的称谓一样，农业高新区同样具有不同的名称，如农科城、农业科技园区、农业高新技术产业示范区等。为了突出农业高新技术的重要性，并且统一本书对相同研究对象的称谓，除相关文献的引用部分，书中出现的农科城、农业科技园区、农业高新技术产业示范区等词汇统一使用"农业高新区"一词代替。

国内提出系统建设农业高新区的政府文件，可以追溯到2001年由科技部印发的《农业科技园区指南》。在《农业科技园区指南》中对农业高新区有这样的描述："农业科技园区以技术密集为主要特征，以科技开发、示范、辐射和推广为主要内容，以体制创新和机制创新为动力，以促进区域农业结构调整和产业升级为目标，是现代农业发展的有效模式。"① 同时，在指南里制定了农业高新区发展的指导思想、原则及目标。在指导思想中提到"农业科技园区以市场为导向，先进适用技术为支撑，发挥区域优势，突出地方特色，加强农业技术的组装集成和科技成果转化，促进传统农业的改造与升级；通过政府引导、社会参与，促进农业产业化经营；以改革创新为动力，完善运行机制，促进体制创新和科技创新"。而农业高新区发展的原则是"有利于农业科技成果的转化与推广应用，提高农业科技整体水平；有利于农业结构的调整和优质高效农产品的标准化生产，加快农业现代化进程；有利于农业科技企业的发展，提高农民收入和农业对国内生产总值的贡献率；有利于农业资源的高效利用和生态环境建设，实现农业的可持续发展"。农业高新区发展的目标是"实现一批农业技术的组装集成，解决一批影响园区及周边地区农业发展的重大科技问题；转化和推广一批农业科技成果，培育新的经济增长点；培养和吸引一批优秀人才，建立技术培训与

---

① 《农业科技园区指南》，中华人民共和国科学技术部，国科发农社字〔2001〕229号，2001年7月6日。

技术服务网络体系；建设 50 个具有区域代表性和引导、示范与带动作用强的农业科技园区，培育和孵化一批具有国际竞争力的科技型农业产业集团"。

第二节　农业高新区发展的相关理论

一　三元参与理论

1993 年 6 月，在加拿大蒙特利尔召开的国际科学工业园协会第九届世界大会上，通过深入地考察、研究高新区发展规律，正式提出了政府、企业和大学以科技园为结合点的联合与协调，学术上称为"三元参与理论"，它被认为是 30 多年来首次从理论上对高新区进行的深入探讨，具有里程碑的意义。"三元参与理论"认为，自 20 世纪中期以来，各国大学、企业和政府三方都不约而同地遇到了一些新的问题，而实践表明，这些问题难以由单一方面独立来解决。大学长期以来的目标是培养人才和在知识领域内探索，取得科研成果，以使人类更深一步地认识世界。但现代大学面临着两个越来越严重的问题：一是经费短缺；二是所培养的学生不能完全适应社会和经济发展的要求。因而，大学不得不把目光转向社会，面向经济领域寻求解决问题的出路。企业界，由于新技术革命的迅速发展，科技对经济发展的贡献率越来越大，要获取最大利润，不得不竞相开展技术创新，并且开始注重向技术之源——大学寻求合作。各国政府则经常为有关经济增长、地区经济发展不平衡、国际竞争力减弱、社会失业等问题所困扰，因此，渴望出现大批新产业和新企业，通过持续的技术创新来解决或减缓这些问题。正是由于大学科技界、工商企业界和政府三方面发生的变化，促使了高新区的产生，三元参与理论就成为高新区发展的基本理论。

在三元结构中，大学作为科技园的"学术发动机"，是创新资源的主要提供者，以其学术声望吸引科学家、科技人员入园，利用政府和企业界提供的科研经费开展 R&D 工作，推动大学科技成果的转化和产业化，获得应有的经济回报，补充办学和科研经费，同时能够培养适应经济竞争和社会发展需要的创新创业人才；企业界作为科技园的"产业发动机"，是资金的提供者和市场的开拓者，它能够利用其现代企业运作机制和经验，控制科技园在开发中出现的技术、市场、金融等各方面的问题，可以源源不断地从大学和科技界获得技术创新所需要的技术和人才资源，同时通过自身的发展，增加就业机会，推动区域经济的发展；政府作为科技园的"强大后盾"，是协调者，它通过支持或直接参与科技园的建设，创造了一个良好的环境，促进了创新要素的有效配置，获得区域经济发展、就业人数增加、竞争能力增强的综合效果。总之，三方在共同利益的基础上相互协调，开发高新技术产业，促进区域经济发展。

二　创业中心理论

创业中心（Incubator），孵化器或创业服务中心（直译为孵化器，也可译为创业服务中心），是一种孵化高新技术企业和企业家的新型社会经济组织，它通过为创业企业和企业家提供场地、设施等良好的创业环境、资金、管理、信息等诸多优质服务以及塑造新的文化氛围，以降低创业成本和创业风险，帮助新兴中小企业"出壳"并迅速成长。由于高新技术在产业化过程中，创业成本较高，创业风险偏大，加之创业者通常缺乏管理运作经验，通过设立高新技术企业"孵化器"的形式，利用孵化器所创造的良好环境与条件，创业者可以把科技发明和创新成果及时地转化为产品或服务，实现产业化。"孵化器"产生于欧美，经过近十多年的发展而在形式和内容上不断完善，已经成为国际上运用最广泛的也是最为成熟的一种高新技术产业化实现模式。

概括地讲，创业中心有四大作用：一是提供优良环境；二是组织与开发高新技术成果；三是培育农业高科技企业；四是培育农业科技企业家。农业高新区是农业高新技术产业化的重要基地。严格讲，农业高新区也是一个大孵化器，它所培育的企业一般是规模较大、较为成熟的农业高科技企业。对于那些持有农业科技成果，科技人员在转化初期所创办的小企业还无力在农业高新区购买土地、租用大片厂房，此时它们还具有较大的风险，需要在更为优化的环境中培育。所以，创业中心可以视为农业高新区内培育企业的起点，一旦在创业中心度过了成果商品化的阶段，就可以到农业高新区进行二次孵化。可以认为，创业中心使农业高科技企业从无到有，而农业高新区则使其从小到大。因此，孵化器是农业高新区中把科研成果变为商品，把发明构想变为现实，把创业宏图变为生产公司的地方，是农业高新区的必备机构。从一定意义上说，孵化器的好坏就决定了高新区的成败。

三 技术诱导变革和技术创新理论

技术诱导变革理论是由美国学者费农拉坦和日本学者速水雄次郎在1985年各自分析世界农业发展的研究中提出来的。该理论认为，农业技术结构的形成及变革完全具有诱导性和非自发性。资源供给结构及其变化、社会对农业的需求结构及其变化，决定了农业投入要素的相对价格水平及其变动，投入要素相对价格的变动又诱导着社会生产者不断根据经济理性原则调整各种要素的投入比例，以相对廉价的要素来代替相对昂贵的要素，选择最优技术和发展新的技术以突破资源供给对实现社会需求的限制，因此，在农业高新区的技术选择上必须以当地的资源供给结构为依托，同时，在选择技术结构和进行科技投入时应充分考虑当地的农村体制结构，并对其进行适应性调整。

创新是一个民族进步的灵魂和国家发展的动力，创新的能力和水平决定一个国家在国际竞争中的地位。技术创新作为理论已成为当代国际社会研究的热点，该理论源于熊彼特的创新理论。熊彼特的创新内容涉猎广泛，包括产品创新、生产技术创新、市场创新和组织创新等方面。建设农业高新区本身也是一种创新，通过创新，使农业高新区的生产要素、生产条件、生产组织进行重新组合，以建立效益更好、生产率更高的新的农业生产体系。这又包括引进应用农业高新技术或新的农艺、开发名特优产品或改进旧的农产品、开辟国际国内市场、获取新的农业投入要素、采用新的管理方法和企业化经营组织形式等。

四 增长极理论

增长极理论是1950年由法国学者佩鲁首先提出的，并由美国经济学家保德威乐、汉森等做了进一步的阐发和引申。发展极理论是一种非平衡发展理论，主要是指在区域内建立或嵌入高起点的推动型产业之后，会产生"乘数效应"而带动整个区域经济发展的动态机理。具体讲，具有优势的地区随着产业聚集日益成为发展极，通过发展极产生的扩散效应，带动邻近地区的共同发展。一般说来，发展极对周边地区产生的扩散效应，其强度随时间而变化。要发挥发展极对周边地区的推动作用，就必须使发展极达到一定的起始规模，同时疏通向外扩散和传递的渠道。

农业高新技术产业也是一种推动型产业，而作为农业高新技术产业的空间载体的各类农业高新区，正是区域农村经济发展的发展极。在运用发展极理论指导农业高新区的建设时，首先，要引导经济要素的聚集以形成农业高新技术产业的成长点。这个成长点可分为 3 个层次：一是高新技术产业开发区这类小系统型成长点；二是行业类高新技术产业成长点；三是产品系列成长点。这 3 个层次实际体现了一个产业发展蓝图上的点、线、面三者的关系。其次，在农业高新区的经济实力得到充实和加强之后，通过技术、组织、要素、信息等渠道向其周边地区扩散，从而带动周边地区的经济发展。

五　风险投资理论

由于高新技术产业化的高风险性和农业比较利益低的特性，使银行等传统投资机构不愿为市场前景尚不明朗的农业高新技术企业提供急需的资本，因此农业高新区的开发和建设需要资本市场风险投资的支持。风险投资是指通过专业性风险投资公司，为有市场前景但融资困难的高新技术企业或创新企业家提供资金，参与管理和运营，帮助其迅速扩大规模，拓展市场，成功实现产业化，以期实现自身的资产增值。风险投资公司有较为成熟和规范的资产投入和管理经验，并且必须具备对高新技术项目做出全面和准确评估的能力。风险投资往往同"孵化器"紧密结合，共同推动高新技术产业化。世界上很多知名大学科技园区一旦发现实验室的新研究成果具有产业化前景，就立即组织有关企业和专家进行现场分析和诊断，对于具有市场潜力和竞争优势的技术项目，风险投资公司立即介入。这种模式转化率高，有利于高新技术成果的迅速转化，为技术开发者、投资方、高新区创造丰厚的效益。

在我国农业高新区建设中快速建立风险投资体系，为高新区筹措资金，推进农业高新技术的创新和转化，是园区融资机制的创新趋势。因此，要积极引导和筹建农业高新区风险投资公司，风险投资公司的资金来源应以国家财政和地方财政为导向，结合科研单位、高校的技术转让费用和高新技术企业的销售利润留成，大力利用资本市场吸收民间资本和吸引外资等，以汇集成农业高新区的风险投资基金。在具体运作上应采用股份制的形式参与农业高新技术的开发、创新和扩散活动。即高新技术企业以技术入股，风险投资公司以资金入股共同组建农业高新技术风险企业。

第三节　系统学理论

一　思想来源

系统思想源远流长，但作为一门科学的系统论，人们公认是美籍奥地利人、理论生物学家 L. V. 贝塔朗菲（L. Von Bertalanffy）创立的。他在1932年发表"抗体系统论"，提出了系统论的思想，在1937年，提出了一般系统论原理，奠定了这门科学的理论基础。但是他的论文《关于一般系统论》，到1945年才公开发表，他的理论到1948年在美国再次讲授"一般系统论"时，才得到学术界的重视。确立这门科学学术地位的是1968年贝塔朗菲发表的专著《一般系统理论基础、发展和应用》（*General System Theory*；*Foundations*，*Development*，*Applications*），该书被公认为是这门学科的代表作。

系统一词，来源于古希腊语，是由部分构成整体的意思。今天人们从各种角度上研究系统，对系统下的定义不下几十种。比如说"系统是诸元素及其顺常行为的给定集合""系统是有组织的和被组织化的全体""系统是有联系的物质和过程的集合""系统是许多要素保持有机的秩序，向同一目的行动的东西"，等等。一般系统论则试图给一个能描述各种系统共同特征的一般的系统定义，通常把系统定义为：由若干要素以一定结构形式联结构成的具有某种功能的有机整体。在这个定义中包括了系统、要素、结构、功能四个概念，表明了要素与要素、要素与系统、系统与环境三方面的关系。

二　核心思想

系统论的核心思想是系统的整体观念。贝塔朗菲强调，任何系统都是一个有机的整体，它不是各个部分的机械组合或简单相加，系统的整体功能是各要素在孤立状态下所没有的性质。他用亚里士多德的"整体大于部分之和"的名言来说明系统的整体性，反对那种认为要素性能好，整体性能一定好，以局部说明整体的机械论的观点。同时认为，系统中各要素不是孤立地存在，每个要素在系统中都处于一定的位置，起着特定的作用。要素之间相互关联，构成了一个不可分割的整体。要素是整体中的要素，如果将要素从系统整体中割离出来，它将失去要素的作用。正像人手在人体中它是劳动的器官，一旦将手从人体中砍下来，那时它将不再是劳动的器官一样。

三　基本研究方法

系统论的基本思想方法，就是把所研究和处理的对象，当作一个系统，分析系统的结构和功能，研究系统、要素、环境三者的相互关系和变动的规律性，并优化系统观点看问题，世界上任何事物都可以看成是一个系统，系统是普遍存在的。大至渺茫的宇宙，小至微观的原子，一粒种子、一群蜜蜂、一台机器、一个工厂、一个学会团体等都是系统，整个世界就是系统的集合。

系统是多种多样的，可以根据不同的原则和情况来划分系统的类型。按人类干预的情况可划分为自然系统、人工系统；按学科领域可划分为自然系统、社会系统和思维系统；按范围划分则有宏观系统、微观系统；按与环境的关系划分就有开放系统、封闭系统、孤立系统；按状态划分就有平衡系统、非平衡系统、近平衡系统、远平衡系统等。此外还有大系统、小系统的相对区别。

四　复杂系统的概念

复杂系统是一切复杂事物的总称，而复杂系统理论是系统科学的一个较前沿的方向，它是复杂性科学的主要研究内容。一般根据系统内部结构，即系统的子系统数目和子系统之间关系的复杂性，把系统分为简单系统和复杂系统。复杂系统还包括巨系统和复杂巨系统（颜泽贤，1993）。

复杂系统主要有如下特征：

首先，复杂系统由多个子系统及要素组成，各个系统单元关系紧密，是一个复杂的关系网络。因而每一个子系统或要素的变化，都会受到其他子系统及要素的影响。

其次，复杂系统的运行状态的表现，可以是静止的稳定状态，也可以是周期性的混沌的不稳定状态，各种状态都可能出现。

最后，系统具有开放性，能与外界环境相互影响；由于系统存在大量的不确定因素和人为干扰，复杂系统还具有非线性特征。

五　农业高新区系统的界定

按系统论的观点，现实世界是以系统形式存在和运动着的，系统是构成现实世界的基本单位。以耗散结构论、协同论、突变论为代表的系统科学，提出了一系列从系统性把握事物的科学方法。对具体事物的分析和把握，必须运用系统思维方式。因此，在研究农业高新区问题时，可把它作为一个复杂系统处理，即视为一个由自然要素、经济要素、社会要素构成的人文地理系统。在系统内部自然要素、经济要素、社会要素等诸要素之间存在密切的相互联系和相互制约的关系。同时此系统本身也在不断与外部环境进行着物质、能量、信息的交换，农业高新区系统内外的这些相互作用、相互影响、相互制约，使园区内部结构以及与外部的相互关系在不断调整，这些调整将会使农业高新区系统不断完善和健康发展。农业高新区是一个"自扩展机制、自繁殖机制、自适应机制和自稳定机制"的自组织系统。当这些调整不能维持园区系统现有的基本状态时，农业高新区就会进入一个较高层次的持续发展阶段。

虽然不同农业高新区的起源、管理体制和运行机制不同，但从系统论的角度来看，其行为主体即系统构成却有共性，一般由园区企业，高校和研究机构，社区基础设施、保障体系和社区环境等组成。基于系统性思维，本书对研究对象农业高新区系统进行界定，即宏观意义的农业高新区系统是包括经济生产机构、科研创新机构、社区服务机构三位一体的系统概念，是指以参与技术发展和扩散的经济生产机构、科研创新机构为核心，通过其所在社区服务机构的适当参与和市场中介服务组织的广泛介入，充分发挥区域技术创新的作用，为创造和获取知识技能、应用创新、实现产出和绩效的相互作用的区域政产学研合作网络系统。

六　农业高新区系统的结构

（一）子系统确定的原则

借鉴上文介绍过的"三元参与理论"对高新区的划分方法，结合杨凌高新技术产业示范区的实际状况，把园区协同系统划分为园区经济子系统、园区科研子系统和园区社区子系统三部分，如图 2 - 1 所示。

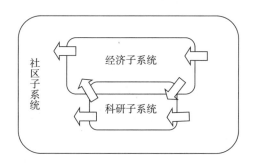

图 2 - 1　农业高新区系统的结构

（二）经济子系统

经济子系统是农业科研机构和社区服务机构联动融合的结合点，是农业高新区系统中最重要的主体部分，其核心构成要素是高新技术企业，其主要职能是承接科研机构的农业科研成果产业化，通过对知识、信息、资源的应用，把农业科学创新转化为农业技术创新，促进农业生产力的进一步发展。该子系统是区域农业发展产学研合作网络中的关键环节，是农业高新区经济发展的重要载体，为园区经济调整注入了活力，成为区域经济发展的增长极和动力源。同时它又是农业高等院校师生、科研人员创业的场所，产学研相结合的重要基地。

（三）科研子系统

农业高新区的科研子系统是由农业高等院校以及农业研究院所组成的知识链和科技创新带，其主要职能是为农业高新区提供创新创业成果、人才、项目和手段，同时为整个农业高新区行政区域的经济、社会及文化发展等提供智力和人才支持。现今，知识与技术在经济发展过程中的作用日益重要，作为区域农业发展产学研合作网络系统内学术和技术的交流中心，农业高等院校和各种研究机构不仅可以储备、创造、输出知识和信息，还可以通过教育、培训以及成果转化等方式，有效地促进农学知识、生产信息、农业技术等的扩散或市场价值的实现。科研子系统为农业高新区经济、社会发展提供科技、智力资源的支持，是园区内创新人才和创新科技的策源地。园区内能否拥有高水平的农业高等院校或研究机构，以及能否充分发挥这些行为主体在参与产学研合作活动中的作用，是保证农业高新区系统能否持续提高的关键因素。

（四）社区子系统

社区子系统指为经济和科研子系统提供公共服务的一个适宜居住、休闲、交流的城市社区系统。社区子系统是支撑经济子系统和科研子系统协同发展的重要基础，其中包括园区基础设施、园区保障体系和园区环境建设等几个方面。

第四节　协同学理论

系统科学认为，系统是指宇宙中普遍存在的客观事物的一种结构组成模式，系统都是由大量子系统所组成。系统科学方法论是一组以系统为主要研究对象的现代科学方法论体系的总称。它主要包括系统论、控制论、信息论、耗散结构论、突变论、协同论等大的分支。协同学就是研究由完全不同性质的大量子系统所构成的各种系统，研究这些子系统是通过怎样的合作才能在宏观尺度上产生空间、时间或功能结构的。

一　协同学的形成

协同学（Synergetics）一词来源于希腊文，意思是"协同作用的科学"。协同学的创始人是德国斯图加特大学的理论物理学教授赫尔曼·哈肯（Hermann Haken）。他有着坚实的数学、物理学基础和广博的学识。他在 20 世纪 60 年代初从事激光理论的研究时，激光的形成过程引起了他的深思。

激光是一种典型的远离平衡态时的由无序转化为有序的现象。这种从混沌无序到稳定有序结构的转变引起了哈肯的深思，促使他开始考虑在不同系统中是否存在类似的现象。为了进一步探讨有序结构形成过程的普遍规律和共同特征，他以在不同条件下形成不同激光的特点为依据，去寻求不同现象中这种转变的类似性。哈肯考察分析了许多不同领域中非平衡有序结构形成的现象，他发现在那些千差万别的学科中所出现的有序结构形成过程，与不同条件下激光的形成遵从着相同或相似的数学方程。哈肯的认识由此产生了一个飞跃，他概括了不同现象中有序结构形成的共同特点，即一个由大量子系统所构成的系统，在一定条件下，子系统之间通过非线性的相互作用产生协同现象和相干效应，使系统形成有一定功能的自组织结果，在宏观上便产生了时间结构、空间结构或时—空结构，出现了新的有序状态。之后，他得出结论："近几年，已经日益明显地看到，在物理、化学系统中有许多事例，都说明在那里一些组织得很好的空间结构、时间结构或空—时结构是从无序状态中产生的。令许多科学家惊奇的是，为数很多的这类系统在从无序状态过渡到有序状态时，它们表现出惊人的类似的行为。这一点有力地表明，这些系统的功能服从一些相同的基本原理。"

由于人们把一定条件下能够自发形成有序结构的现象分为两类：平衡相变和非平衡相变。那么在远离平衡的开放系统中，在一定的外界条件下，系统自发地形成有序结构，实现从无序到有序结构的转变过程，就称为"非平衡相变"。

哈肯发现，激光的形成过程是一个典型的非平衡相变。因为在不同的条件下所形成的激光具有不同的相变特性，它遵守着不同的激光方程。通过类比，哈肯发现非平衡相变是平衡相变的开拓和发展，平衡相变是非平衡相变的特殊情况。尽管在不同系统中的子系统是那样的千差万别，然而它们在非平衡相变的演化过程中却遵从着相同或相似的微分方程。由此得出了相变过程与子系统的性质无关的重要结论。相变过程的特点是由子系统之间的协同合作行为所决定的。在汲取了耗散理论的营养之后，哈肯于 1973 年首次提出了"协同"概念，从而迈出了建立运用范围宽广的相变理论的一步。他抓住了各种相变过程中的主要矛盾，洞悉了演化过程的共同规律，运用当代理论的最新成果，总结了一套处理相变过程的数学模型和处理方案。他以概率论、随机理论为基础，阐明了大量无序事件所遵从的必然规律——主方程。"协同"概念通过与信息和控制概念的结合，成为描述有序结构的得力工具。通过使用子系统的协同，于是有了有序的处理方法，使理论既适用于子系统之间关联较弱的系统，也适用于子系统之间相干行为较强的系统。通过对系统的动力学考察，得出了相变所遵从的基本方程类型，运用分岔理论、稳定性理论、突变理论来解决系统发生演化时的必然性。他汲取了平衡相变理论中的序参量概念，描述了系统在演化时出现的宏观有序；为了找出序参量采用了绝热消去原理；统计学和动力学的美妙结合又建立了有序结构的核心——自组织理论。自此，协同理论集百家之长，形成了独具一格的崭新体系。协同学的理论框架于1977年正式问世，目前，协同学已经成为描述系统从无序到有序转变的条件和规律的横断学科。

专栏1　赫尔曼·哈肯简介

赫尔曼·哈肯，于1927年7月12日出生在德国莱比锡，1951年获埃朗根大学数学博士学位，1956年任该校理论物理学讲师，1960年起任斯图加特大学理论物理学教授。

在深入研究激光理论的过程中，哈肯发现在合作现象的背后隐藏着某种更为深刻的普遍规律。1969年，哈肯首次提出协同学这一名称。他在1970年出版的《激光理论》一书中多处提到不稳定性，为后来的协同学准备了条件。1971年与格雷厄姆合作撰文发表的《协同学：一门协作的科学》一文，正式将协同作为一门学科进行研究。他撰写了专著《激光理论》及均衡教科书《协同学导论》《固体量子场论》，与沃尔夫（H. C. Wolf）合著了教科书《原子与量子物理学》及《分子物理学与量子化学精要》，主编了"斯普照林格协同学丛书"。

1972年在联邦德国埃尔姆召开第一届国际协同学会议。1973年这次国际会议论文集《协同学》出版,协同学随之诞生。1977年以来,协同学进一步研究从有序到混沌的演化规律。1979年前后联邦德国生物物理学家艾根将协同学的研究对象扩大到生物分子方面。1976年,英国物理学会和德国物理学会为了表彰哈肯对固体激发态理论和量子光学理论,尤其是激光理论的杰出贡献,授予他马克斯·玻恩奖章。1981年,由于他在激光理论方面的工作和在协同学方面的先驱性影响,哈肯获得美国福兰克林学会授予的阿尔伯特·A. 迈克尔孙奖章。1982年、1987年、1992年和1994年,哈肯分别获得埃森大学、马德里大学、佛罗里达大西洋大学、雷根斯堡大学的荣誉博士。哈肯所获奖项甚多,其中有德国物理学会的马克斯·普朗克奖章、本田奖(东京)和洛伦兹—奥肯奖章。

2005年,哈肯编著的《协同学——大自然构成的奥秘》一书由上海译文出版社出版第一版中文译本,以通俗易懂的语言,通过物理学相关理论和实验阐述协同原理,受到读者的好评。

(资料来源:原文详见 https://baike.baidu.com/item/% E8% B5% AB% E5% B0% 94% E6% 9B% BC% C2% B7% E5% 93% 88% E8% 82% AF,有删减)

二 协同学的主要思想

协同学指出,系统中存在大量的子系统,却只受少量的序参量支配,实现系统在总体上的有序结构。协同系统是指由许多子系统组成的、能以自组织方式形成宏观的空间、时间或功能有序结构的开放系统。序参量来源于子系统之间的协同,同时序参量起支配子系统行为的作用。子系统之间的协同产生宏观的有序结构,这是"协同"的第一层含义。序参量之间的协同合作决定着系统的有序结构,这是"协同"的第二层含义。协同学认为,一个系统从无序到有序转化的关键,不在于热力学上是否平衡,也不在于离平衡态的远近,而是在于由一个大量子系统构成的开放系统内部发生的"协同作用"。它强调系统内部的关联，及系统发生变化时要素间的互相配合与耦合。

三　协同学的基本概念

（一）子系统

协同学把所研究的对象都称为系统，而把组成系统的下一个层次称为子系统，系统和子系统是相对而言的。系统在宏观上的性质和变化特征，是由于子系统之间的不同的关联和协同方式所决定的。系统的结构是构成它的大量子系统之间的组织状态以及相互联系的反映。系统结构分为空间结构、时间结构和时—空结构。当系统具有一定的结构时，便对外界的作用表现出一定的特征和能力，这时系统就具备了某种功能。

（二）有序与无序

有序是指系统内部要素之间以及系统与系统之间的有规则的联系或联系的规则，有序是相对于无序而言的。无序是指系统内部要素之间、系统与系统之间无规则的联系。从无序走向有序的机制关键在于，系统内部序参量（慢弛豫变量）之间的协同作用，它左右着系统相变的特征与规律。

（三）序参量

子系统总是存在自发的无规则的独立运动，同时又受到其他子系统对它的共同作用，即存在子系统之间关联而形成的协同运动。在运动中有许多控制参量，分为"快变量"和"慢变量"，分别被称为"快弛豫变量"和"慢弛豫变量"。而慢弛豫变量——序参量才是处于主导地位的。这类变量数量较少，其衰减变化较慢。快弛豫变量数目相对较大，其衰减变化较快。快弛豫变量服从于慢弛豫变量，对系统的结构功能变化不起主导作用，因此可以不加考虑。而慢弛豫变量则主宰着整个系统演变的方向，决定系统的有序状态。随着控制参量的不断变化，当系统靠近临界点时，子系统之间所形成的关联逐渐增强。当控制参量达到"阈值"时，子系统之间的关联起主导作用，因此在系统中出现了由关联所决定的子系统之间的协同作用，出现了宏观的结构或类型。序参量是系统相变前后所发生的质的飞跃的最突出标志。它表示着系统的有序结构和类型，是所有子系统对协同运动的贡献总和，是子系统介入协同运动程度的集中体现。协同学中的序参量有以下特点：

①由于协同学研究的是系统的宏观行为，所以引入的序参量是宏观参量，用于描述系统的整体行为；

②序参量是微观子系统集体运动的产物、合作效应的表征和度量；

③序参量支配子系统的行为，主宰着系统演化过程。

（四）涨落

即使系统处于有序状态，也并不是说子系统无规律的独立运动会完全停止。子系统的独立运动以及它们各种可能产生的局部耦合，加上环境条件的随机波动等，都反映在系统的宏观量的瞬时值经常会偏离其平均值而出现的起伏上，这种偏离平均值的起伏现象就叫涨落。当系统处于稳定状态时，这种涨落的幅度与宏观量相比是很小的，并且衰减又快，因此常常可以把它忽略。然而，当系统刚刚进入临界点时，子系统自发的独立运动与它们之间关联所形成的协同运动也进入了均势阶段。在这个混乱无序的过渡阶段的初期，子系统间的各种可能的耦合相当活跃，而且这些局部耦合所形成的涨落不断冲击着系统，由于系统的无序和混乱就使涨落相对地变大。每个涨落都包含着一种宏观结构的"胚芽状态"，很多涨落得不到其他大多数子系统的响应便表现为阻尼大而很快衰减下去，这种涨落的内容就是快弛豫参量。只有那个得到了大多数子系统很快响应的涨落，便由局部波及系统，得到了放大，成为推动系统进入新的有序状态的涨落，这种涨落的内容就是出现在临界无阻尼的慢弛豫参量——序参量。协同学是用随机论和动力学的结合来描述相变时所发生的过程的。从随机论来看，涨落是形成有序结构的动力，是有序之源。从动力学来看，系统演化的结局是由边界条件所决定的。事实上，虽然各种内容涨落的出现是偶然的，但只有符合边界条件的涨落才会得到响应和放大，才能转变为支配系统的序参量。

（五）自组织

从无序状态转变为具有一定结构的有序状态，或者从有序转变为新的有序状态，首先需要环境提供能量流和物质流作为保证，也就是说控制参量需要达到阈值时，这种转变才成为可能，这是必需的外部条件。然而，系统在相变前后的外部环境并未发生质的变化，也就是说系统并未从环境中得到怎样组织起来、形成什么样的结构以及如何来维持发展这种结构的信息。因此，在一定的环境条件下由系统内部自身组织起来的，并通过各种形式的信息反馈来控制和强化着这种组织的结果，这种组织就称为自组织结构。相应的描述叫自组织理论，自组织理论是协同学的核心理论。

关于自组织，哈肯是这样定义的：如果没有外部命令，而是靠某种互相默契，工人们协同工作，各尽职责来生产产品，我们把这种过程称为"自组织"。人类是目前世界上最复杂、最高级的自组织结构机体。序参量是通过自组织状态来维持的。序参量的变化支配着其他参量，其他参量的变化也会影响序参量，使序参量的大小出现一些波动，但序参量对其他参量的作用总是通过正反馈来加强它自身直到饱和为止。在不同现象中，子系统之间的关联和耦合形式是不同的，它集中地体现在序参量对子系统的反馈控制的不同机理上。系统的信息作用体现在序参量的变化上，当序参量变化时它会通过信息反馈来控制子系统的行为。序参量是通过正的信息反馈才使系统维持在这种结果上的。从子系统的角度来说，控制参量的变化，起着改变子系统之间关联强弱和改变子系统独立运动与协同运动的相对地位的作用。例如，没有温度的降低来减少分子热运动动能（独立运动）和同时增加分子之间的相互作用（关联），水是不能结成冰的。因此，环境不提供促成子系统之间关联的转化条件，系统是不可能产生自组织的。但有一个有趣的现象是：外界以无规则形式给系统提供能量和物质，然而自组织结构能够把这些无规则形式的能量和物质转变为有序的形式。

第五节　农业高新区协同发展机理

一　农业高新区系统子系统和序参量的关联机理

农业高新区系统的序参量来源于系统内部，是经济、科研、社区三大子系统竞合作用的产物，是农业高新区系统协同效应的表征与度量。在由繁复众多的元素组成的高新区系统中，若能区分主要与次要、偶然与必然、表象与本质，抓住了描述系统宏观协同度或宏观模式的序参量，就能把握住系统变迁的本质。

序参量是协同学的核心概念之一，被用来描述支配系统演化的基本度量。复杂系统都是由若干子系统构成的，每个子系统都进行着各自的无规律独立运动，但也会受到其他子系统的影响。在复杂系统演化过程中，总有一种参量是由无到有产生的，产生后又反过来影响衍生它的系统内的组成部分，反映新机构的有序程度，这个参量就是序参量。协同学的创始人哈肯称序参量为"看不见的手"。在系统处于无序态的时候，序参量为零，当系统趋于向有序演变时，序参量的数值从零向正值增加，用来刻画系统内的有序程度。运用"协同学"思想对农业高新区系统协同过程进行分析，有必要在诸多过程影响因素中提炼出序参量，以便使园区系统协同的过程管理与控制做到有的放矢。任何系统的存续能力都是有限的，其结构、功能等都在发生变化。农业高新区系统变迁的终极动因在于内部各子系统之间、元素之间、层次之间的相互作用，从一个形态更替至另一个面向观察者描述出系统的宏观有序状态，如图 2-2 所示。

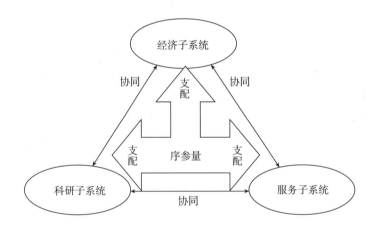

图 2-2　农业高新区系统内部各子系统与序参量的协同运动

序参量主宰支配着农业高新区系统从无序到有序的自组织演化的过程，而且决定着系统演化的结果。农业高新区系统序参量虽是由系统内部子系统之间运动产生的，但一经形成，各子系统就都要按照它的役使进行运动。由于序参量的这种主导特性，想要取得对农业高新区系统的有效干涉，必须要针对序参量施力，但有时不适度干涉有可能会导致农业高新区系统功能的缺损，但只要在农业高新区系统的运行和管理过程中审时度势，积极营造条件，对农业高新区系统的投入产出进行适当调节，强化或凸显农业高新区系统希望出现的序参量，就能确保农业高新区系统稳定有序的运转。从以上分析可知，没有子系统间的相互作用，就不会产生支配整体园区系统的序参量，反过来，若没有序参量对农业高新区系统整体协调发展方向的指引，处于混乱状态的园区系统也不可能朝有序状态演变，农业高新区系统的协同共赢效应也就无从谈起。

二　农业高新区系统协同发展的基本内涵

农业高新区系统是由经济子系统、科研子系统和社区子系统组成的复合系统，复合系统的发展受到子系统自我发展能力及子系统间协同作用力的影响。若一个复合系统内部某些组成部分或某个子系统在某个时间的状态最好，并不表示该系统整体功能是最优的。主要是由于园区内的经济、科研和社区子系统的自我发展能力不可能在同一时间都达到最佳状态，这就需要各子系统作用产生协同作用，通过自组织过程逐渐达到整体高水平协同和效益最佳（王兆君等，2000），协同学的理论核心是研究自组织的产生和调控的问题。无论是生命有机体还是社会，组织概念的特征就类似于整体、生长、分化、层次、支配、控制及竞争等概念（冯·贝塔朗菲，1987）。这种自组织伴随协同作用而进行，所谓协同作用，是系统内各要素或各子系统相互作用和有机整合的现象。尤其在该过程中，注重系统内部各个要素或子系统间的差异与协同，强调差异与协同的辩证统一实现整体效应（黎鹏，2003）。所以，我们需要根据系统论的基本原理，将经济发展、科研创新、社区建设等融为一体，并把这种思想观点灵活运用到农业高新区系统日常建设与管理的各个方面。

农业高新区系统良好发展是由其经济子系统、科研子系统和社区子系统自身发展能力及其相互协同作用决定。系统整体的优化不是各子系统分别优化后的简单相加，而是各子系统经过协同作用后的最优化。而复合系统的协同运转主要以三个子系统的要素组合为基础，通过不断变换组合来实现整体优化协同的目标。假设农业高新区系统为 S，其经济子系统为 S_1、科研子系统为 S_2、社区子系统为 S_3，则农业高新区系统可以表示为：

$$S = (S_1, S_2, S_3) \tag{2.1}$$

协同是指系统内各要素之间的相干能力，表现了要素在整体运行过程中协调与合作的性质；发展是指系统内各要素的自我发展能力，是要素在系统运动中的动力来源。协同度，即协同发展的程度。是系统内各子系统或要素在发展、演化过程中自我发展能力和彼此和谐一致的程度，是评价农业高新区协同发展绩效的测度，也是对其进行结构及功能优化改善的客观尺度。协同度与系统协同运行的效率呈正相关关系，其本质特征及机制可以用系统内部自组织有序度来表征。因此，系统内部各要素、各子系统之间的协同发展程度高低和系统整体上的有序程度是直接相关的。描述系统宏观协同水平基本单位称为序参量，系统的演化关键是研究序参量，因为序参量高度凝聚了整个系统演化的主要信息，代表了系统演化的主流和方向。

（一）自我发展能力

自我发展能力是指系统中的元素追求协同有序的能力，元素可以是子系统、序参量甚至序参量底下的基础指标项，每一个层面元素的自我发展能力都由下层元素的自我发展能力及其协同作用力有机结合组成，从最底层的基础指标层开始，基础指标层的自我发展能力和协同作用力组成序参量的自我发展能力，相类似的序参量层的自我发展能力及其协同作用力组成子系统层的自我发展能力，并最终组成整体系统的自我发展能力，即农业高新区系统的协同发展绩效，如图2-3所示。

（二）协同作用力

协同作用力之所以能成为事物运动发展的动力，主要是在于它促使系统内不同层面的元素之间耦合共生，从而产生一种相干效应。这种相干效应是一种整体效应，能使元素按一定的方式在大范围内相互连接、相互促进，产生新的物质和形成新的结构，而这种促使元素进行协同运行的力量就是协同作用力。

区别于自我发展能力，协同作用力主要作用于元素与元素之间，它是维系元素间的平衡，并推动其发展演变的力量。在整体系统中，自我发展能力与协同作用力虽有所区别，但又相互融合，两者你中有我，我中有你，在两者的共同推动下，整体系统才能不断发展演变，实现系统协同状态由无序到有序、从低级到高级的转变。

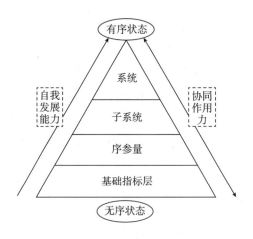

图 2 - 3   自我发展能力与协同作用力示意

（三）力量的大小与方向

世间万物变化无常，力量有增长就会有衰退，有促进事物向前发展的正向作用力，也有促使事物逆向发展走向衰退的负向作用力，自我发展能力和协同作用力也是如此。自我发展能力会在不同的内部和外部条件下发生改变，它可以从无到有，也可以从有到无，其力量的大小反映了一定时间内其代表元素的自我发展能力。与之相对的协同作用力，其变化更为复杂，它既可以从无到有、从有到无，而且还有正向与负向之分，正向的协同作用力会推动不同的元素从无序走向有序，从协同发展的低级状态向高级状态进化；而负向的协同作用力所起作用恰恰相反，它将使不同的元素间的关系走向混乱无序，当这种负向的力量积累到一定程度，还会造成协同发展绩效的大幅度下降。

第三章 杨凌农业高新技术产业
示范区发展现状分析

在运用系统论和协同论对杨凌农业高新技术产业示范区（以下简称"杨凌农业高新区"）进行深入研究前，需要对其如今的发展现状进行分析，论证其是否存在发展上的问题。截至 2012 年 9 月，我国陆续建立了 105 个国家级高新区，杨凌农业高新区作为我国唯一的国际级农业高新区从其建立以来备受瞩目，也承担着实现我国农业现代化，推动西北农业经济发展的历史重任，因此本章运用因子分析和聚类分析的方法，把杨凌农业高新区与其余 80 个国家级高新区进行对比分析，进而客观论述如今杨凌农业高新区的发展现状。

第一节 农业高新区的发展

一 农业高新区

（一）高新区的发展历程

作为高新技术产业的载体和表现形式，我国高新技术产业的发展与高新区的发展紧密相连。高新区的发展现状直接反映了高新技术产业的发展状况，而国家级高新区的发展又代表了我国高新区发展的总体状况。本章将从我国国家级高新区的发展时间来进行划分，把始于 1984 年的高新区发展分成四个时间区间进行描述。

第一个时间区间是从 1984 年到 1988 年。现今科学技术部的前身国家科学技术委员会于 1984 年向中央呈交的报告中指出应着力发展我国的高新技术产业，可以运用政策手段帮助部分符合高新技术产业标准的企业先发展起来。相隔一年后，中央即发布了《中共中央关于科学技术体制改革的决定》一文，文中强调了高新技术以及高新技术人才对经济发展的作用，并指出可以在部分符合条件的地区建立高新技术产业开发区。随后国家科学技术委员会再次呈交报告《关于支持发展新兴技术产业的请示》，认为可以在国内经济较为成熟，高新技术人才聚集的发达地区建设高新区。1986 年，中央决定开始施行"863"计划，到了 1988 年 6 月国务院批准建设中关村科技园区，8 月国务院又批准了火炬计划，至此拉开了我国高新区建设的序幕。

第二个时间区间是从 1989 年到 1991 年。在批准实施火炬计划以后，中央又做出了加快沿海经济建设的决定，鼓励高等院校和各行各业建立能参与国际竞争的高新技术企业。截至 1991 年年底，国家批准建立了 26 个新的国家级高新区，加上原有的中关村科技园区，此时我国拥有国家级的高新区 27 个，我国高新区的发展初见雏形。

第三个时间区间是从 1992 年到 2009 年。经过改革开放 30 年的发展，我国经济建设取得了举世瞩目的成就，同时高新区在推动我国经济增长的同时，其自身也获得极大的发展。1992 年，国务院决定在原来的基础上新建 25 个国家级高新区，到了 1997 年，国务院批准在西北地区的杨凌建设一个国家级农业高新区，用以研发和推广农业技术；到了 2007 年，宁波高新区提交的从省级升级到国家级的申请得到批准；到了 2009 年，泰州和湘潭高新区呈交的升级为国家级高新区的申请亦获得批准，截至 2009 年年底，我国的国家级高新区达到了 56 个，几乎遍及我国所有省级行政单位。

第四个时间区间是从 2010 年至今。从 2008 年开始，中国的外部经济环境日趋复杂，2008 年发生了美国金融危机，随着金融危机的扩大，欧洲的债务危机相继出现，中国一直以来对出口具有依赖性的经济模式受到挑战，实现国内产业的升级改造成为当务之急。为了加快我国产业升级的步伐，国家加快了高新区的建设步伐，2010 年批准建设 26 个国家级高新区，在随后的 2011 年、2012 年和 2014 年分别同意了 5 个、17 个和 9 个国家级高新区的建设。至此我国总共建设了 113 个国家级高新区。

高新区的建设，打破了我国高消耗、高污染、低产出的粗放型经济发展模式，把经济的发展导向低能耗、低污染、高产出的具备可持续性的发展模式，尤其是杨凌农业高新技术产业示范区的建设，为我国农业高新技术的发展打下坚实的基础。

专栏2 国外高新区发展的典范——硅谷

硅谷（Silicon Valley），位于美国加利福尼亚州北部的大都会区旧金山湾区南面，是高科技事业云集的圣塔克拉拉谷（Santa Clara Valley）的别称。硅谷最早是研究和生产以硅为基础的半导体芯片的地方，因此得名。硅谷是当今电子工业和计算机业的王国，尽管美国和世界其他高新技术区都在不断发展壮大，但硅谷仍然是高科技技术创新和发展的开创者，该地区的风险投资占全美风险投资总额的1/3，择址硅谷的计算机公司已经发展到大约1500家。一个世纪之前这里还是一片果园，但是自从英特尔、苹果公司、谷歌、脸书、雅虎等高科技公司的总部在这里落户之后，这里就出现了众多繁华的市镇。在短短的几十年之内，硅谷出了无数的科技富翁。硅谷的主要部分位于旧金山半岛南端的圣塔克拉拉县，主要包括该县下属的从帕罗奥多市到县府圣何塞市一段长约25英里的谷地。而硅谷的总范围一般还包含旧金山湾区西南部圣马特奥县的部分城市（比如门洛帕克），以及旧金山湾区东部阿拉米达县的部分城市（比如费利蒙）。

（一）历史沿革

1. 早期无线电和军事技术的基础

旧金山湾区在很早就是美国海军的研发基地。1909年，美国第一个有固定节目时间的广播电台在圣何塞诞生。1933年，森尼维尔（Sunnyvale）空军基地（后来改名为墨菲飞机场）成为美国海军飞艇的基地。在基地周围开始出现一些为海军服务的技术公司。第二次世界大战后，海军将西海岸的业务移往加州南部的圣迭戈，国家航天委员会（美国航天局 NASA 的前身）将墨菲飞机场（Moffett Field）的一部分用于航天方面的研究。为航天服务的公司开始出现，包括后来著名的洛克希德公司（Lockheed）。

2. 斯坦福工业园（Stanford Industrial Park）

第二次世界大战结束后，美国的大学回流的学生骤增。为满足财务需求，同时给毕业生提供就业机会，斯坦福大学采纳 Frederick Terman 的建议开辟工业园，允许高技术公司租用其地作为办公用地。最早入驻的公司是 1930 年代由斯坦福毕业生创办的瓦里安公司（Varian Associates）。Terman 同时为民用技术的初创企业提供风险资本。惠普公司是最成功的例子之一。在 1990 年代中期，柯达公司和通用电气公司也在工业园驻有研究机构，斯坦福工业园逐步成为技术中心。

3. 硅晶体管

1956 年，晶体管的发明人威廉·肖克利（William Shockley）在斯坦福大学南边的山景城创立肖克利半导体实验室。1957 年，肖克利决定停止对硅晶体管的研究。当时公司的八位工程师出走成立了仙童（Fairchild）半导体公司，称为"八叛逆"。"八叛逆"里的诺伊斯和摩尔后来创办了英特尔（Intel）公司。在仙童工作过的人中，斯波克后来成为国民半导体公司的 CEO，另一位桑德斯则创办了 AMD 公司。

4. 风险资本（Venture Capital）

从 1972 年第一家风险资本在紧挨斯坦福的 Sand Hill 路（风沙路）落户，风险资本极大地促进了硅谷的成长。1980 年，苹果公司的上市吸引了更多风险资本来到硅谷。Sand Hill 在硅谷成为风险资本的代名词。

5. 软件产业兴起

除了半导体工业，硅谷同时以软件产业和互联网服务产业著称。施乐公司在 Palo Alto 的研究中心在 OOP（面向对象的编程）、GUI（图形界面）、以太网和激光打印机等领域都有开创性的贡献。现今的许多著名企业都得益于施乐公司的研究，例如，苹果和微软先后将 GUI 用于各自的操作系统，而思科公司的创立源自将众多网络协议在斯坦福校园网内自由传送的想法。

（二）区位特点

1. 区域环境

地理位置优越；环境优美；气候宜人；交通便利；全世界的人才高地；市场稳定；创新环境和创新文化。

2. 大学依托

硅谷是随着 20 世纪 60 年代中期以来，微电子技术高速发展而逐步形成的；其特点是以附近一些具有雄厚科研力量的美国一流大学斯坦福大学、加州大学伯克利分校等世界知名大学为依托，以高技术的中小公司群为基础，并拥有谷歌、Facebook、惠普、英特尔、苹果公司、思科、特斯拉、甲骨文、英伟达等大公司，融科学、技术、生产为一体。

3. 产业特点

硅谷拥有大大小小电子工业公司达 10000 家以上，它们所生产的半导体集成电路和电子计算机约占全美 1/3 和 1/6。20 世纪 80 年代后，随着生物、空间、海洋、通讯、能源材料等新兴技术的研究机构在该地区纷纷出现，硅谷客观上成为美国高新技术的摇篮。硅谷已成为世界各国高科技聚集区的代名词。硅谷的产业特点包括：①从业人员具有高水平的知识和技能，其中科学家和工程师占较大比例；②增长速度比传统工业快得多，并且处在不断变化之中，产品更新换代的周期较短；③研究开发费用在销售额中占的比例较高；④产品面向世界市场；⑤硅谷精神：允许失败的创新，崇尚竞争，平等开放！

（资料来源：原文详见 https：//baike. baidu. com/item/% E7% A1% 85% E8% B0% B7/139194？ fromtitle = % E7% BE% 8E% E5% 9B% BD% E7% A1% 85% E8% B0% B7&fromid = 17502079&fr = aladdin，有删减）

（二）农业高新区的发展历程

伴随着高新区的建设步伐，农业高新区也得到迅速的发展。随着1992年第二批次的国家级高新区批准建设，高新区进入快速发展时期，高新技术的研发随之快速发展，越来越多的新技术从原来的领域转移到农业领域中，促进了农业高新技术的发展，加快了技术创新改造传统农业的步伐。本书从实际建设时间出发，把农业高新区的发展阶段分成三个部分。

第一个时间区间是从1988年到1996年。1988年，山东禹城的地方政府提出了与高等院校合作建设农业科技园的构想，到了1994年以后，通过与以色列政府的合作在北京建立了中以示范农场，农场内以节水灌溉和设施农业的示范推广为特色，这也是我国农业高新区的发展雏形。

第二个时间区间是从1997年到1999年。首先是1997年，杨凌农业高新技术产业示范区成立，开创了我国农业高新区的先河，时至今日杨凌的发展模式仍为各地的农业高新区效仿，成为我国农业高新区发展的范例；在随后的时间里，又在北京等五地陆续成立了5个农业高新区，民间资本也逐步被吸引到农业高新区的建设中，民营的农业高新技术企业如雨后春笋般相继出现。

第三个时间区间是从2000年至今。随着我国加入世界贸易组织，我国的农业发展面临着巨大的挑战，由于技术与产品质量的相对落后，必须用先进的农业技术和现代的农业管理模式对传统农业加以改造，由此加快农业高新区的建设步伐成为迫在眉睫的任务。2004年年底我国共建设不同级别的农业园区近千个，其中达到农业领域国家级水平的园区36个；截至2012年，全国先后建设65个国家级水平的农业高新区，形成了特色鲜明、示范效果显著的农业高新区发展布局，制定了"政府指导、企业运作、中介参与、农民受益"运作模式，推动了我国农业高新技术的研发、示范和推广。

二 农业高新技术产业

（一）农业高新技术产业的发展领域

与西方的农业先进国家相比，我国农业高新技术产业的发展水平仍相对较低，发展速度较慢，经过十多年的发展，初步形成了以下四个相对成熟的领域：

第一，农业生物技术领域，该领域主要包括分子育种、基因工程和细胞工程等方面的技术，通过对动植物的品种改良和新品种的培育，以及对新型农药和兽药的研制，推动农业的发展。

第二，农业信息技术领域，该领域对农业生产、管理和决策过程中的一系列自然、社会与经济资讯进行收集和处理，再从数据中分析预测农业宏观发展趋势，以期为农业的生产以及新技术的推广提供最完善的信息资料，从而提高农业的抗灾能力，为农业经营者的决策提供理论依据。

第三，农业新材料和设施工程技术，该领域主要是为农业生产提供新型的生产资料（如作物肥料）和生产设施（如节水灌溉设施），该领域的发展有效加快了我国实现农业现代化的步伐，同时也为农业的生产方式带来了巨大的革新。

第四，农产品加工技术，对农产品进行科学加工，可以延长其保质期降低储藏的成本，同时能给农产品添加附加值提升产品质量和价值，而产品的质量提升又能提高产品的竞争力创造更大的价值。

总的来说，农业高新技术产业的发展对加快我国传统农业改造和农业现代化的进程有重要的意义。

（二）杨凌农业高新技术产业示范区

1. 杨凌简介

上古黄帝时代，本区属岐伯、有邰国。尧舜时代，是古农师后稷"教民稼穑"的封地。秦置斄县，东汉初废入郿县。永平八年（65 年）于旧斄城置武功县，北魏太和十一年（487 年）改武功县为美阳县，置武功郡。北周天和四年（569 年）迁美阳县于旧治（今武功县武功镇西7 里）。建德三年（574 年）撤销武功郡，后为武功县地。清在今西大寨村置杨陵镇，以镇南有隋文帝杨坚泰陵（俗称杨陵）得名。

1964 年杨陵镇迁今址。1979 年 2 月成立武功县杨陵特区。1982 年6 月，特区改属宝鸡市直辖；10 月，将扶风县五泉公社划归特区；11月 3 日，国务院（国函字 242 号）批准同意将武功县的杨陵镇、杨陵公社和扶风县的五泉公社划归宝鸡市，设立杨陵区（县级）。1983 年

11 月 1 日改属咸阳市。1997 年 7 月 29 日，国家级示范区杨凌农业高新技术产业示范区成立，杨陵区划归国家杨凌农业高新技术产业示范区管辖。作为西北地区重要的农业高新技术产业集群，杨凌在其正式成立农业高新区以后的 17 年时间里经历了一系列重大的变化，从一个落后的北方小镇，逐步向一个现代化城市转变。

2. 产业经济发展现状

在"现代农业看杨凌"宏伟目标的指引下，经过科学规划，杨凌正向着"国际知名、国内一流"的现代农业高新区发展。在农业经济方面，通过加大对经济建设的投资力度，投入建设资金累计已达到 22亿元，逐步建成畜牧养殖、经济林果等八大产业，通过技术支持、质量监控、市场营销等服务体系的建立，杨凌的经济发展已逐步走上正轨。截至 2011 年，杨凌通过招商引资等方式，吸引了 31 家涉农企业进驻高新区，建设了 280 个经济合作组织，成立 37 家土地银行，实现 4.2 万亩土地的流转，产业内的农业经济总产值从 2006 年的 2.8 亿元，迅速提高到 2011 年的 6.8 亿元，农民人均收入得到极大提升，连续五年排名全省前列。在工业方面，杨凌充分发挥区位、技术和品牌优势，建成农资农药、农副产品加工等一系列特色产业。除了政府的财政投入，杨凌不断加大招商引资力度，私营企业已成为支撑整个农业高新技术产业经济发展的重要支柱。在工农结合的良好发展环境下，杨凌2011 年的生产总值达到 60.79 亿元，平均每年的增长率达到 16%，超过 2006 年产值的 2.9 倍；财政总收入 2.32 亿元，是 2006 年的 3 倍有余；地方财政收入 1.29 亿元，几乎达到 2006 年的 3 倍。区域经济发展势头良好，2008 年、2010 年和 2011 年荣膺陕西省"城区经济社会发展争先进位奖"。

然而杨凌的经济发展并非一帆风顺，根据图 3-1，杨凌农业高新技术产业示范区的企业总收入从 2007 年到 2012 年保持持续增长的趋势，六年时间里的增长幅度达到 1.37 倍；然而对比企业工业总产值一项数值，在考察的六年时间里其增长幅度不明显，这说明了企业自身生产的产品与提供的服务不足以满足市场的需求，缺乏足够的市场竞争力，其收入持续增长一部分原因是国家对农业高新技术产业的扶持性政策所带来的政策性收入，如出口退税和融资贴息等；一部分则来源于对产业外企业生产产品转卖带来的收入，这样的收入增长缺乏可持续性，容易因为国家政策的调整以及外部经济的不景气从而对产业内的经济发展带来严重冲击。

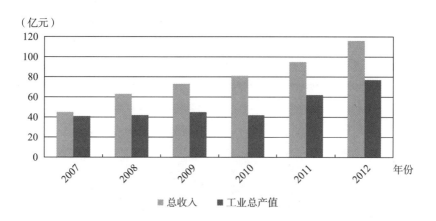

图 3 - 1　杨凌农业高新技术产业示范区企业总收入和工业总产值增长趋势
资料来源：《中国火炬统计年鉴》。

3. 科研发展现状

作为全国最早建立的农业高新区，杨凌的两所高等院校西北农林科技大学和杨凌职业技术学院集中的学科专业有 70 余个，各类专业人才达到 5000 多名。作为产业内主要的科研开发和人才培养基地，西北农林科技大学承担着引领杨凌科技发展的重任，学校内有农、林、水等多个重点学科，共有各类职称教职工 4500 余名，其中两院院士 9 人，中国科学院院士和中国工程院院士各 1 人，国家"千人计划"人才 6 人。校内建有国家重点实验室两个，国家工程实验室 1 个，国家工程研究中心 4 个，国际合作研究机构 6 个。在人才培养上，校内在校的本科生达到 21868 名，在读研究生 7400 余名，建校以来累计为国家输送拥有本科以上学历人才 13 余万人，为实现我国农业现代化，促进西北农业经济发展做出了突出贡献。

然而杨凌的科研发展也存在隐忧，存在中高端技术人才流失的问题。根据图 3 - 2，参与科技活动人员数量在考察的时间区间有较大波动，同时产业内中高级职称人员从 2007 年的 2235 人减少到 2012 年的

1344 人，人员流失总共 891 人，人才流失率达 39.9%；同时从图 3-3
中可以看到，经历了两年的增长后，科技活动经费和 R&D 研究经费从
2010 年顶峰时的 13042 万元和 8670 万元分别下降到 9664 万元和 5514
万元，降幅达 25.9% 和 36.4%。人才流失严重，科研经费不足，这必
然导致产业内科研开发能力的下降，使科研事业的发展缺乏可持续性。

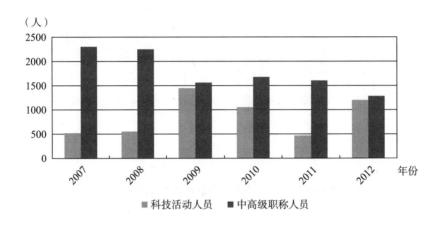

图 3-2　杨凌农业高新技术产业示范区科研人才趋势

资料来源：《中国火炬统计年鉴》。

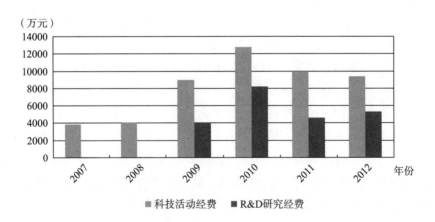

图 3-3　杨凌农业高新技术产业示范区科研经费趋势

资料来源：《中国火炬统计年鉴》。

专栏3　国外农业高新区建设的特点

1. 应用现代高科技技术，园区整体效益良好

国外农业高新区利用先进的现代高科技技术，取得了良好效果。俄罗斯农业高新区将全球卫星定位系统应用到农业中，在卫星导航下，拖拉机可以在田间精确作业，误差在0—2厘米，与未利用卫星定位系统之前相比，粮食产量提高了1.5倍。

美国农业高新区目前对物联网的利用率高达80%，园区可以利用物联网技术，动态、精确地掌握农作物病虫害、畜禽疾病等信息，及时采取应对措施，不仅能节省时间和资金，还可以将农药使用降到最低。

以色列农业高新区科技水平较高，植物栽培温室区域，相关技术人员可利用大数据技术，对灌溉、施肥、温度等进行控制和管理，有效提高了农产品的产量、质量。在蔬菜种植区域，水肥浇灌可以由智能化设备来自动控制，水量控制、水肥和农药的配置比例，均由终端自动控制系统负责。在以色列农业高新区中，水肥一体技术极大地提高了水肥利用率，将此技术运用到农作物栽培方面，水的利用率可以提高40%—60%，肥料利用率可以提高30%—50%。

2. 运用无公害农业生产方式，为绿色农业发展提供支持

新加坡农业高新区内的成春农场，该农场最大的特点是打造尖端绿色农业基地，聘请国内外农业技术专家，推广、应用全球最新农业科技，发展健康无害的农业。成春农场使用气耕法种植蔬菜，即在装有空调的温室内，将植物根部完全暴露在空气中，每隔5分钟喷洒富含肥料和营养物质冷水，且冷水是以雾水的形式喷洒，不需要喷任何农药。利用气耕法来种植蔬菜，不仅蔬菜富有营养，而且质量安全得到极大保障。

以色列农业高新区，园区在种植粮食时，在拖拉机上配备了计算机和自动装置，可以实现从犁地到收割一体化作业，并以最小化

的成本提高操作速度，降低燃料消耗。

意大利农业高新区，利用电脑来控制鸡舍，既节省人力，又提高了对土地的利用和产量，最主要的是能够解决农场释放异味、鸡粪污染环境等问题，这样还不会影响到周围居民的生活环境。目前该农场的鸡蛋供应量占本地鸡蛋市场的10%。

3. 农民组织化程度高，促进园区规模化发展

国外部分农业高新区通过提高农业生产经营的组织化程度，进而提高了农业生产的产业化、专业化和集约化水平，促进农业高新区向规模化方向发展。

美国农业高新区是由州农学院来负责农业开发、宣传和相关培训等，同时，由全美约4500个非营利性合作社提供信贷、加工、销售以及储运服务。在美国农业高新区的运行中，呈现出"家庭农场+农民专业合作组织+农业高新区"的组织模式，且非常完善。

截至2016年8月，在日本农业高新区中，几乎有99%的农户均选择加入农协。相关统计数据显示，全日本共有500多个农协为农户提供相关服务。因此，日本农业高新区形成"农户+农协+农业高新区"的组织运行模式。该组织运行模式极大地提高了日本农业高新区运作效率。

以色列农业高新区借鉴莫沙夫模式，加入莫沙夫的成员互相帮助，服从于集体利益，在示范农场的运行中，逐渐形成了"家庭农户+莫沙夫+示范农场"的运行模式。由于农民组织化程度较高，园区发展日益规模化。

4. 资源利用充分，带动特色农业发展

国外农业高新区有效利用了当地特色资源，走特色化农业之路，取得了较好成效。美国政府对于各种农作物产业带作出了科学、系统的规划，并且90%的农场严格依照产业带划分，只种植一种特定的农作物，而各个农业高新区在技术推广时，将精准农业作为推广主体。据新华社2016年9月新闻消息显示，目前美国的特色农业发展良好，2016年美国农产品大约增产40%。

新加坡农业高新区根据当地都市农业地少人多的显著特征，近年来大力推行当地特色农业。新加坡农业高新区主要种植观赏用的热带鱼、胡姬花和卓锦万代兰等，每年的平均出口值超过6000万美元。

郁金香是荷兰的国花，由此荷兰建设了大约3500家观光型科技园。其中发展最好的是哥肯霍夫花卉园，该地面积只有32公顷，主要种植郁金香，每年3—5月郁金香节期间，吸引各地游客超过100万人，每年仅门票收入就超过2000万欧元。

（资料来源：原文详见 http：//www. sohu. com/a/216625253_
783770，有删减）

专栏4 现代休闲农业的发展模式

1. 田园农业游

以大田农业为重点，开发欣赏田园风光、观看农业生产活动、品尝和购置绿色食品、学习农业技术知识等旅游活动，以达到了解和体验农业的目的。如上海孙桥现代农业观光园、北京顺义"三高"农业观光园。

2. 园林观光游

以果林和园林为重点，开发采摘、观景、赏花、踏青、购置果品等旅游活动，让游客观看绿色景观，亲近美好自然。如四川泸州张坝桂园林。

3. 农业科技游

以现代农业科技园区为重点，开发观看园区高新农业技术和品种、温室大棚内设施农业和生态农业，使游客增长现代农业知识。如北京小汤山现代农业科技园。

4. 务农体验游

通过参加农业生产活动，与农民同吃、同住、同劳动，让游客接触实际的农业生产、农耕文化和特殊的乡土气息。如广东高要广新农业生态园。

5. 农耕文化游

利用农耕技艺、农耕用具、农耕节气、农产品加工活动等，开展农业文化旅游。如新疆吐鲁番坎儿井民俗园。

6. 民俗文化游

利用居住民俗、服饰民俗、饮食民俗、礼仪民俗、节令民俗、游艺民俗等，开展民俗文化游。如山东日照任家台民俗村。

7. 乡土文化游

利用民俗歌舞、民间技艺、民间戏剧、民间表演等，开展乡土文化游。如湖南怀化荆坪古文化村。

8. 民族文化游

利用民族风俗、民族习惯、民族村落、民族歌舞、民族节日、民族宗教等，开展民族文化游。如西芷拉萨娘热民俗风情园。

9. 农业观光农家乐

利用田园农业生产及农家生活等，吸引游客前来观光、休闲和体验。如四川成都龙泉驿红砂村农家乐、湖南益阳花乡农家乐。

10. 民俗文化农家乐

利用当地民俗文化，吸引游客前来观赏、娱乐、休闲。如贵州郎德上塞的民俗风情农家乐。

11. 民居型农家乐

利用当地古村落和民居住宅，吸引游客前来观光旅游。如广西阳朔特色民居农家乐。

12. 休闲娱乐农家乐

以优美的环境、齐全的设施、舒适的服务，为游客提供吃、住、玩等旅游活动。如四川成都碑县农科村农家乐。

13. 食宿接待农家乐

以舒适、卫生、安全的居住环境和可口的特色食品，吸引游客前来休闲旅游。如江西景德镇的农家旅馆、四川成都乡林酒店。

14. 农事参与农家乐

以农业生产活动和农业工艺技术，吸引游客前来休闲旅游。

15. 古民居和古宅院游

大多数是利用明、清两代村镇建筑来发展观光旅游。如山西王家大院和乔家大院、福建闽南土楼。

16. 民族村寨游

利用民族特色的村寨发展观光旅游。如云南瑞丽傣族自然村、红河哈尼族民俗村。

17. 古镇建筑游

利用古镇房屋建筑、民居、街道、店铺、古寺庙、园林来发展观光旅游。如山西平遥、云南丽江、浙江南浔、安徽徽州镇。

18. 新村风貌游

利用现代农村建筑、民居庭院、街道格局、村庄绿化、工农企业来发展观光旅游。如北京韩村河、江苏华西村、河南南街。

19. 休闲度假村

以山水、森林、温泉为依托，以齐全、高档的设施和优质的服务，为游客提供休闲、度假旅游。如广东梅州雁南飞茶田度假村。

20. 休闲农庄

以优越的自然环境、独特的田园景观、丰富的农业产品、优惠的餐饮和住宿，为游客提供休闲、观光旅游。如湖北武汉谦森岛庄园。

21. 乡村酒店

以餐饮、住宿为主，配合周围自然景观和人文景观，为游客提供休闲旅游。如四川郫县友爱镇农科村乡村酒店。

22. 农业科技教育基地

在农业科研基地的基础上，利用科研设施作景点，以高新农业技术为教材，向农业工作者和中、小学生进行农业技术教育，形成集农业生产、科技示范、科研教育于一体的新型科教农业园。如北京昌平区小汤山现代农业科技园、陕西杨凌全国农业科技农业观光园。

23. 观光休闲教育农业园

利用当地农业园区的资源环境、现代农业设施、农业经营活动、农业生产过程、优质农产品等，开展农业观光、参与体验，DIY 教育活动。如广东高明蔼雯教育农庄。

24. 少儿教育农业基地

利用当地农业种植、畜牧、饲养、农耕文化、农业技术等，让中、小学生参与休闲农业活动，接受农业技术知识的教育。

25. 农业博览园

利用当地农业技术、农业生产过程、农业产品、农业文化进行展示，让游客参观。如沈阳市农业博览园、山东寿光生态农业博览园。

26. 森林公园

以大面积人工林或天然林为主体而建设的公园。森林公园是一个综合体，它具有建筑、疗养、林木经营等多种功能，同时，也是一种以保护为前提利用森林的多种功能为人们提供各种形式的旅游服务的可进行科学文化活动的经营管理区域。

27. 湿地公园

以水为主题的公园。以湿地良好生态环境和多样化湿地景观资源为基础，以湿地的科普宣教、湿地功能利用、弘扬湿地文化等为主题，并建有一定规模的旅游休闲设施，可供人们旅游观光、休闲娱乐的生态型主题公园。

28. 水上乐园

水上乐园是一处大型旅游场地，是主题公园的其中一种，多数娱乐设施与水有关，属于娱乐性的人工旅游景点。有游泳池、人工冲浪、水上橡皮筏等。

29. 露营地

露营地就是具有一定自然风光的，可供人们使用自备露营设施如帐篷、房车或营地租借的小木屋、移动别墅、房车等外出旅行短时间或长时间居住、生活，配有运动游乐设备并安排有娱乐活动、演出节目的具有公共服务设施，占有一定面积，安全性有保障的娱乐休闲小型社区。

30. 自然保护区

不管保护区的类型如何，其总体要求是以保护为主，在不影响保护的前提下，把科学研究、教育、生产和旅游等活动有机地结合起来，使它的生态、社会和经济效益都得到充分展示。

（资料来源：原文详见 http：//www. sohu. com/a/222110197_783770，有删减）

第二节　基于规模角度的国家级高新区相关研究及分类

高新技术是高新区发展的关键所在，程郁和陈雪（2013）从机制和方式两方面入手，对经济增长中的创新驱动作用进行分析后得出，高新区的 TFP（全要素生产率）增长率明显高于所在省份的平均水平，经过细致的实证分析，高新区的 TFP 增长源于区域内的技术进步，技术进步对高新区经济增长的贡献比例高达 26.81%。关于高新区规模的研究，诸多学者给出了自己的见解，但多从技术的角度切入，主要集中于规模报酬、规模效率两方面的内容。

一　关于规模报酬的研究

关于规模报酬方面，Romer（1990）认为由于生产知识的持续积累，并且由于知识产权保护的存在使知识具有一定的非竞争性和排他性，如果把知识看作一种生产要素，这种生产要素不会像劳动力这些生产要素那样具有边际报酬递减的特性，反而呈现出边际报酬递增，即知识的投入具有边际报酬递增的特性。因此有的学者提出随着高新区内技术和知识的积累，高新区的发展也会受到知识边际报酬递增的影响，胡贝贝等（2017）收集了 53 个国家级高新区 2005 年到 2012 年的数据，运用回归分析方法研究高新区的生产是否具有规模递增效应，实证结果表明知识存量和人力资本这两项指标发挥了显著的作用，知识存量的产出弹性在 0.89 到 0.97 的数值区间，人力资本的产出弹性在 0.52 到 0.64 的数值区间，两者的产出弹性之和明显大于 1，表明了样本内的高新区表现出明显的规模递增效应，即随着高新区规模提升带来的知识积累，带来了生产经营规模的提升。陈颖和李强（2007）通过测算要素集聚速度、产业集聚质量、产业集聚规模收益系数三项指标，对我国 30 多个高新区的规模收益水平进行了实证分析。研究结果表明，从 1996 年到 2004 年，国家高新区的规模收益水平逐步提高，尤其是 2004 年以后，依靠劳动力要素所实现的投入产出弹性大幅度增加，"非投资拉动"所实现的增长趋势明显。但是研究结果发现，部分高新区集聚质量不高，虽形成一定园区规模，却更多地体现在逐利资本的涌入，这些资本一旦失去地方政策支持就会很快流失掉，未能转变为对地区经济发展的长期支撑力量。崔晓露（2013）选取创新投入和创新产出指标对全国各地高新区的创新绩效进行评价后发现，青岛、贵州、四川等地处于规模报酬递增状态，应加大投入创新资源，武汉和湖南等地则处于规模报酬递减状态，应减少投入创新资源。王艺明（2003）应用数据包络分析法研究了全国高新区的技术效率、规模效率、规模报酬状态，研究结果显示，深圳和佛山两地高新区的生产规模处于最优状态，北京、上海和青岛三地的高新区则处于规模相对过大状态，宝鸡、珠海等 25 地高新区则处于规模过小状态。

二 关于规模效率的研究

关于规模效率方面，欧光军等（2013）采用 DEA（数据包络）分析方法，对湖北省高新区的运行效率现状进行研究后发现湖北大部分高新区存在技术效率和规模效率偏低的问题，造成这一问题的主要原因是高新区的纵向发展规模不足，具备优势的高新技术企业缺乏上下游企业的有力支持，高新区内产业集群的聚集效应无法体现。刘满凤和李圣宏（2016）采用三阶段 DEA 模型，以科技活动人员、科技经费支出、年末资产为投入要素，以技术性收入、工业总产值、出口创汇为产出要素，对 2012 年 53 个国家级高新区的技术效率进行测算，实证测算表明，把环境因素（人均 GDP、工业企业数、财政支出、外商直接投资、基础设施）剔除以后，技术效率和纯技术效率有较大程度的提高，规模效率则有所下降，这说明不能盲目追求园区的规模增长，更应注重园区总体技术水平的提升。而且通过对比环境因素剔除前后的测算数据，剔除环境因素前，东部发达地区的高新区的技术效率被低估了，西部欠发达地区的技术效率则被高估了。

三 关于高新区规模的分类

对于高新区规模的界定，可以从规划用地、投入资金、进驻企业数量和各项经济科研指标来加以论述，从数据的可获得性和科学性的角度出发，本书采用高新区进驻企业数量这一项指标对包括杨凌农业高新区在内的 81 个国家级高新区分为四类。进驻企业数量在 100 个以下的园区划为微型园区，进驻企业数量在 101—500 区间的园区划为小规模园区，进驻企业数量在 500—1000 区间的园区划为中等规模园区，进驻企业数量达到 1000 家以上的划为大规模园区，如表 3 – 1 所示。

表 3 – 1 　　　　　　　　不同规模园区数量分布

园区类型	微型园区	小规模园区	中等规模园区	大规模园区
园区数量（个）	9	50	11	11

如表 3 – 2 所示，从 2004 年到 2011 年，杨凌农业高新区的进驻企业总体增长了 23 家。根据表 3 – 1，结合杨凌农业高新区的企业数量，对小规模园区进一步细分，划分为四个区间：101—200 区间，201—300 区间，301—400 区间，401—500 区间，如表 3 – 3 所示。

表 3 – 2 　　　　　　　　杨凌高新区历年进驻企业数

年份	2004	2005	2006	2007	2008	2009	2010	2011
进驻企业数量（家）	88	90	104	104	103	126	124	121

表 3 – 3 　　　　　　　　小规模园区的区间分布

园区类型	101—200 区间	201—300 区间	301—400 区间	401—500 区间
园区数量（个）	19	11	8	12

根据表3-3，选定与杨凌农业高新区同属201—300区间的11个国家级高新区进行同等规模的聚类实证分析。

第三节　杨凌农业高新技术产业示范区
发展现状实证分析

一　基于不同规模高新区的绩效对比分析

本书选取包括杨凌农业高新区在内的81个不同规模国家级高新区进行横向的综合对比分析，从而对杨凌农业高新区在我国不同规模国家级高新区中的总体发展水平进行客观评价。

（一）指标选取和研究方法

1. 指标的选取

结合杨凌农业高新区以及其余81个国家级高新区的特点和实际情况，以及综合考虑样本数据的可获得性等因素，本书将选取下列指标组成指标体系。经济方面的主要有：工业总产值、工业增加值、净利润、出口创汇、年末资产、产品销售收入；科研方面的主要有：技术收入、园区大专以上学历人数、园区拥有中高级职称人员、参与科技活动人员、科技活动经费内部支出、R&D经费内部支出。本书资料来源于2011年的《中国火炬统计年鉴》和《中国统计年鉴》。

2. 研究方法

使用SPSS 19.0软件。在对数据进行KMO检验和Bartlett球形检验的基础上，通过因子分析模型计算得出公因子，并通过因子得分函数求出包括杨凌农业高新区在内的81个高新区的综合得分，进而比对各地高新区系统内之间的得分，对杨凌农业高新区的发展现状进行客观的评价。

（二）实证结果

1. KMO检验和Bartlett球形检验

如表3-4所示，衡量取样是否充足的KMO值为0.9，这说明所选指标数据适合于进行因子分析。同时Bartlett球形检验统计量的Sig.值为0，即Sig. <0.01，由此可拒绝相关矩阵为单位阵的零假设，这代表

各项指标的数据有显著的相关关系。

表 3 – 4 　　　　　　KMO 检验和 Bartlett 球形检验

取样足够度的 Kaiser – Meyer – Olkin 度量		0.90
Bartlett 球形检验	近似卡方值	2600.36
	自由度	66
	Sig. 值	0

2. 各高新区绩效得分及排名

如表 3 – 5 所示，杨凌农业高新区的综合得分为 – 0.44，处于 81 个国家级高新区综合得分排名的第 80 位。

表 3 – 5 　　　　　　高新区绩效得分

地区	综合得分	排名	地区	综合得分	排名	地区	综合得分	排名
北京中关村	4.88	1	哈尔滨	– 0.06	28	江阴	– 0.27	54
上海张江	1.38	2	厦门	– 0.06	29	福州	– 0.27	55
深圳	1.23	3	包头	– 0.07	30	桂林	– 0.32	56
西安	1.04	4	太原	– 0.08	31	辽阳	– 0.34	57
武汉	1.02	5	鞍山	– 0.08	32	泰州	– 0.34	58
广州	0.91	6	洛阳	– 0.1	33	蚌埠	– 0.35	59
成都	0.89	7	襄樊	– 0.1	34	芜湖	– 0.35	60
天津	0.49	8	济宁	– 0.11	35	乌鲁木齐	– 0.37	61
杭州	0.46	9	重庆	– 0.12	36	泉州	– 0.38	62
无锡	0.4	10	吉林	– 0.13	37	东莞	– 0.38	63
南京	0.3	11	大庆	– 0.13	38	上海紫竹	– 0.39	64
苏州	0.28	12	株洲	– 0.15	39	烟台	– 0.39	65
大连	0.27	13	南宁	– 0.15	40	益阳	– 0.39	66
长沙	0.25	14	宝鸡	– 0.15	41	海口	– 0.39	67
长春	0.22	15	宁波	– 0.16	42	燕郊	– 0.4	68
沈阳	0.15	16	南昌	– 0.16	43	南阳	– 0.4	69
合肥	0.14	17	威海	– 0.17	44	安阳	– 0.4	70
济南	0.14	18	宜昌	– 0.17	45	自贡	– 0.4	71

续表

地区	综合得分	排名	地区	综合得分	排名	地区	综合得分	排名
珠海	0.07	19	贵阳	-0.18	46	齐齐哈尔	-0.41	72
淄博	0.04	20	保定	-0.19	47	渭南	-0.41	73
郑州	0.04	21	柳州	-0.2	48	唐山	-0.43	74
石家庄	0	22	惠州	-0.22	49	延吉	-0.43	75
佛山	0	23	昆明	-0.22	50	绍兴	-0.43	76
潍坊	-0.01	24	昆山	-0.23	51	江门	-0.43	77
青岛	-0.02	25	兰州	-0.23	52	昌吉	-0.43	78
常州	-0.03	26	湘潭	-0.24	53	杨凌	-0.44	79
中山	-0.04	27	绵阳	-0.26	54	青海	-0.45	80

（三）结果分析

根据表3-5，在全国国家级高新区的队列里，杨凌农业高新区的综合得分和排名均处于末流，这从侧面反映出其总体发展水平落后于全国大部分的国家级高新区，发展现状不容乐观。

二　基于聚类分析的相同规模高新区发展现状分析

通过选取与杨凌农业高新区规模基本一致的国家级高新区，运用聚类分析方法进行对比分析，从而对杨凌农业高新区在同等规模高新区的发展现状进行客观评价。

（一）指标选取和研究方法

1. 指标的选取

结合杨凌农业高新区以及其余81个国家级高新区的特点和实际情况，以及综合考虑样本数据的可获得性等因素，本书将选取下列指标组成指标体系。经济方面的主要有：工业总产值、工业增加值、净利润、出口创汇、年末资产、产品销售收入；科研方面的主要有：技术收入、园区大专以上学历人数、园区拥有中高级职称人员、参与科技活动人员、科技活动经费内部支出、R&D经费内部支出。

从数据的可获得性和科学性出发，本书主要采用2011年包括杨凌农业高新区在内的18个进驻企业在101—200区间的国家级高新区的数据进行分析，而资料来源于相关年份的《中国火炬统计年鉴》和《中国统计年鉴》。

2. 研究方法

聚类分析（Clustering）是一个过程，它把某个对象集划分为若干组聚类（Cluster），使同一组内的数据对象具有较高的相似度，不同组内的数据对象是不相似的。一个聚类（Cluster）是由相互间相似的一组对象所构成的集合。聚类分析的方法有很多种，本书采用的是分层聚类法。

（二）实证结果

1. 聚类分析

根据图3-4，把纳入分析的18个国家级高新区分为3类：第一类

******HIERARCHICAL CLUSTER ANALYSIS******

Dendrogram using Average Lirkage(Between Groups)

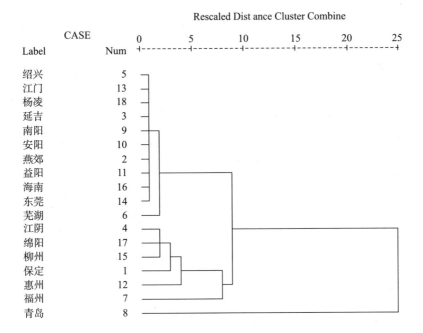

图3-4 聚类谱系

是青岛地区的高新区，占统计样本的5.6%；第二类是江阴、绵阳、柳州、保定、惠州、福州六地的高新区，占统计样本的33.3%；第三类是绍兴、江门、杨凌、延吉、南阳、安阳、燕郊、益阳、海南、东莞、芜湖11地的高新区，占统计样本的61.1%。

2. 第一类园区

如表3－6所示，第一类园区除了出口创汇一项指标低于第二类园区，占第二类园区均值的78.2%，其余各项指标均领先于其余两类园区，是在18个分析样本里发展水平较好的高新区。这一类园区的主要特点是：①拥有中等的国际化水平；②园区经济规模大，工业化水平高；③企业经济效益较高；④科研人才和必要的科研投入充足。

表3－6 在线分析过程数据集

序参量	分类					
	1		2		3	
	均值	标准差	均值	标准差	均值	标准差
工业总产值（亿元）	1445.2	0	887.9	171.5	241.0	116.1
工业增加值（亿元）	303.8	0	189.7	30.1	57.4	31.6
净利润（亿元）	94.1	0	34.1	10.1	11.3	7.1
出口创汇（亿美元）	24.7	0	31.6	27.5	3.6	3.7
年末资产（亿元）	1085.0	0	876.4	268.8	211.2	75.1
产品销售收入（亿元）	1505.1	0	843.7	180.0	239.8	119.8
技术收入（亿元）	3.2	0	2.5	4.9	0.6	0.6
大专以上（人）	45547.0	0	28199.5	7455.2	8859.4	3651.9
中高级职称（人）	13155.0	0	5312.3	961.0	1919.9	1046.6
科技活动人员（人）	16949.0	0	12235.2	4483.2	2319.0	1704.2
科技活动经费内部支出（亿元）	71.2	0	25.3	5.9	5.3	4.0
R&D经费内部支出（亿元）	48.3	0	13.2	6.5	2.8	2.5

3. 第二类园区

如表3－7所示，除了出口创汇一项指标，第二类园区与第一类园区相比较仍存在一定差距，但优于第三类高新区。这一类园区的主要特点是：①拥有较高的国际化水平。出口创汇一项指标，优于第一类园区

28%。②园区经济规模中等，工业化水平不足。工业总产值和工业增加值两项指标不足第一类园区的2/3。③企业经济效益中等。净利润一项指标只有第一类园区的36.2%，不足第一类园区相同指标的一半，其他三项指标：年末资产、产品销售收入和技术收入与第一类园区比较均达50%以上。④科研人才和必要的科研投入有待提高。大专以上学历和科技活动人员两项指标分别达到了第一类园区的61.9%和72.2%，其余三项指标：中高级职称人员、科技活动经费内部支出、R&D经费内部支出均不超过第一类园区相同指标的一半。

表3-7　　　　　　　　　　第二类园区指标分析

	序参量	第二类园区	占第一类园区数值百分比（%）
经济子系统	工业总产值（亿元）	887.9	61.4
	工业增加值（亿元）	189.7	62.4
	净利润（亿元）	34.1	36.2
	出口创汇（亿美元）	31.6	128
	年末资产（亿元）	876.4	80.8
	产品销售收入（亿元）	843.7	56.1
科研子系统	技术收入（亿元）	2.5	78.1
	大专以上（人）	28199.5	61.9
	中高级职称（人）	5312.3	36.1
	科技活动人员（人）	12235.2	72.2
	科技活动经费内部支出（亿元）	25.3	35.5
	R&D经费内部支出（亿元）	13.2	27.3

4. 第三类园区

如表3-8所示，第三类地区占据了样本的过半数量，其总体发展水平远远落后于其余两类地区，这一类园区的主要特点是：①国家化水平不足。出口创汇均值为3.6亿元，占第一类园区均值的14.6%，占第二类园区均值的11.4%。②园区经济规模小，工业化水平低下。工业总产值均值为241.0亿元，占第一类园区均值的16.7%，占第二类园区均值的27.1%；工业增加值均值为57.4亿元，占第一类园区均值的 18.9%，占第二类园区均值的 30.3%。③企业经济效益较差。净利润均值为 11.3 亿元，占第一类园区均值的 12.0%，占第二类园区均值的 33.1%；年末资产均值为 211.2 亿元，占第一类园区均值的 19.5%，占第二类园区均值的 24.1%；产品销售收入均值 239.8 亿元，占第一类园区均值的 15.9%，占第二类园区均值的 28.4%；技术收入均值为 0.6 亿元，占第一类园区均值的 18.8%，占第二类园区均值的 24.0%。④科研人才和必要的科研投入严重不足。大专以上学历人数均值为 8859.4 人，占第一类园区均值的 19.5%，占第二类园区均值的 31.4%；中高级职称人数均值为 1919.9 人，占第一类园区均值的 14.6%，占第二类园区均值的 36.1%；科技活动人员均值为 2319.0 人，占第一类园区均值的 13.7%，占第二类园区均值的 19.0%；科技活动经费内部支出均值为 5.3 亿元，占第一类园区均值的 7.4%，占第二类园区均值的 20.9%；R&D 经费内部支出均值为 2.8 亿元，占第一类园区均值的 5.8%，占第二类园区均值的 21.2%。

表 3-8　　　　　　　　　第三类园区指标分析

	序参量	第三类园区	占第一类园区数值百分比（%）	占第二类园区数值百分比（%）
经济子系统	工业总产值（亿元）	241.0	16.7	27.1
	工业增加值（亿元）	57.4	18.9	30.3
	净利润（亿元）	11.3	12.0	33.1
	出口创汇（亿美元）	3.6	14.6	11.4
	年末资产（亿元）	211.2	19.5	24.1
	产品销售收入（亿元）	239.8	15.9	28.4
科研子系统	技术收入（亿元）	0.6	18.8	24.0
	大专以上（人）	8859.4	19.5	31.4
	中高级职称（人）	1919.9	14.6	36.1
	科技活动人员（人）	2319.0	13.7	19.0
	科技活动经费内部支出（亿元）	5.3	7.4	20.9
	R&D 经费内部支出（亿元）	2.8	5.8	21.2

（三）结果分析

根据图 3-1，杨凌农业高新区在同等规模的国家级高新区中，属于第三类园区，此类园区的各项指标，无论在经济上还是科研上均远远不如其余两类园区，因此必须制定相应的评价办法，找出其系统内部的不足，进而制定相应政策措施，使其走上协同发展的道路。

专栏5　中国高新区概况

中国高新技术产业园区，简称"国家高新区""国家级高新区"，属于中华人民共和国国务院批准成立的国家级科技工业园区。

中国高新技术产业园区是中国在一些知识与技术密集的大中城市和沿海地区建立的发展高新技术的产业园区。高新区以智力密集和开放环境条件为依托，主要依靠国内的科技和经济实力，充分吸收和借鉴国外先进科技资源、资金和管理手段，通过实施高新技术产业的优惠政策和各项改革措施，实现软硬环境的局部优化，最大限度地把科技成果转化为现实生产力而建立起来的集中区域。1988年国务院开始批准建立国家高新技术产业园区。1988年8月中国国家高新技术产业化发展计划——火炬计划开始实施，创办高新技术产业园区和高新技术创业服务中心被明确列入火炬计划的重要内容。2016年，我国国家高新区营业收入预计达28.3万亿元，同比增长11.5%，工业总产值20.5万亿元，同比增长10.3%。

经历了近30年的发展，被纳入国家级高新区的园区逐步增加，1988年批复1家，1991年批复26家，1992年批复26家，1997年批复1家，2007年批复1家，2009年批复2家，2010年批复26家，2011年批复5家，2012年批复17家，2014年批复9家，2015年批复16家。至此国家高新区由原来的129家增加至145家，2017年3月增至157家。

现今高新区的发展既取得了相当的成绩，但也存在一定的问题。取得的成绩主要有：1. 高新区经济持续稳定增长。2. 高新区更加注重区域生态环境的建设。3. 正成为中国自主创新的重要载体：①积聚了更多的科技活动人员和研发人员；②企业在技术创新中发挥了主导作用，高新区企业研发投入强度不断扩大；③发明专利数量不断增加；④技术性收入规模稳步扩大；⑤高新技术产品不断丰富。4. 新业态不断涌现，高端产业逐渐成形。5. 在区域经济发展中起着关键的支撑作用。存在的问题有：1. 发展贪大图快倾向比较突出。2. 产业集群弱，产业结构雷同，缺乏产业特色。3. 技术创新的软环境建设滞后。

（资料来源：原文详见 https：//baike. baidu. com/item/% E4% B8% AD% E5% 9B% BD% E9% AB% 98% E6% 96% B0% E6% 8A% 80% E6% 9C% AF% E4% BA% A7% E4% B8% 9A% E5% BC% 80% E5% 8F% 91% E5% 8C% BA/3625825？ fr = aladdin，有删减）

本章小结

本章运用因子分析和聚类分析的方法，结合包括杨凌农业高新区在内的全国 81 个高新区 2011 年的相关数据进行对比，从而得出杨凌农业高新区现阶段在国家级高新区队列中的发展情况，从而对其发展现状进行客观评价。

在不同规模的国家级高新区队列中，杨凌农业高新区的综合得分为 -0.44，处于 81 个国家级高新区综合得分排名的第 80 位。其发展水平处于末流的地位；在相同规模的国家级高新区队列中，杨凌农业高新区属于第三类园区，总体发展水平远远逊于第一类和第二类园区，必须制定相应的评价办法，找出其系统内部的不足，进而制定相应政策措施，使其走上协同发展的道路。

第四章　农业高新区协同发展
指标体系的构建

从杨凌农业高新区的发展现状分析中可以得出，杨凌农业高新区现阶段的发展水平不容乐观，需要运用系统论与协同论，从系统的角度出发，对杨凌农业高新区内部各要素的运动展开深入探讨，并进一步制定相应评价方法找出其不足之处。而制定评价方法的前提，是从系统与协同发展的角度构建杨凌农业高新区的协同发展指标体系，在其基础上探讨杨凌农业高新区的评价办法。

第一节　杨凌农业高新技术产业示范区协同
指标体系构建的意义

高新区的评价指标体系和相关理论模型均具有重要的理论和现实意义（韩小改和曾旗，2005），构建杨凌农业高新技术产业示范区系统协同发展评价指标体系的目的是客观地评价各子系统的协同发展绩效，即子系统的自我协同发展能力，以及各子系统要素的协同作用程度和作用方向，为杨凌农业高新技术产业示范区制定相关的发展策略提供理论依据。

（1）能定量测度杨凌农业高新技术产业示范区系统的发展态势。通过建立评价指标体系并采用相应的方法及模型，计算系统及其子系统协同发展绩效的测度值；为决策者提供决策依据，制定出合理的战略决策和制度措施，促进杨凌农业高新技术产业示范区健康稳定发展。

（2）综合评价杨凌农业高新技术产业示范区的发展状态。杨凌农业高新技术产业示范区是一个包含经济、科研和社区环境等丰富评价对象的复杂系统，仅利用几个指标进行评价很难做到十分全面的说明。此外，由于杨凌农业高新技术产业示范区各子系统也具有复杂性，涉及的指标内容也较为复杂，因此有必要在众多纷繁复杂的指标中选择具有主体代表性的指标，对杨凌农业高新技术产业示范区近年的发展状态进行比较全面、综合的评价。

（3）能客观地反映杨凌农业高新技术产业示范区系统整体功能和结构的协同状态、协同发展绩效及态势。指标体系的建立是能对评价对象的本质特征、结构及主要成分进行相应客观的描述，服务于研究目的。因此，通过指标体系的确定，以综合描述出杨凌农业高新技术产业示范区经济、科研和社区子系统协同发展程度，所制定的政策措施对我国其余农业高新区的发展也具备普适性。

第二节 序参量和指标的筛选方法、确定的原则

一 序参量和指标的筛选

对本书中指标体系的筛选，首先需要对评价系统整体有较充分的认识；充分参考相关专著和文献总结基础上，初步选取具有系统性、易获性和数据连续性好的指标，采用专家咨询法和理论分析相结合反复筛选，最终构建本书的指标体系。

（1）理论分析法。理论分析就是对研究对象的特征，研究内容的构成要素、内涵、意义等进行综合分析判断，确定出比较重要的，并且能体现评价特征和研究目的的指标。

（2）专家调查法。是指向相关学科领域的专家发函、征求意见的一种调研方法。根据评价对象和评价的目标，进行资料搜集整理并设计专家调查表，在表中列出相应的评价指标，分别咨询相关专家对所设计指标体系的意见和建议，然后进行统计处理和反馈咨询结果；经过几轮咨询后，若各专家的意见趋于统一，其咨询结果就是最终的评价指标体系（郭亚军，2002）。

二　序参量和指标的确定

（1）代表性原则。杨凌农业高新区系统的组成因子很多，各个因子之间相互作用，构成一个复杂的综合体。指标体系的构建不可能包含所有因子，而是从中选择最具代表性，最能反映系统功能协同特征的指标。

（2）综合性原则。杨凌农业高新区是一个集经济—科研—社区子系统要素组成的复合系统，为此选取指标须尽可能地反映各子系统及功能的特征。评价指标体系中的每个指标都应该是每个指标都应该是反映园区的经济、科研或社区特征等综合信息的因子反映园区的经济、科研或社区特征等综合信息的因子，反映杨凌农业高新区系统的综合性与系统性。

（3）简明性与系统性原则。选取指标的目的主要在于能说明问题，而往往由于指标类型繁多而使选择的数据信息出现重复或缺失的情况，抓不住重点，因此选择具有针对性的指标，评价时尽可能控制在适度的范围内，且评价方法也要尽可能简单。

（4）可操作性与易获性原则。指标的定量化数据相对容易获取和更新，而且指标选择可具有一定的超前性，尽可能选取与农业高新区有关部门统计和发布的数据对应的指标。虽然有的指标对杨凌农业高新区系统有很好的表征作用，但是数据缺失或统计不全，在进行计算和分析上带来很大障碍，如果缺失部分极少可通过前后数据取均值或运用计量软件进行小范围的预测来弥补，如果缺失部分极多则无法纳入评价指标体系中。因此，选择指标须具有实用可行性和可操作性。

（5）适应性原则。在杨凌农业高新区系统协同发展指标选取上，应尽可能地涵盖园区内的普遍问题，以易于推广应用。同时从空间尺度上讲，选取的指标需具有相对广泛的空间适用性，对不同省、市、县的农业高新区而言，都能运用所选择的指标对该区域的农业高新区协同程度做出相对客观的评价。

第三节　杨凌农业高新技术产业示范区
协同发展指标体系

一　经济子系统的序参量和指标

（一）经济规模指数

经济规模指数是对园区总体经济状况的度量。国内生产总值是衡量经济发展状况的重要指标；企业群体成长是区域经济增长的最具有活力和潜力的增长极（鲁德银，2006），园区内的企业总体状况和从业人员规模能反映出园区经济的总体规模，由此本书选取国内生产总值、企业数和年末从业人员三项指标构成经济规模指数。

（1）国内生产总值：按市场价格计算的一个国家（或地区）所有常住单位在一定时期内生产活动的最终成果。国内生产总值有三种表现形态，即价值形态、收入形态和产品形态。从价值形态看，它是所有常住单位在一定时期内生产的全部货物和服务价值超过同期投入的全部非固定资产货物和服务价值的差额，即所有常住单位的增加值之和；从收入形态看，它是所有常住单位在一定时期内创造并分配给常住单位和非常住单位的初次收入之和；从产品形态看，它是所有常住单位在一定时期内最终使用的货物和服务价值与货物和服务净出口价值之和。①

（2）企业数：年末进驻园区从事生产活动的企业数量。

（3）年末从业人员：在企业中从事劳动并取得劳动报酬或经营收入的全部劳动力。

（二）经济产出指数

高新区的发展源于区内高新技术企业的集聚而形成的产业集群效应，产业集聚作为一种空间组织形式，需要得到区域协调，产业集群与高新区发展的良性互动是促进高新技术企业发展，进而使高新区得到快速发展的关键（张忠德，2006）。由此可知，高新技术企业是高新区经济活动的主体。经济产出指数是衡量园区经济生产能力的序参量，因此

---

① 《陕西统计年鉴》（2013）。

本书选取园区内企业的一系列相关指标：总收入、产品销售收入、商品销售收入、工业总产值和上缴税费，构成园区经济产出指数。

（1）总收入：企业全年的生产产品销售收入、技术性收入和与本企业产品相关的商品的销售收入、其他业务收入、营业收入等各种收入的总和。

（2）产品销售收入：企业全年销售全部产成品、自制半成品和提供劳务等所取得的收入。

（3）商品销售收入：企业销售以出售为目的而购入的非本企业生产产品的销售收入。

（4）工业总产值：工业企业在报告期内生产的以货币形式表现的工业最终产品和提供工业劳务活动的总价值量。由本期生产成品价值、对外加工费收入、自制半成品在制品期末和期初差额价值等几项指标的价值加总后得到。

（5）上缴税费：企业实际上缴的各项税金、特种基金和附加费等。

（三）经济健康指数

高新区建立的目的是加强高新技术的研发和推动相关产业的发展，作为高新区经济发展的主体，高新技术企业的发展状况决定园区经济发展是否健康，是否具有可持续性。区域经济发展水平与中小企业发达程度之间存在较显著的关系，中小企业发达程度对其所在地区经济发展水平的高低有 63.7% 的解释力，亦即两者之间存在互动关系（刘定平，2004）。居民收入增长是经济发展的结果，只有经济发展才能保障居民收入增长（白景明，2013），同时居民收入增加，通过增加商品消费等途径能进一步推动经济的增长，两者存在相互促进的关系。由此，本书选择企业和居民相关指标：年末资产、年末负债、居民人均收入和社会消费品零售总额，构成经济健康指数。

（1）年末资产：企业在报告年末拥有或控制的能以货币计量的经济资源，包括各种财产、债权和其他权利。资产按其流动性（即资产的变现能力和支付能力）划分为：流动资产、长期投资、固定资产、无形资产、递延资产和其他资产。

（2）年末负债：会计报表的流动负债与长期负债之和。

（3）居民人均可支配收入：居民家庭全部现金收入能用于安排家

庭日常生活的那部分收入。

（4）社会消费品零售总额：批发和零售业、住宿和餐饮业以及其他行业直接售给城乡居民和社会集团的消费品零售额。

二 科研子系统的序参量和指标

（一）人力资源指数

高素质的人力资源将成为我国高新区获取可持续发展动力的源泉，成为各高新区相互竞争的焦点（张霞、王林雪，2006）。高新区的科研人员主要由两部分组成。第一，是园区内高新技术企业的技术人员；第二，是园区内科研机构的研究员。由此，本书选取企业技术人员的相关指标：科技活动人员和中高级职称人员，以及科研机构的相关指标：高校研究生导师人数和高校研究生人数，共同构成人力资源指数。

（1）科技活动人员：企业内部直接参加科技项目以及项目的管理人员和直接服务的人员，不包括全年累计从事科技活动时间不足制度工作时间10%的人员。

（2）中高级职称人员：企业内部具备中高级以上职称的管理人员和直接服务的人员。

（3）高校研究生导师人数：高校内具备硕士或博士研究生导师资格的教师人数。

（4）高校研究生人数：高校内在读的硕士和博士研究生总人数。

（二）科研投入指数

农业科研经费的投入，有效地促进了农业科研事业的发展（信乃诠，2008）。由此，本书选取科技活动经费内部支出、R&D经费内部支出、教育固定资产投资和高校固定资产总值四项指标，构成科研投入指数。

（1）科技活动经费内部支出：年内用于科技活动的实际支出，包括劳务费、科研业务费、科研管理费，非基建投资构建的固定资产、科研基建支出以及其他用于科技活动的支出。不包括生产性活动支出、归还贷款支出及转拨外单位支出。反映科技投入实际完成情况。

（2）R&D经费内部支出：年度用于内部开展R&D活动的实际支出。包括用于R&D项目（课题活动的直接支出），以及间接用于R&D

活动的管理费、服务费、与 R&D 有关的基本建设支出以及外协加工费等。不包括生产性活动支出、归还贷款支出以及与外单位合作或委托外单位进行 R&D 活动而转拨给对方的经费支出。

（3）教育固定资产投资：教育相关行业建造和购置固定资产的经济活动。

（4）高校固定资产总值：是指高校使用期限超过 1 年的房屋、建筑物、机器、机械、运输工具以及其他与生产、经营有关的设备、器具、工具等在没有扣除折旧前的原值之和。

（三）科研产出指数

科技产出对企业科技投入具有较大的促进作用（俞立平，2013），企业的技术性收入对专利产出具有正向激励（温珂、张敬、宋琦，2013），高新技术企业的技术性收入和高新区的知识产权数能很好地反映出高新区的科研产出水平。由此本书选择技术性收入占全年收入比重和知识产权数两项指标构成科研产出指数。

（1）技术性收入占全年收入比重：技术性收入是指企业全年用于技术转让、技术承包、技术咨询与服务、技术入股、中试产品收入以及接受外单位委托的科研收入等；总收入是指企业全年的生产产品销售收入、技术性收入和与本企业产品相关的商品的销售收入、其他业务收入、营业收入等各种收入的总和。

（2）知识产权数：对产品、方法或者其改进所提出的新的技术方案。

三　社区子系统的序参量和指标

（一）基础建设指数

完善的园区基础设施是农业高新区实现经济发展和科研进步的有力保证（梁晶、李晶，2011），由此本书选取一系列基础设施固定资产投资的相关指标，构成基础建设指数。

（1）交通运输仓储和邮政业固定资产投资：交通运输仓储和邮政业建造和购置固定资产的经济活动。

（2）电力、燃气及水的生产和供应业投资：电力、燃气及水的生产和供应业建造和购置固定资产的经济活动。

（3）批发和零售业固定资产投资：批发和零售业建造和购置固定资产的经济活动。

（4）公共管理和社会组织固定资产投资：公共管理和社会组织建造和购置固定资产的经济活动。

（5）水利环境和公共设施管理业固定资产投资：水利环境和公共设施管理业建造和购置固定资产的经济活动。

（6）卫生社会保障和社会福利业固定资产投资：卫生社会保障和社会福利业建造和购置固定资产的经济活动。

（二）园区生活指数

医疗卫生是社区建设的重要组成部分（徐丽敏，2003），由此本书选取卫生机构床位和卫生技术人员两项指标，构成园区生活指数。

（1）卫生机构床位：医疗卫生机构的床位数量。

（2）卫生技术人员：包括执业（助理）医师、注册护士、药剂人员、检验和影像人员等卫生专业人员。不包括从事管理工作的卫生技术人员（一律计入管理人员）。①

（三）环境建设指数

随着经济的发展，人类对生态环境的破坏日益严重，生态环境的恶化严重制约区域经济与社会的发展。必须采取有效措施促进社区的可持续发展，加强社区对生态环境治理与保护工作的参与，并使之受益于治理、保护的成果（彭贤伟，2003）。由此本书选取当年完成水保治理面积和荒山荒地造林面积，构成环境建设指数。

（1）当年完成水保治理面积：年末统计完成的水土流失综合治理面积。

（2）荒山荒地造林面积：在荒山、荒地、沙丘等一切可以造林的土地上，采用人工播种、植苗、飞机播种等方法种植成片乔木林和灌木林，经过检查验收符合《造林技术规程》要求，并按《中华人民共和国森林法实施细则》规定，成活率达85%及以上的造林面积。造林面积不包括补植面积和治沙种草面积。

---

① 《陕西统计年鉴》。

第四节　杨凌农业高新技术产业示范区
协同发展指标体系的建立

根据上述指标选取原则，在通过大量搜索各项指标的相关数据，从农业高新区系统的经济、科研和社区三个子系统角度考虑，在参考了相关文献和研究基础上，选取主要因子作为目前农业高新区系统发展协同度的序参量，依据多种渠道搜集的统计数据来做一个具有整体性、综合性，以及相对全面地反映农业高新区系统的演进过程和协同状态的指标体系。

假定农业高新区是一个由经济、科研和社区三个子系统构成的复合系统，设定经济规模指数、经济产出指数、经济健康指数、人力资源指数、科研投入指数、科研产出指数、基础建设指数、园区生活指数和环境建设指数 9 个综合指标作为该系统的序参量，以及构成这 9 个序参量的 32 个基本指标或变量来综合反映农业高新区系统发展的协同程度，见表 4-1，为下文进行协同度的评价和模型计算奠定基础。

表 4-1　　杨凌农业高新技术产业示范区协同发展指标体系

目标层	准则层	序参量层	基础指标层	指标性质
农业高新区协同系统（S）	经济子系统（A）	经济规模指数（A_1）	国内生产总值（亿元）（A_{11}）	正向指标
			企业数（个）（A_{12}）	正向指标
			年末从业人员（人）（A_{13}）	正向指标
		经济产出指数（A_2）	总收入（千元）（A_{21}）	正向指标
			产品销售收入（千元）（A_{22}）	正向指标
			商品销售收入（千元）（A_{23}）	正向指标
			工业总产值（千元）（A_{24}）	正向指标
			上缴税费（千元）（A_{25}）	正向指标
		经济健康指数（A_3）	年末资产（千元）（A_{31}）	正向指标
			年末负债（千元）（A_{32}）	负向指标
			居民人均可支配收入（元）（A_{33}）	正向指标
			社会消费品零售总额（亿元）（A_{34}）	正向指标

续表

目标层	准则层	序参量层	基础指标层	指标性质
农业高新区协同系统（S）	科研子系统（B）	人力资源指数（B_1）	科技活动人员（人）（B_{11}）	正向指标
			中高级职称人员（人）（B_{12}）	正向指标
			高校研究生导师人数（人）（B_{13}）	正向指标
			高校研究生人数（人）（B_{14}）	正向指标
		科研投入指数（B_2）	科技活动经费内部支出（千元）（B_{21}）	正向指标
			R&D经费内部支出（千元）（B_{22}）	正向指标
			教育固定资产投资（B_{23}）	正向指标
			高校固定资产总值（B_{24}）	正向指标
		科研产出指数（B_3）	技术性收入占全年收入比重（‰）（B_{31}）	正向指标
			园区知识产权产出（项）（B_{32}）	正向指标
	社区子系统（C）	基础建设指数（C_1）	交通运输仓储和邮政业固定资产投资（万元）（C_{11}）	正向指标
			电力、燃气及水的生产和供应业投资（万元）（C_{12}）	正向指标
			批发和零售业固定资产投资（万元）（C_{13}）	正向指标
			公共管理和社会组织固定资产投资（万元）（C_{14}）	正向指标
			水利环境和公共设施管理业固定资产投资（万元）（C_{15}）	正向指标
			卫生社会保障和社会福利业固定资产投资（万元）（C_{16}）	正向指标
		园区生活指数（C_2）	园区卫生机构床位（C_{21}）	正向指标
			卫生技术人员（C_{22}）	正向指标
		环境建设指数（C_3）	当年完成水保治理面积（公顷）（C_{31}）	正向指标
			荒山荒地造林面积（公顷）（C_{32}）	正向指标

第五章　杨凌农业高新技术产业示范区
协同发展绩效的评价

第一节　杨凌农业高新技术产业示范区
协同发展绩效的评价方法

农业高新区子系统之间的协同作用，是促使农业高新区系统实现协同发展的最主要力量。在建立农业高新区协同发展指标体系的基础上，本书建立杨凌农业高新区协同度模型对其协同发展绩效进行测度。

一　农业高新区系统的协同度

（一）复合系统的协同度

哈肯在其著作中并未阐述关于"协同度"的确切定义，而系统科学中其他领域的科学工作者发展了哈肯的思想。例如，系统工程领域的一些学者提出：协同度指的是系统之间或系统要素之间在发展过程中彼此和谐一致的程度，体现系统由无序走向有序的趋势。由协同论可知系统走向有序的关键，在于系统内部各子系统间相互关联的"协同作用"，它左右着系统相变的特征和规律。协同度是这种协同作用的量度。还有的学者提出：从协同学的角度看，协同是系统各个组成要素在发展过程中相互之间的和谐一致，这种和谐一致的程度称为协同度。然而学者们的观点虽有一定的道理，却缺乏全面性。他们只注重子系统之间、元素之间的作用力关系，却忽视子系统或元素本身也具有自我发展的能力，因此本书认为协同度应该是子系统或元素本身自我发展能力与子系统或元素间协同作用力的有机结合，这两种力量共同决定了系统在达到临界区域时走向何种序与结构，或称决定了系统由无序走向有序的趋势。

（二）农业高新区系统协同度概念

本书认为，农业高新区协同度是指农业高新区经济、科研和社区子系统自身的发展能力进化，及其相互间为了达到共同的利益目标，相互配合、协调一致地对农业高新区系统及系统内参与系统运动的各要素进行协调的过程。那么，用协同学的语言来表述，农业高新区系统的协同度可定义为：农业高新区系统内各组成要素或子系统的自我发展能力及其相互间作用力在农业高新区系统的发展过程中彼此和谐一致的程度。这一定义中可以同样应用于包括子系统和序参量协同度等关键概念，这些将在下面的模型中进行具体的阐述。

二　原始数据的预处理

根据第三章建立的农业高新区协同发展指标体系，指标是组成体系的基本单位。本书用 e_{ij} 来标识指标。在模型中，指标的选取应注重科学性与可获得性的有机结合，科学性是指所选指标必须能科学地反映杨凌农业高新区系统的实际状况；可获得性是指指标的选取由国家相关统计部门发布的数据，尽可能保证数据的可靠性。

根据表 4-1，本书建立了一个包含 32 个指标的指标体系，因此也带来了指标间单位不一致的问题。为保证后续研究的顺利进行，必须对指标的原始数据进行无量纲化的预处理。

（1）指标的上限和下限。设定 a_{ij} 是指标的下限值，在实证分析取值时可以选取过去某年的实际值；b_{ij} 是指标的上限值，可以根据指标发展趋势或经济规划目标选择未来某规划年的预测值或规划值。并且，$a_{ij} \leqslant e_{ij} \leqslant b_{ij}$，其中 $n \geqslant 2$，$j \in [1, n]$。

（2）指标的无量纲化处理。指标无量纲化的目的主要有两方面：第一，消除不同指标间的量纲限制，使指标体系内的各项指标可以进行无差别的组合计算；第二，统一指标体系内各项指标的值域，使后续运算过程的合理性与科学性得到保证（温洪涛、任传鹏，2011）。

设定 E_{ij} 是指标原始数据无量纲化处理后的值，由此可得指标的无量纲化处理的表达式：

$$E_{ij} = \frac{e_{ij} - a_{ij}}{b_{ij} - a_{ij}} \tag{5.1}$$

$$E_{ij} = \frac{a_{ij} - e_{ij}}{b_{ij} - a_{ij}} \tag{5.2}$$

根据表 4 - 1，杨凌农业高新区协同发展指标体系的指标层由正向指标和负向指标组成。正向指标是指 e_{ij} 的取值越大，杨凌农业高新区系统的协同程度越高，此类指标用式（5.1）进行无量纲化处理；负向指标是指 e_{ij} 的取值越大，杨凌农业高新区系统的协同程度越低，此类指标用式（5.2）进行无量纲化处理。

三　系统内各层级要素权重的确定

在杨凌农业高新区协同发展指标体系中，序参量层和基础指标层的权重是沟通整个指标体系的媒介，是整个评价过程中最基本、最重要的一步，选择确定权重方法的正确和科学与否，是整个评价结果是否准确的关键。权重的确定方法主要分为三种：主观赋权法、客观赋权法和主客观赋权法。

主观赋权法又称专家赋权法，主要是决策者或研究者根据自身的经验对各项指标的重要性进行逐一判断后，主观地对指标进行赋权打分的方法，其中使用最为广泛的是层次分析法和专家调查法（宋光兴、杨德礼，2004）。主观赋权法能充分发挥相关领域专家在该领域经验的优势，具有一定程度的科学性，然而主观赋权法不可避免地受到人为因素的影响，在现实应用中容易形成随机、模糊的研究结果，有较大的局限性。

客观赋权法不依靠人为的主观判断，是在原始研究数据的基础上，通过分析不同数据间错综复杂的关系并最终确定权重的方法，其中使用广泛的方法是熵值法和主成分法。客观赋权法能充分发挥数学理论在研究中的作用，但失去了相关领域专家的经验优势，降低了决策者在研究方案中的参与度，有可能使确定的权重与实际情况相冲突。

主客观赋权法是综合主观赋权法和客观赋权法各自优点的一种赋权法，它不但使决策者的经验能在研究中得到充分体现，又把数学理论的严谨性和逻辑性带入研究的过程，减少了研究结果的随机性。

本书的研究采用主客观赋权法。其中主观的赋权采用层次分析法，客观的赋权采用熵值法，主客观的综合赋权则采用归一化的处理方法。

（一）层次分析法

层次分析法英文简称 AHP，由美国运筹学家 Saaty 于 20 世纪 70 年代首先提出。层次分析法把与决策相关的各项要素划分成目标、准则、方案三大层次，并在此基础上把定性分析与定量分析相结合，进行进一步的研究。

1. 建立递阶层次结构

在一般的情况下，运用层次分析建立递阶层次结构只需三层结构，然而由于农业高新区系统是一个复杂、庞大的体系，因此，本书在实际研究中对层次分析法进行创新性改进，以适应研究的需要。整个农业高新区系统的递阶层次结构主要分为四个部分：

（1）目标层：目标层是建立整个研究过程的目的所在，结合本书的研究，此目标应为"农业高新区系统的协同情况"。

（2）准则层：在本书的研究中，主要指经济、科研和社区三个子系统的协同情况。

（3）序参量层：序参量是对经济、科研和社区三个子系统起决定性影响的因素，本书以建立"指数"的方式，通过序参量下层的各项指标来反映序参量的协同状况。

（4）基础指标层：基础指标层是整个指标体系的基石，本书共选取了 32 项指标组成基础指标层。

2. 建立两两比较判别矩阵

根据表 4 - 1，运用九分法对相同层级的因素进行两两对比，具体方式参照表 5 - 1。由此在对比中得出各个因素的相对重要程度，并在此基础上建立两两比较判别矩阵。

表 5 - 1　　　　　　　　　　　判别矩阵标度和含义

x_i/x_j	含义
1	指标 x_i 与指标 x_j 具有同等的重要程度
3	指标 x_i 比指标 x_j 稍微重要

续表

x_i/x_j	含义
5	指标 x_i 比指标 x_j 更为重要
7	指标 x_i 比指标 x_j 明显重要
9	指标 x_i 比指标 x_j 极为重要
2、4、6、8	对应上述情况的中间情况
倒数	当 $a_{ij}=x_i/x_j$ 时，可以得到 $a_{ji}=1/a_{ij}$

设定相同层次的因素通过两两比较建立矩阵 U：

$$U=\begin{pmatrix} a_{11} & \cdots & a_{1n} \\ \vdots & \ddots & \vdots \\ a_{n1} & \cdots & a_{nn} \end{pmatrix} \quad (5.3)$$

矩阵 U 必须满足以下条件：

（1）当 $i=j=1$ 成立时，则有 $a_{ij}=1$。

（2）$a_{ij}=1/a_{ji}$。

3. 计算权重 P

（1）求出判别矩阵每一行的乘积 K_i：

$$K_i=\prod_{j=1}^{n}a_{ij} \quad (5.4)$$

其中 $i=1,2,\cdots,n$。

（2）求得 K_i 的 n 次方根 w_i：

$$w_i=\sqrt[n]{K_i} \quad (5.5)$$

（3）对求得的所有 w_i 值进行归一化计算：

$$P_i=\frac{w_i}{\sum_{j=1}^{n}w_i} \quad (5.6)$$

通过以上计算步骤，可求得特征向量 $P=[P_1,P_2,\cdots,P_n]^T$，即矩阵内各项因素的权重。

4. 一致性检验

（1）计算 AP_i

$$AP_i=\sum_{j=1}^{n}a_{ij}\cdot P_j \quad (5.7)$$

（2）计算最大特征根 λ_{max}

$$\lambda_{max} = \sum_{i=1}^{n} \frac{AP_i}{nP_i} \tag{5.8}$$

（3）求得一致性指标 CI

$$CI = \frac{\lambda_{max} - n}{n - 1} \tag{5.9}$$

（4）根据矩阵的阶数 n 确定一致性指标 RI

RI 的值可根据表 5 – 2 确定。

表5 – 2 判别矩阵一致性指标 RI

阶数（n）	1	2	3	4	5	6	7	8	9	10	11	12	13
RI	0	0	0.58	0.90	1.12	1.24	1.32	1.41	1.45	1.48	1.52	1.55	1.56

（5）计算一致性比例 CR

$$CR = \frac{CI}{RI} \tag{5.10}$$

（二）熵值法

（1）用 e_{ij} 来标识指标，用 E_{ij} 标识指标原始数据无量纲化处理后的值，运用式（5.1）和式（5.2）对原始数据进行无量纲化处理，使数据标准化。根据表4 – 1，农业高新区协同发展指标体系的指标层由正向指标和负向指标组成。正向指标是指 e_{ij} 的取值越大，农业高新区系统的协同程度越高，此类指标用式（5.1）进行无量纲化处理；负向指标是指 e_{ij} 的取值越大，农业高新区系统的协同程度越低，此类指标用式（5.2）进行无量纲化处理。

（2）求出第 i 年第 j 项指标的比重值：

$$Y_{ij} = \frac{E_{ij}}{\sum_{i=1}^{m} E_{ij}} \tag{5.11}$$

其中 $i = 1, 2, \cdots, m$。

（3）运算各项指标的信息熵

$$g_j = - \frac{\sum_{i=1}^{m} Y_{ij} \cdot \ln Y_{ij}}{\ln m} \tag{5.12}$$

（4）求出信息熵的冗余度

$$h_j = 1 - g_j \qquad (5.13)$$

（5）求出评价因素的权重 Q_i

$$Q_i = \frac{h_j}{\sum\limits_{j=1}^{n} h_j} \qquad (5.14)$$

（三）综合权重的确定

在层次分析法和熵值法的基础上，采用归一化的方法求得权重值，最终得出序参量层和基础指标层各项研究因素的权重值：

$$W = \frac{P_i \cdot Q_i}{\sum\limits_{i=1}^{n} P_i \cdot Q_i} \qquad (5.15)$$

四　杨凌农业高新技术产业示范区系统的协同度模型

哈肯在其著作中并没有建立协同度模型。但是，系统工程领域中的一些科学工作者发展了哈肯的思想，建立了复合系统的协同度模型（韩文秀等，2001）。由于农业高新区系统是一个复合系统，即是由不同属性的子系统相互关联、相互作用、相互渗透而构成的系统。复合系统追求的总目标是整体优化，即子系统复合后的协调。因此，度量农业高新区系统的协同度也可以借鉴复合系统的协同度模型。本书对复合系统的协同度模型进行合理改进，构建农业高新区系统的协同度模型，在此基础上得出杨凌农业高新区协同机制运行效果的评价方法。

（一）序参量的协同度

序参量由多个指标组成，本书用 E_{ij} 来表示经过无量纲化处理的指标，用 W_j 来表示各项指标的综合权重，用 E_i 来表示序参量，用 n 来表示序参量所拥有指标的数量。据此可得序参量的协同度表达式：

$$E_i = \sum\limits_{j=1}^{n} W_j \cdot E_{ij} \qquad (5.16)$$

其中，$W_j \geq 0$，$n \geq 2$，$\sum\limits_{i=1}^{n} W_j = 1$。

（二）子系统的协同度

子系统由多个序参量组成，本书用 E_i 来表示序参量，用 W_i 来表示

各项序参量的综合权重，用 E 来表示子系统。据此可得子系统的协同
度表达式：

$$E = \sum_{i=1}^{3} W_i \cdot E_i \qquad (5.17)$$

其中，$W_i \geq 0$，$\sum_{i=1}^{3} W_i = 1$。

（三）系统的协同度

设定一个系统的初始时间段 t_0，此时子系统的协同度为 E^0；系统
经过发展演变进入新的时间段 t_1，此时子系统的协同度为 E^i，由此可得
农业高新区系统协同度模型的表达式：

$$DTS = \theta \cdot m\sqrt{\prod_{i=1}^{m} |E^i - E^0|} \qquad (5.18)$$

其中，

$$\theta = \frac{\min[E^i - E^0 \neq 0]}{|\min[E^i - E^0 \neq 0]|} \qquad (5.19)$$

在式（5.18）和式（5.19）中，$E^i - E^0$ 代表了子系统 E 在时间段
t_0 到时间段 t_1 时的演变程度，反映了子系统从无序到有序的过程。因
为 $E^i - E^0$ 的值域为 [-1, 1]，由此可得农业高新区系统的协同度 DTS
的值域也属于 [-1, 1]。

（四）协同状态的划分

由于系统本身具有的复杂性，使杨凌农业高新区系统的协同程度也
具备不同的状态，为了进一步的研究，有必要对农业高新区系统的不同
协同状态进行划分。从系统协同度 DTS 的值域出发，农业高新区系统
可以划分为七种状态，如表 5-3 所示。

根据表 5-3，当协同度为 1 时，系统或子系统处于最完美的完全
协同状态，子系统或序参量的发展演变完全协同一致，子系统间相互促
进，达到均衡发展的状态；当协同度值域为 [0.5, 1) 时，系统或子
系统处于高效协同状态，子系统或序参量的发展演变基本协同一致，各
子系统虽能快速向前发展演变，但个别子系统会对其他子系统产生少量
抑制作用，子系统间未能达到均衡发展状态；当协同度值域为（0,
0.5）时，系统或子系统处于低效协同状态，子系统或序参量的发展演

变未能协同一致，三者虽能向前发展演变，但子系统间存在一定抑制作用，处于不均衡的状态；当协同度为 0 时，系统或子系统处于无效协同状态，子系统或序参量的发展演变未能协同一致，三者发展缓慢、无序，子系统间不存在促进和抑制作用；当协同度值域为 [－0.5，0) 时，系统或子系统处于轻度不协同状态，子系统或序参量的发展演变轻度不协同，三者发展缓慢、无序，子系统相互抑制，不存在均衡发展状态；当协同度值域为 (－1，－0.5) 时，系统或子系统处于重度不协同状态，子系统或序参量的发展极端缓慢，个别子系统甚至衰退，子系统间存在严重相互抑制作用，不存在均衡发展状态；当协同度为 －1 时，系统或子系统处于完全不协同状态，子系统或序参量的发展演变完全不协同，三者发展停滞甚至衰退，子系统间存在严重相互抑制作用，不存在均衡发展状态。

表 5－3　　　　　　　　　农业高新区系统的协同状态划分

协同度值域	系统的协同状态	杨凌农业高新区系统的协同状态
1	完全协同状态	子系统或序参量发展演变完全协同一致，三者能相互促进，达到均衡发展的状态
[0.5，1)	高效协同状态	子系统或序参量发展演变基本协同一致，三者虽能快速向前发展演变，但子系统间存在少量抑制作用，未能达到均衡发展的状态
(0，0.5)	低效协同状态	子系统或序参量发展演变未能协同一致，三者虽能向前发展演变，但子系统间存在一定抑制作用，处于不均衡状态
0	无效协同状态	子系统或序参量发展演变未能协同一致，三者发展缓慢、无序，子系统间不存在促进和抑制作用
[－0.5，0)	轻度不协同状态	子系统或序参量发展演变轻度不协同，三者发展缓慢、无序，子系统间存在相互抑制作用，不存在均衡发展状态
(－1，－0.5)	重度不协同状态	子系统或序参量发展演变重度不协同，三者发展极端缓慢，个别子系统甚至衰退，子系统间存在严重相互抑制作用，不存在均衡发展状态
－1	完全不协同状态	子系统或序参量发展演变完全不协同，三者发展停滞甚至衰退，子系统间存在严重相互抑制作用，不存在均衡发展状态

（五）农业高新区系统协同度模型的意义

1. 对于理论研究的意义

基于理论研究的角度，杨凌农业高新区协同度模型的构建，可以有效测度杨凌农业高新区系统及其子系统之间的协同状况，这有助于对农业高新区系统发展演变的过程给出合理科学的解释，为农业高新区系统相关理论的研究提供经验和借鉴。

2. 对于研究方法创新的意义

基于研究方法创新的角度，目前学术界并没有为农业高新区系统的研究提出一套合理的计量模型，更没有基于数学模型的实证分析，杨凌农业高新区协同度模型的构建，为农业高新区系统的相关研究提供了一种新的研究方法，模型融合了经济学与管理学的相关理论，使研究方向沿着多种方法融合、多门学科交叉的方向向前发展。

3. 对于研究实践的意义

基于研究实践的角度，杨凌农业高新区协同度模型的构建，有助于对杨凌农业高新区系统各子系统间的相互作用进行测度，通过子系统间相互作用的分析可以找出导致协同度变化序参量或者指标，为决策者制定相关政策提供理论依据。

第二节　杨凌农业高新技术产业示范区系统协同度测度

一　数据的来源及基础指标的无量纲化处理

（一）数据的来源

本书原始数据主要来源于《中国火炬统计年鉴》《陕西统计年鉴》《西北农林科技大学年鉴》2004 年到 2012 年的统计数据。

（二）基础指标的无量纲化处理

根据式（5.1）和式（5.2），对杨凌农业高新区系统协调发展指标体系的 32 项指标进行无量纲化预处理，如表 5 - 4、表 5 - 5 和表 5 - 6 所示。

表 5 - 4　　　　　　　　　经济子系统基础指标数据的无量纲化

年份	经济规模指数（A₁）			经济产出指数（A₂）					经济健康指数（A₃）			
	A₁₁	A₁₂	A₁₃	A₂₁	A₂₂	A₂₃	A₂₄	A₂₅	A₃₁	A₃₂	A₃₃	A₃₄
2004	0.0960	0.2785	0.4543	0.0048	0.0929	0.0561	0.1839	0.0005	0.2938	0.7080	0.1439	0.1189
2005	0.1166	0.3030	0.5077	0.0769	0.1161	0.0748	0.2299	0.0226	0.3672	0.6350	0.1799	0.1366
2006	0.1521	0.4749	0.7629	0.1490	0.1393	0.0935	0.2759	0.0827	0.4406	0.5620	0.2159	0.1588
2007	0.2138	0.4749	0.8586	0.2211	0.1624	0.1063	0.3219	0.1549	0.5171	0.5100	0.2519	0.2068
2008	0.2871	0.4626	0.8600	0.2931	0.1913	0.1035	0.3165	0.1494	0.5724	0.4613	0.3134	0.2681
2009	0.3603	0.7450	0.7744	0.3319	0.1565	0.0508	0.3301	0.2395	0.6621	0.2799	0.3943	0.3338
2010	0.4294	0.7204	0.7997	0.3787	0.2146	0.0513	0.3099	0.4881	0.7610	0.2347	0.4618	0.4239
2011	0.5711	0.6836	0.8183	0.4396	0.2618	1.0000	0.4528	0.5163	0.9013	0.2014	0.5472	0.5126
2012	0.6396	0.7941	0.8609	0.5517	0.4453	0.0016	0.5660	0.6156	0.8688	0.1639	0.6377	0.6100

表 5 - 5　　　　　　　　　科研子系统基础指标数据的无量纲化

年份	人力资源指数（B₁）				科研投入指数（B₂）				科研产出指数（B₃）	
	B₁₁	B₁₂	B₁₃	B₁₄	B₂₁	B₂₂	B₂₃	B₂₄	B₃₁	B₃₂
2004	0.2523	0.7421	0.4497	0.3722	0.0303	0.0001	0.1845	0.1258	0.6527	0.0453
2005	0.2769	0.6777	0.6811	0.4963	0.1466	0.0005	0.4290	0.4021	0.3992	0.0906
2006	0.3015	0.6132	0.7897	0.6188	0.2630	0.0009	0.4200	0.4621	0.4372	0.1359
2007	0.1536	0.5627	0.8330	0.7074	0.2633	0.0010	0.6052	0.4772	0.3702	0.1807
2008	0.1706	0.5450	0.8662	0.7598	0.2782	0.0010	0.3509	0.5161	0.2782	0.2256
2009	1.0000	0.3167	0.9608	0.7946	0.6892	0.4922	0.5030	0.5877	0.0790	0.3180
2010	0.6502	0.3627	1.0000	0.8294	1.0000	1.0000	0.2778	0.6456	0.0835	0.4104
2011	0.0370	0.3378	0.7716	0.8964	0.7702	0.5781	0.9731	0.6860	0.0657	0.5578
2012	0.7166	0.2265	0.8571	0.9171	0.7208	0.6339	0.7966	0.7488	0.0836	0.6465

表 5 - 6　　　　　　　　　社区子系统基础指标数据的无量纲化

年份	基础建设指数（C₁）						园区生活指数（C₂）		环境建设指数（C₃）	
	C₁₁	C₁₂	C₁₃	C₁₄	C₁₅	C₁₆	C₂₁	C₂₂	C₃₁	C₃₂
2004	0.0105	0.0002	0.0295	0.0258	0.0397	0.0012	0.1522	0.1350	0.2727	0.3731
2005	0.0128	0.0004	0.0020	0.4005	0.0254	0.0001	0.2166	0.1445	0.4545	0.4030

续表

年份	基础建设指数（C_1）						园区生活指数（C_2）		环境建设指数（C_3）	
	C_{11}	C_{12}	C_{13}	C_{14}	C_{15}	C_{16}	C_{21}	C_{22}	C_{31}	C_{32}
2006	0.0330	0.0006	0.0308	0.5569	0.0105	0.0007	0.2607	0.1671	1.0000	0.4328
2007	0.0800	0.0008	0.0595	0.1364	0.0320	0.0025	0.2173	0.3201	0.9091	0.1940
2008	0.1270	0.0059	0.0752	0.0354	0.1144	0.0047	0.1949	0.2908	0.9091	0.0149
2009	0.2177	0.0075	0.1165	1.0000	0.0421	0.0025	0.2409	0.3843	0.9091	0.6119
2010	0.3976	0.0092	1.0000	0.5005	0.0086	0.0002	0.3621	0.5495	0.9091	1.0000
2011	0.4765	1.0000	0.1475	0.0011	0.2906	0.0271	0.4418	0.6656	0.9773	0.4030
2012	0.5830	0.0345	0.3634	0.0879	0.4458	0.2216	0.5535	0.7128	0.9091	0.2030

经过无量纲化预处理，所有 32 项指标的值域均属于 ［0，1］，这为下一步权重赋值和协同度的测算奠定数据的基础。

二 指标综合权重的确定

（一）层次分析法确定的权重

根据层次分析法的基本原理和表 5 - 1 的判别原则，咨询 10 名常驻杨凌并从事经管类研究工作的专家和学者，通过综合他们的意见，得出了各项指标的权重，并且进一步进行了一致性检验，以保证结果的科学性与合理性，具体的指标权重以及一致性检验的结果，如表 5 - 7 至表 5 - 15 所示。

表 5 - 7　　　　　　　　经济规模指数各项影响因素权重

A_1	A_{11}	A_{12}	A_{13}	权重 P_i
A_{11}	1.0000	2.0000	3.0000	0.5396
A_{12}	0.5000	1.0000	2.0000	0.2970
A_{13}	0.3333	0.5000	1.0000	0.1634

注：一致性检验：$\lambda_{max} = 3.0092$；$CI = 0.0046$；$CR = 0.0079$。

表 5 - 8　　　　　　　　经济产出指数各项影响因素权重

A_2	A_{21}	A_{22}	A_{23}	A_{24}	A_{25}	权重 P_i
A_{21}	1.0000	5.0000	7.0000	0.5000	8.0000	0.3330
A_{22}	0.2000	1.0000	2.0000	0.1429	3.0000	0.0871
A_{23}	0.1429	0.5000	1.0000	0.1250	2.0000	0.0554
A_{24}	2.0000	7.0000	8.0000	1.0000	9.0000	0.4942
A_{25}	0.1250	0.1250	0.5000	0.1111	1.0000	0.0303

注：一致性检验：$\lambda_{max} = 5.0356$；$CI = 0.0089$；$CR = 0.0079$。

表 5 - 9　　　　　　　　经济健康指数各项影响因素权重

A_3	A_{31}	A_{32}	A_{33}	A_{34}	权重 P_i
A_{31}	1.0000	4.0000	0.3333	0.2500	0.1346
A_{32}	0.2500	1.0000	0.1429	0.1250	0.0458
A_{33}	3.0000	7.0000	1.0000	0.5000	0.3188
A_{34}	4.0000	8.0000	2.0000	1.0000	0.5009

注：一致性检验：$\lambda_{max} = 4.0786$；$CI = 0.0262$；$CR = 0.0291$。

表 5 - 10　　　　　　　　人力资源指数各项影响因素权重

B_1	B_{11}	B_{12}	B_{13}	B_{14}	权重 P_i
B_{11}	1.0000	0.3333	0.1429	0.1667	0.0545
B_{12}	3.0000	1.0000	0.2500	0.3333	0.1292
B_{13}	7.0000	4.0000	1.0000	2.0000	0.4998
B_{14}	6.0000	3.0000	0.5000	1.0000	0.3165

注：一致性检验：$\lambda_{max} = 4.0571$；$CI = 0.0190$；$CR = 0.0212$。

表 5 - 11　　　　　　　　科研投入指数各项影响因素权重

B_2	B_{21}	B_{22}	B_{23}	B_{24}	权重 P_i
B_{21}	1.0000	0.2500	3.0000	2.0000	0.1928
B_{22}	4.0000	1.0000	7.0000	6.0000	0.6274
B_{23}	0.3333	0.1429	1.0000	0.5000	0.0685
B_{24}	0.5000	0.1667	2.0000	1.0000	0.1113

注：一致性检验：$\lambda_{max} = 4.0469$；$CI = 0.0156$；$CR = 0.0174$。

表 5 - 12   科研产出指数各项影响因素权重

B_3	B_{31}	B_{32}	权重 P_i
B_{31}	1.0000	0.2500	0.2000
B_{32}	4.0000	1.0000	0.8000

注：一致性检验：$\lambda_{max} = 2$；$CI = 0$；$CR = 0$。

表 5 - 13   基础建设指数各项影响因素权重

C_1	C_{11}	C_{12}	C_{13}	C_{14}	C_{15}	C_{16}	权重 P_i
C_{11}	1.0000	0.3333	0.5000	3.0000	2.0000	2.0000	0.1420
C_{12}	3.0000	1.0000	2.0000	6.0000	5.0000	5.0000	0.3932
C_{13}	2.0000	0.5000	1.0000	5.0000	4.0000	4.0000	0.2627
C_{14}	0.3333	0.1667	0.2000	1.0000	0.5000	0.5000	0.0474
C_{15}	0.5000	0.2000	0.2500	2.0000	1.0000	0.5000	0.0684
C_{16}	0.5000	0.2000	0.2500	2.0000	2.0000	1.0000	0.0862

注：一致性检验：$\lambda_{max} = 6.1151$；$CI = 0.0230$；$CR = 0.0186$。

表 5 - 14   园区生活指数各项影响因素权重

C_2	C_{21}	C_{22}	权重 P_i
C_{21}	1.0000	0.3333	0.2500
C_{22}	3.0000	1.0000	0.7500

注：一致性检验：$\lambda_{max} = 2$；$CI = 0$；$CR = 0$。

表 5 - 15   环境建设指数各项影响因素权重

C_3	C_{31}	C_{32}	权重 P_i
C_{31}	1.0000	2.0000	0.6667
C_{32}	0.5000	1.0000	0.3333

注：一致性检验：$\lambda_{max} = 2$；$CI = 0$；$CR = 0$。

由此可得 32 项指标的主观赋值权重。

（二）熵值法确定的权重

1. 计算比重值

根据表 5 - 4、表 5 - 5 和表 5 - 6，运用式（5.11）求出各项指标的比重值，如表 5 – 16、表 5 – 17 和表 5 – 18 所示。

表 5 – 16　　　　　经济子系统基础指标数据的比重值

年份	经济规模指数（A_1）			经济产出指数（A_2）					经济健康指数（A_3）			
	A_{11}	A_{12}	A_{13}	A_{21}	A_{22}	A_{23}	A_{24}	A_{25}	A_{31}	A_{32}	A_{33}	A_{34}
2004	0.0335	0.0564	0.0678	0.0020	0.0522	0.0365	0.0616	0.0002	0.0546	0.1885	0.0458	0.0429
2005	0.0407	0.0614	0.0758	0.0314	0.0652	0.0487	0.0770	0.0099	0.0682	0.1691	0.0572	0.0493
2006	0.0531	0.0962	0.1139	0.0609	0.0783	0.0608	0.0924	0.0364	0.0818	0.1496	0.0686	0.0573
2007	0.0746	0.0962	0.1282	0.0903	0.0912	0.0691	0.1078	0.0682	0.0960	0.1358	0.0801	0.0747
2008	0.1002	0.0937	0.1284	0.1198	0.1075	0.0673	0.1060	0.0658	0.1063	0.1228	0.0996	0.0968
2009	0.1257	0.1509	0.1156	0.1356	0.0879	0.0330	0.1105	0.1055	0.1230	0.0745	0.1253	0.1205
2010	0.1498	0.1459	0.1194	0.1548	0.1206	0.0334	0.1038	0.2151	0.1413	0.0625	0.1468	0.1531
2011	0.1993	0.1385	0.1222	0.1797	0.1471	0.6502	0.1516	0.2275	0.1674	0.0536	0.1739	0.1851
2012	0.2232	0.1608	0.1286	0.2255	0.2501	0.0010	0.1895	0.2713	0.1614	0.0436	0.2027	0.2203

表 5 – 17　　　　　科研子系统基础指标数据的比重值

年份	人力资源指数（B_1）				科研投入指数（B_2）				科研产出指数（B_3）	
	B_{11}	B_{12}	B_{13}	B_{14}	B_{21}	B_{22}	B_{23}	B_{24}	B_{31}	B_{32}
2004	0.0709	0.1693	0.0624	0.0582	0.0073	0.0000	0.0406	0.0270	0.2665	0.0173
2005	0.0778	0.1546	0.0945	0.0776	0.0352	0.0002	0.0945	0.0864	0.1630	0.0347
2006	0.0847	0.1399	0.1095	0.0968	0.0632	0.0003	0.0925	0.0993	0.1785	0.0521
2007	0.0431	0.1283	0.1155	0.1107	0.0633	0.0004	0.1333	0.1026	0.1512	0.0692
2008	0.0479	0.1243	0.1202	0.1189	0.0668	0.0004	0.0773	0.1110	0.1136	0.0864
2009	0.2810	0.0722	0.1333	0.1243	0.1656	0.1818	0.1108	0.1264	0.0323	0.1218
2010	0.1827	0.0827	0.1387	0.1298	0.2403	0.3693	0.0612	0.1388	0.0341	0.1572
2011	0.0104	0.0770	0.1070	0.1402	0.1851	0.2135	0.2143	0.1475	0.0268	0.2136
2012	0.2014	0.0517	0.1189	0.1435	0.1732	0.2341	0.1755	0.1610	0.0341	0.2476

表 5 – 18   社区子系统基础指标数据的比重值

年份	基础建设指数（C_1）						园区生活指数（C_2）		环境建设指数（C_3）	
	C_{11}	C_{12}	C_{13}	C_{14}	C_{15}	C_{16}	C_{21}	C_{22}	C_{31}	C_{32}
2004	0.0054	0.0002	0.0162	0.0094	0.0393	0.0047	0.0577	0.0401	0.0376	0.1026
2005	0.0066	0.0004	0.0011	0.1459	0.0252	0.0005	0.0821	0.0429	0.0627	0.1108
2006	0.0170	0.0006	0.0169	0.2029	0.0104	0.0028	0.0987	0.0496	0.1379	0.1190
2007	0.0413	0.0008	0.0326	0.0497	0.0317	0.0095	0.0823	0.0950	0.1254	0.0534
2008	0.0655	0.0056	0.0412	0.0129	0.1133	0.0182	0.0738	0.0863	0.1254	0.0041
2009	0.1123	0.0071	0.0639	0.3644	0.0418	0.0094	0.0912	0.1140	0.1254	0.1683
2010	0.2051	0.0087	0.5481	0.1824	0.0085	0.0006	0.1372	0.1631	0.1254	0.2750
2011	0.2459	0.9441	0.0808	0.0004	0.2879	0.1038	0.1674	0.1975	0.1348	0.1108
2012	0.3008	0.0325	0.1992	0.0320	0.4418	0.8504	0.2096	0.2115	0.1254	0.0558

2. 计算权重

运用式（5.12）、式（5.13）和式（5.14），计算各项指标的熵值法权重，如表 5 – 19、表 5 – 20 和表 5 – 21 所示。

表 5 – 19   经济子系统基础指标数据的熵值法权重值

项目	经济规模指数（A_1）			经济产出指数（A_2）					经济健康指数（A_3）			
	A_{11}	A_{12}	A_{13}	A_{21}	A_{22}	A_{23}	A_{24}	A_{25}	A_{31}	A_{32}	A_{33}	A_{34}
g_j	0.9217	0.8728	0.9905	0.8952	0.9498	0.5996	0.9770	0.8143	0.9729	0.9504	0.9513	0.9353
h_j	0.0783	0.1272	0.0095	0.1048	0.0502	0.4004	0.0230	0.1857	0.0271	0.0496	0.0487	0.0647
权重 Q_i	0.3641	0.5916	0.0443	0.1372	0.0657	0.5240	0.0301	0.2430	0.1424	0.2610	0.2562	0.3404

表 5 – 20   科研子系统基础指标数据的熵值法权重值

项目	人力资源指数（B_1）				科研投入指数（B_2）				科研产出指数（B_3）	
	B_{11}	B_{12}	B_{13}	B_{14}	B_{21}	B_{22}	B_{23}	B_{24}	B_{31}	B_{32}
g_j	0.8712	0.9710	0.9909	0.9853	0.8829	0.6181	0.9512	0.9685	0.8768	0.8920
h_j	0.1288	0.0290	0.0091	0.0147	0.1171	0.3819	0.0488	0.0315	0.1232	0.1080
权重 Q_i	0.7095	0.1595	0.0503	0.0807	0.2021	0.6593	0.0843	0.0544	0.5328	0.4672

表 5 - 21　　　　　社区子系统基础指标数据的熵值法权重值

项目	基础建设指数（C₁）						园区生活指数（C₂）		环境建设指数（C₃）	
	C_{11}	C_{12}	C_{13}	C_{14}	C_{15}	C_{16}	C_{21}	C_{22}	C_{31}	C_{32}
g_j	0.7818	0.1301	0.6445	0.7488	0.6901	0.2659	0.9621	0.9285	0.9749	0.8964
h_j	0.2182	0.8699	0.3555	0.2512	0.3099	0.7341	0.0379	0.0715	0.0251	0.1036
权重 Q_i	0.0797	0.3176	0.1298	0.0917	0.1131	0.2680	0.3468	0.6532	0.1948	0.8052

由此可得 32 项指标的客观赋值权重。

（三）综合权重的确定

运用式（5.15），计算各项指标的综合权重，如表 5 - 22、表 5 - 23 和表 5 - 24 所示。

表 5 - 22　　　　　经济子系统基础指标数据的综合权重值

项目	经济规模指数（A₁）			经济产出指数（A₂）					经济健康指数（A₃）			
	A_{11}	A_{12}	A_{13}	A_{21}	A_{22}	A_{23}	A_{24}	A_{25}	A_{31}	A_{32}	A_{33}	A_{34}
层次分析法权重值	0.5396	0.2970	0.1634	0.3330	0.0871	0.0554	0.4942	0.0303	0.1346	0.0458	0.3188	0.5009
熵值法权重值	0.3641	0.5916	0.0443	0.1372	0.0657	0.5240	0.0301	0.2430	0.1424	0.2610	0.2562	0.3404
综合权重	0.5179	0.4631	0.0191	0.4450	0.0557	0.2828	0.1450	0.0716	0.0676	0.0422	0.2883	0.6019

表 5 - 23　　　　　科研子系统基础指标数据的综合权重值

项目	人力资源指数（B₁）				科研投入指数（B₂）				科研产出指数（B₃）	
	B_{11}	B_{12}	B_{13}	B_{14}	B_{21}	B_{22}	B_{23}	B_{24}	B_{31}	B_{32}
层次分析法权重值	0.0545	0.1292	0.4998	0.3165	0.1928	0.6274	0.0685	0.1113	0.2000	0.8000

续表

项目	人力资源指数（B_1）				科研投入指数（B_2）				科研产出指数（B_3）	
	B_{11}	B_{12}	B_{13}	B_{14}	B_{21}	B_{22}	B_{23}	B_{24}	B_{31}	B_{32}
熵值法权重值	0.7095	0.1595	0.0503	0.0807	0.2021	0.6593	0.0843	0.0544	0.5328	0.4672
综合权重	0.3518	0.1873	0.2288	0.2322	0.0839	0.8906	0.0124	0.0130	0.2219	0.7781

表 5 - 24　　　　　社区子系统基础指标数据的综合权重值

项目	基础建设指数（C_1）						园区生活指数（C_2）		环境建设指数（C_3）	
	C_{11}	C_{12}	C_{13}	C_{14}	C_{15}	C_{16}	C_{21}	C_{22}	C_{31}	C_{32}
层次分析法权重值	0.1420	0.3932	0.2627	0.0474	0.0684	0.0862	0.2500	0.7500	0.6667	0.3333
熵值法权重值	0.0797	0.3176	0.1298	0.0917	0.1131	0.2680	0.3468	0.6532	0.1948	0.8052
综合权重	0.0551	0.6077	0.1659	0.0212	0.0377	0.1124	0.1503	0.8497	0.3261	0.6739

由此可得 32 项指标的主客观综合赋值权重。

三　序参量的协同度

运用式（5.16）计算 9 项序参量的协同度，如表 5 - 25 所示。

表 5 - 25　　　　　　　序参量协同度

年份	农业高新区协同系统（S）								
	经济子系统（A）			科研子系统（B）			社区子系统（C）		
	经济规模指数（A_1）	经济产出指数（A_2）	经济健康指数（A_3）	人力资源指数（B_1）	科研投入指数（B_2）	科研产出指数（B_3）	基础建设指数（C_1）	园区生活指数（C_2）	环境建设指数（C_3）
2004	0.1873	0.0499	0.1628	0.4171	0.0066	0.1800	0.0078	0.1376	0.3404

续表

| 年份 | 农业高新区协同系统（S） | | | | | | | | |
| | 经济子系统（A） | | | 科研子系统（B） | | | 社区子系统（C） | | |
	经济规模指数（A₁）	经济产出指数（A₂）	经济健康指数（A₃）	人力资源指数（B₁）	科研投入指数（B₂）	科研产出指数（B₃）	基础建设指数（C₁）	园区生活指数（C₂）	环境建设指数（C₃）
2005	0.2104	0.0968	0.1857	0.4954	0.0233	0.1591	0.0108	0.1553	0.4198
2006	0.3132	0.1464	0.2113	0.5453	0.0341	0.2028	0.0196	0.1812	0.6178
2007	0.3470	0.1952	0.2536	0.5142	0.0368	0.2228	0.0191	0.3046	0.4272
2008	0.3793	0.2269	0.3099	0.5366	0.0354	0.2373	0.0286	0.2764	0.3065
2009	0.5464	0.2358	0.3712	0.8153	0.5101	0.2650	0.0589	0.3627	0.7088
2010	0.5712	0.2749	0.4497	0.7180	0.9864	0.3379	0.2043	0.5213	0.9704
2011	0.6279	0.5956	0.5357	0.4609	0.6006	0.4486	0.6725	0.6320	0.5902
2012	0.7154	0.3969	0.6167	0.7035	0.6447	0.5216	0.1569	0.6889	0.4332

由此可得 9 项序参量的协同度。

四　子系统的协同度

（一）序参量的综合权重

1. 层次分析法确定的权重

与基础指标层的处理方法一样。根据层次分析法的基本原理和表 5-1 的判别原则，咨询 10 名常驻杨凌并从事经管类研究工作的专家和学者，通过综合他们的意见，得出了各项序参量的权重，并且进一步进行了一致性检验，以保证结果的科学性与合理性，具体的指标权重以及一致性检验的结果，如表 5-26、表 5-27 和表 5-28 所示。

表 5-26　　　　　　　　经济子系统各项影响因素权重

A	A₁	A₂	A₃	权重 P_i
A₁	1.0000	3.0000	2.0000	0.5396
A₂	0.3333	1.0000	0.5000	0.1634
A₃	0.5000	2.0000	1.0000	0.2970

注：一致性检验：$\lambda_{max} = 3.0092$；$CI = 0.0046$；$CR = 0.0079$。

表5-27   科研子系统各项影响因素权重

B	B_1	B_2	B_3	权重 P_i
B_1	1.0000	4.0000	3.0000	0.6250
B_2	0.2500	1.0000	0.5000	0.1365
B_3	0.3333	2.0000	1.0000	0.2385

注：一致性检验：$\lambda_{max} = 3.0183$；$CI = 0.0091$；$CR = 0.0158$。

表5-28   社区子系统各项影响因素权重

C	C_1	C_2	C_3	权重 P_i
C_1	1.0000	3.0000	2.0000	0.5396
C_2	0.3333	1.0000	0.5000	0.1634
C_3	0.5000	2.0000	1.0000	0.2970

注：一致性检验：$\lambda_{max} = 3.0092$；$CI = 0.0046$；$CR = 0.0079$。

由此可得9项序参量的主观赋值权重。

2. 熵值法确定的权重

（1）计算比重值

根据表5-25，运用式（5.11）求出各项序参量的比重值，如表5-29所示。

表5-29   序参量的比重值

年份	农业高新区协同系统（S）								
	经济子系统（A）			科研子系统（B）			社区子系统（C）		
	经济规模指数（A_1）	经济产出指数（A_2）	经济健康指数（A_3）	人力资源指数（B_1）	科研投入指数（B_2）	科研产出指数（B_3）	基础建设指数（C_1）	园区生活指数（C_2）	环境建设指数（C_3）
2004	0.0481	0.0225	0.0526	0.0801	0.0023	0.0699	0.0066	0.0422	0.0707
2005	0.0540	0.0436	0.0600	0.0952	0.0081	0.0618	0.0091	0.0476	0.0872
2006	0.0803	0.0660	0.0682	0.1047	0.0119	0.0787	0.0166	0.0556	0.1283
2007	0.0890	0.0880	0.0819	0.0988	0.0128	0.0865	0.0162	0.0934	0.0887
2008	0.0973	0.1023	0.1001	0.1031	0.0123	0.0921	0.0243	0.0848	0.0637

续表

年份	农业高新区协同系统（S）								
	经济子系统（A）			科研子系统（B）			社区子系统（C）		
	经济规模指数（A₁）	经济产出指数（A₂）	经济健康指数（A₃）	人力资源指数（B₁）	科研投入指数（B₂）	科研产出指数（B₃）	基础建设指数（C₁）	园区生活指数（C₂）	环境建设指数（C₃）
2009	0.1402	0.1063	0.1199	0.1566	0.1772	0.1029	0.0500	0.1113	0.1472
2010	0.1465	0.1239	0.1452	0.1379	0.3428	0.1312	0.1734	0.1599	0.2016
2011	0.1611	0.2685	0.1730	0.0885	0.2087	0.1742	0.5706	0.1939	0.1226
2012	0.1835	0.1789	0.1992	0.1351	0.2240	0.2026	0.1331	0.2113	0.0900

（2）计算权重

运用式（5.12）、式（5.13）和式（5.14），计算各项序参量的熵值法权重，如表5-30所示。

表5-30　　　　　　　　序参量的熵值法权重值

项目	农业高新区协同系统（S）								
	经济子系统（A）			科研子系统（B）			社区子系统（C）		
	经济规模指数（A₁）	经济产出指数（A₂）	经济健康指数（A₃）	人力资源指数（B₁）	科研投入指数（B₂）	科研产出指数（B₃）	基础建设指数（C₁）	园区生活指数（C₂）	环境建设指数（C₃）
g_j	0.9604	0.9132	0.9564	0.9894	0.7059	0.9639	0.6115	0.9348	0.9706
h_j	0.0396	0.0868	0.0436	0.0106	0.2941	0.0361	0.3885	0.0652	0.0294
权重 Q_i	0.2330	0.5107	0.2562	0.0312	0.8630	0.1059	0.8042	0.1350	0.0608

由此可得9项序参量的客观赋值权重。

3. 综合权重的确定

运用式（5.15），计算各项序参量的综合权重，如表5-31所示。

表 5 - 31   序参量的综合权重值

| 项目 | 农业高新区协同系统（S） | | | | | | | | |
| | 经济子系统（A） | | | 科研子系统（B） | | | 社区子系统（C） | | |
	经济规模指数（A_1）	经济产出指数（A_2）	经济健康指数（A_3）	人力资源指数（B_1）	科研投入指数（B_2）	科研产出指数（B_3）	基础建设指数（C_1）	园区生活指数（C_2）	环境建设指数（C_3）
层次分析法权重值	0.5396	0.1634	0.2970	0.6250	0.1365	0.2385	0.5396	0.1634	0.2970
熵值法权重值	0.2330	0.5107	0.2562	0.0312	0.8630	0.1059	0.8042	0.1350	0.0608
综合权重	0.4408	0.2925	0.2667	0.1199	0.7248	0.1554	0.9154	0.0465	0.0381

由此可得 9 项序参量的主客观综合赋值权重。

（二）经济子系统的协同度

根据表 5 - 32 和图 5 - 1，经济子系统的协同度保持了增长的趋势。借用表 5 - 3 对协同状态的划分方法，2004—2010 年经济子系统在低效协同状态稳步上升，进入 2011 年后，随着增长速度逐渐放缓，也已经进入高效协同状态。这说明经济子系统总体发展水平不断提升，并向着协同一致的方向发展，经济子系统本身的自组织能力正不断地得到加强。

表 5 - 32   经济子系统协同度

年份	2004	2005	2006	2007	2008	2009	2010	2011	2012
经济子系统协同度	0.1406	0.1706	0.2372	0.2777	0.3162	0.4088	0.4521	0.5939	0.5959

（三）科研子系统的协同度

根据表 5 - 33 和图 5 - 2，科研子系统的协同度在波动中保持了较大的增长。借用表 5 - 3 对协同状态的划分方法，2004 年到 2010 年，科研子系统在低效协同状态缓慢上升，进入 2009 年后，科研子系统的

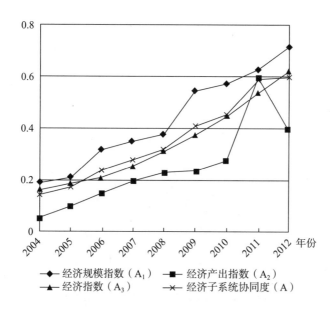

图 5－1　经济子系统及其序参量协同度动态变化

协同度有了极大的提升，虽然在 2011 年出现了一定程度的波动，但总体协同度在 2009 年以后一直保持在高效协同状态。相较于其余两个子系统，科研子系统是总体发展水平最高的子系统。

表 5－33　　　　　　　　　　科研子系统协同度

年份	2004	2005	2006	2007	2008	2009	2010	2011	2012
科研子系统协同度	0.0827	0.1010	0.1216	0.1229	0.1268	0.5086	0.8535	0.5602	0.6326

（四）社区子系统的协同度

根据表 5－34 和图 5－3，社区子系统的协同度总体增长缓慢，并伴有极大波动。借用表 4－3 对协同状态的划分方法，从 2004 年到 2012 年，除了 2011 年以 0.6674 的协同度进入高效协同状态，其余时间均处于低效协同状态，由此可知社区子系统相较于其余两个子系统协同发展绩效最低。

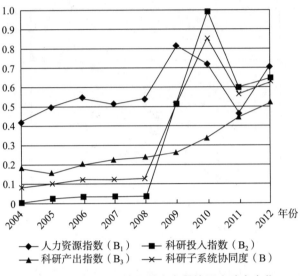

图 5 - 2　科研子系统及其序参量协同度动态变化

表 5 - 34　　　　　　　　　　社区子系统协同度

年份	2004	2005	2006	2007	2008	2009	2010	2011	2012
社区子系统协同度	0.0265	0.0331	0.0499	0.0480	0.0508	0.0978	0.2483	0.6674	0.1922

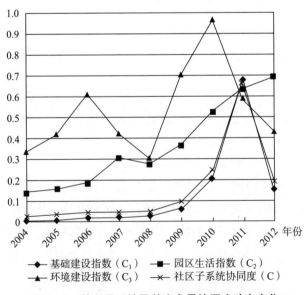

图 5 - 3　社区子系统及其序参量协同度动态变化

五 杨凌农业高新技术产业示范区系统的协同度

根据表 5-35 和图 5-4，杨凌农业高新区系统的协同度总体保持上升的趋势。根据表 5-3 对协同状态的划分方法，2004 年到 2008 年，杨凌农业高新区系统协同水平增长缓慢，处于低效协同状态；2008 年到 2011 年，杨凌农业高新区系统协同水平有了较快的提升，并且在 2011 年进入高效协同状态；虽然在 2012 年杨凌农业高新区系统的协同水平因为社区子系统协同度衰退的缘故有了一定程度的回落，其系统协同水平的发展仍处于上升趋势。

表 5-35　　　　　　　　杨凌农业高新区系统协同度

年份	2004	2005	2006	2007	2008	2009	2010	2011	2012
农业高新区系统协同度	0	0.0153	0.0445	0.0491	0.0573	0.2012	0.3762	0.5177	0.3462

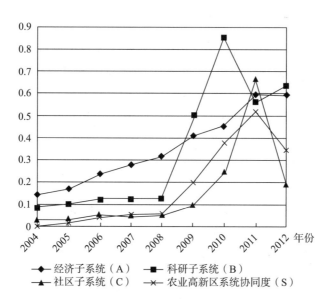

图 5-4　农业高新区系统及其子系统协同度动态变化

第三节 基于实证结果的进一步分析

一 经济子系统协同发展动态变化分析

(一)经济子系统的协同度呈平稳、缓慢上升趋势

根据表5-32和图5-1，经济子系统的协同度呈稳步上升的趋势，从2004年的0.1406上升至2012年的0.5959，上升幅度达0.4553。其中上升幅度最大是2011年，上升幅度达0.1418，这主要归功于序参量经济产出指数在2011年有较大的提升，提升幅度达0.3207，同时经济规模指数与经济健康指数也保持了稳步的增长；而上升幅度最少的年份出现在2012年，上升幅度只有0.0020，起主要影响作用的仍然是经济产出指数，与其余两项序参量平稳增长相对比，经济产出指数在2012年有较大的下滑，下滑幅度达0.1987，这直接导致了经济子系统协同度上升趋势的放缓。

(二)经济子系统序参量的协同度总体平稳上升，局部时刻有较大波动

根据表5-25，经济子系统的序参量经济规模指数和经济健康指数呈稳步上升趋势。经济规模指数涨幅最大的年份是2009年，涨幅达0.1671，其中起主要作用的是"企业数"一项指标，该项指标在2009年有了0.2824的涨幅；经济健康指数的增长稍逊于经济规模指数，最大涨幅只有0.0861，导致增长缓慢的原因主要是占主要权重的"社会消费品零售总额"一项指标评价值增长缓慢，而"年末负载"一项指标评价值持续下降所致。

作为子系统内唯一出现大幅度负增长的序参量，经济产出指数在2012年出现了0.1987的衰退，究其原因是"商品销售收入"一项指标在2012年严重下滑，跌幅达0.9984，而其最大涨幅出现在2011年，达0.9487，这表明了2010年到2012年该项指标出现了大幅度波动，但从总体趋势来说，呈下降状态。

二　科研子系统协同发展动态变化分析

（一）科研子系统的协同度总体快速上升，局部时刻有较强波动

根据表5－33和图5－2，科研子系统在2004年到2008年呈缓慢、稳步上升趋势，平均增长幅度只有0.0110；进入2009年和2010年后，科研子系统的协同度快速上升，最大的涨幅达0.3818，这主要是由于占主要权重的序参量科研投入指数的快速上涨，连续两年的上升幅度保持在0.47以上；时间进入2011年以后，科研子系统的协同度出现了0.2933的衰退，导致这一结果的原因是序参量人力资源指数和科研投入指数均出现了大幅度的衰退，两者倒退的协同度分别达0.2571和0.3859，虽然在2012年科研子系统的协同度有所回升，但也与2010年的最高值0.8535有一定的差距。

（二）科研子系统序参量的协同度在波动中提升

根据表5－25，科研子系统的序参量人力资源指数和科研投入指数总体提升，但伴随较大的波动。造成人力资源指数产生较大波动的原因，主要是"科技活动人员"和"中高级职称人员"这两项指标，其中"科技活动人员"的评价值在2011年出现了0.6133的倒退直接导致了人力资源指数的协同度在该年出现了0.2571的衰退；造成科研投入指数产生波动的原因，主要是占主要权重的"R&D经费内部支出"一项指标的评价值在2011年出现了0.4219的倒退。人力资源指数和科研投入指数协同度在2011年同时出现的衰退，是导致科研子系统在2011年出现下滑的原因。

与之对比，科研产出指数的协同度总体增长平缓，没有出现大幅度的波动，这说明了日趋成熟的科研子系统已经有稳定的科技成果产出，并且成果产出的数量和质量也在逐步提升。

三　社区子系统协同发展动态变化分析

（一）社区子系统的协同水平总体发展缓慢，有较大波动

根据表5－34和图5－3，社区子系统的协同度除了在2007年有小幅度回落，从2004年到2009年基本处于低水平并有缓慢上升的趋势。社区子系统协同度的快速上涨出现在2010年，上涨幅度达0.1504，到

了 2011 年，上涨幅度甚至达 0.4192，这是三个子系统中能测度到的年度最大涨幅，究其原因，是占主要权重的序参量基础建设指数在 2010 年和 2011 年分别取得了 0.1454 和 0.4681 的协同度涨幅。然而在 2012 年，社区子系统的协同度却有大幅度的回落，下降幅度达 0.4752，究其原因，是占主要权重的序参量基础建设指数的协同度在 2012 年下降了 0.5155。

（二）社区子系统序参量的协同度发展不平衡

根据表 5-25，社区子系统的序参量基础建设指数和环境建设指数总体发展缓慢，并伴随极大的波动。造成基础建设指数有较大波动的原因，是占主要权重的"电力、燃气及水的生产和供应业投资"一项指标在 2010 年到 2012 年有极大的波动，该项指标分别在 2011 年有0.9908 的涨幅和 2012 年有 0.9655 的跌幅，基础建设投资资金年度分配极度不均，是造成社区建设发展迟缓，后劲不足的重要原因；造成环境建设指数有较大波动的原因，是占重要权重的"荒山荒地造林面积"一项指标在 2007 年和 2008 年、2011 年和 2012 年均出现了连续两年的评价值下降，其总体评价值在本书的考察时间段里无显著上升。

与其余两项序参量相比较，园区生活指数的协同水平总体发展较好，从 2004 年到 2012 年除了 2008 年出现 0.0282 的衰退，其余时间均处于上升的趋势。

四 杨凌农业高新技术产业示范区系统协同发展动态变化分析

根据表 5-35 和图 5-4，杨凌农业高新区系统从 2004 年到 2011 年一直处于稳步上升的趋势，平均增长幅度 0.0740，最大增长幅度达0.1750。实现 8 年时间协同度持续上升的主要原因，可以分成两部分：首先是 2004 年到 2010 年，推动系统协同度持续上升的动力主要来自经济子系统和科研子系统，尤其是科研子系统在 2008 年到 2010 年实现了大幅度的提升，为整个系统协同水平的提升奠定基础；然后是 2010 年到 2011 年，在这一年里杨凌农业高新区系统实现了 0.5177 的协同度，实现这一突破的主要原因是社区子系统在 2011 年有了极大的提升，次要原因是经济子系统的持续性增长。

综观考察期内系统与子系统协同发展的情况，尽管杨凌农业高新区系统的协同度在 2012 年有了一定程度回落，但其总体协同水平仍在稳步增长。同时从图 4 - 4 不难发现，要实现整个系统协同度的提升，除了子系统自身的发展水平外，更重要的是子系统间的协同互动。比如2010 年，科研子系统达到了 0.8535 的协同度，但由于其余两个子系统的发展水平差距较大，因此系统整体的协同度并不高；到了 2011 年，即使科研子系统的协同度有了大幅度的回落，但此时经济、科研和社区子系统的发展水平却是考察时间段内最相近的，因此，此时系统的整体协同度实现考察期内的峰值。

本章小结

第一，通过对杨凌农业高新区协同发展指标体系 32 个指标 9 年数据的无量纲化预处理，得出各个指标的评价值。第二，利用主客观赋权法求出基础指标层和序参量层的权重，其中主观赋值权重，通过层次分析法综合专家们的意见得出，运用一致性检验以保证所得结果的科学性；客观赋值权重则在 32 个指标评价值的基础上，运用熵值法求得；最后运用归一化法求得综合权重。第三，结合 32 个指标的评价值和求得的综合权重值计算出序参量的协同度。第四，运用层次分析法和熵值法求得 9 个序参量的综合权重，结合序参量的协同度值和权重值计算出子系统的协同度。第五，利用已求出的子系统的协同度值，结合农业高新区系统协同度模型求出杨凌农业高新区系统的协同度，在此基础上对杨凌农业高新区的协同发展绩效进行评价分析。

（1）从 2004 年到 2012 年，杨凌农业高新区系统的协同度总体呈现上升趋势，其中 2004 年到 2008 年协同度上升的速度较慢，2008 年到2011 年却有大幅度的增长，尤其是 2011 年达到了考察时间段里的峰值，究其原因是经济、科研和社区子系统相较于其他年份，在 2011 年处于相对接近的发展水平，即协同发展，因此系统总体的协同度实现了质的飞跃。在随后的 2012 年里，由于社区子系统协同发展绩效的衰退，导致系统总体协同度的倒退，这从反面印证了子系统间的协同发展对系统协同水平提升的重要性。

（2）经济子系统的协同发展绩效总体增长不快，但具有起点高、可持续性好的特点，是在考察的时间段内一直对杨凌农业高新区系统产生重要影响的子系统；科研子系统在 2009 年以后的四年里一直对杨凌农业高新区系统的协同发展起着极大作用，科研子系统在 2008 年以前发展水平较低，进入 2009 年以后其协同度大幅度提升，虽然在 2011 年出现了波动，但仍对系统总体协同度的提升有重要的作用；社区子系统相较于其余两个子系统自身发展水平较低，并且在 2010 年到 2012 年间有极大的波动，是三个子系统中自身发展能力与协同性较差的子系统。

在第六章，将对杨凌农业高新区系统内两两子系统间的协同度、子系统间的关联度、子系统自身的发展能力和相互作用进行深入的定量分析，以期加强对杨凌农业高新区系统的理解，为提出科学合理的政策建议提供理论依据。

第六章　杨凌农业高新技术产业示范区
子系统协同发展关系评价

第一节　杨凌农业高新技术产业示范区
两两子系统间协同关系评价

"协同"一词起源最早可追溯到两汉时期，在《汉书·律历志上》就有"咸得其实，靡不协同"；《后汉书·桓帝纪》也记载道："内外协同，漏刻之闲，桀逆枭夷。"由此可见，"协同"一词有和合共同，谐调一致的含义。在协同学理论里，系统是由完全不同性质的大量子系统所构成，序参量是组成子系统的基本单位，子系统作为连接系统与序参量的桥梁，其发展现状是序参量协同发展演变的最终结果，子系统间的发展水平和子系统间的协同互动则最终决定着整体系统是否能实现协同发展，即农业高新区系统的协同发展绩效主要由子系统的自我发展能力和子系统间的协同关系决定。

在第四章，已经得出经济、科研和社区的协同度，如表6-1所示，子系统的协同度是其自我发展能力的客观评价，可以对年度的子系统协同发展绩效作出对比分析，进而对系统历年的发展状况作出分析。然而由于子系统协同度分散于各年度中，每年子系统的发展状况不尽相同，因此有必要为子系统考察时间段里的发展水平作出一个总体的客观评价，以利于相关政策措施的制定。

本章的研究首先从子系统间的协同关系出发，通过两两子系统间的协同度模型和灰色关联度模型，厘清经济、科研和社区子系统相互间的协同关系；其次，通过灰色动态评价模型对考察时间内各子系统的自我发展能力和子系统间相互的协同作用关系作出客观的评价分析。

表 6 – 1　　　　　　　　　　农业高新区子系统协同度

年份	经济子系统（A）	科研子系统（B）	社区子系统（C）
2004	0.1406	0.0827	0.0265
2005	0.1706	0.1010	0.0331
2006	0.2372	0.1216	0.0499
2007	0.2777	0.1229	0.0480
2008	0.3162	0.1268	0.0508
2009	0.4088	0.5086	0.0978
2010	0.4521	0.8535	0.2483
2011	0.5939	0.5602	0.6674
2012	0.5959	0.6326	0.1922

一　两两子系统间协同度模型

两两子系统间协同度模型来源于城市生态环境学的相关研究（杨士弘，2003），主要用于计算城市中经济与环境的协调发展水平。

设定两个子系统 A、B 的协同度分别记为 $E(A)$ 和 $E(B)$。根据协同理论的相关分析，当两个系统的协同程度越高，其离差程度就越低。两系统的离差程度可以通过离差系数加以衡量。

以经济和科研子系统为例，离差系数的表达式为：

$$Cv = \frac{s}{\frac{1}{2}[E(A) + E(B)]} \tag{6.1}$$

由式（6.1），可以推导出：

$$Cv = \sqrt{2\left\{1 - \frac{E(A) \cdot E(B)}{\left[\frac{E(A) + E(B)}{2}\right]^2}\right\}} \tag{6.2}$$

由式（6.2）可知，离差系数取得最小值的充要条件是
$\dfrac{E(A) \cdot E(B)}{\left[\dfrac{E(A) + E(B)}{2}\right]^2}$ 取得最大值。由此可推导出两两子系统间初级协同度
公式：

$$C = \left\{ \frac{E(A) \cdot E(B)}{\left[\dfrac{E(A) + E(B)}{2}\right]^2} \right\}^{k} \tag{6.3}$$

其中 k 为调节系数，本书取值为2。

记 T 为反映两个子系统总体情况的综合评价指数，T 的表达式为：

$$T = \alpha E(A) + \beta E(B) \tag{6.4}$$

其中 α 和 β 为待定权重，根据协同理论的相关分析，经济、科研和社区子系统处于同等重要的地位，故 α 和 β 的取值相同，均为0.5。

结合式（6.3）和式（6.4），可以推导出两两子系统间高级协同度公式。记两两子系统间的协同度为 D：

$$D = \sqrt{C \cdot T} \tag{6.5}$$

二　两两子系统间协同关系评价的标准

根据研究的需要，可按两两子系统间协同度 D 的值域把子系统间的协同发展绩效划分成四个层次，构建两两子系统间协同发展的分类体系及评判标准，如表6-2所示。

根据表6-2，当协同度值域为 [0，0.1] 时，子系统间处于严重不协同状态，若存在 $E(A) > E(B)$，两两子系统间的协同类型为严重不协同 B 子系统滞后型；若存在 $E(A) = E(B)$，两两子系统间的协同类型为严重不协同 A 和 B 子系统同步型；若存在 $E(A) < E(B)$，两两子系统间的协同类型为严重不协同 A 子系统滞后型。当协同度值域为 (0.1，0.5] 时，子系统间处于轻度不协同状态，若存在 $E(A) > E(B)$，两两子系统间的协同类型为轻度不协同 B 子系统滞后型；若存在 $E(A) = E(B)$，两两子系统间的协同类型为轻度不协同 A 和 B 子系统同步型；若存在 $E(A) < E(B)$，两两子系统间的协同类型为轻度不协同 A 子系统滞后型。当协同度值域为 (0.5，0.9] 时，子系统间处于初级协

同状态，若存在 $E(A) > E(B)$，两两子系统间的协同类型为初级协同 B 子系统滞后型；若存在 $E(A) = E(B)$，两两子系统间的协同类型为初级协同 A 和 B 子系统同步型；若存在 $E(A) < E(B)$，两两子系统间的协同类型为初级协同 A 子系统滞后型。当协同度值域为 $(0.9, 1.0]$ 时，子系统间处于高级协同状态，若存在 $E(A) > E(B)$，两两子系统间的协同类型为高级协同 B 子系统滞后型；若存在 $E(A) = E(B)$，两两子系统间的协同类型为高级协同 A 和 B 子系统同步型；若存在 $E(A) < E(B)$，两两子系统间的协同类型为高级协同 A 子系统滞后型。

表 6 – 2   两两子系统协同关系评价标准

协同度 D 的值域	状态	$E(A)$ 和 $E(B)$ 的对比关系	协同类型
$[0, 0.1]$	严重不协同	$E(A) > E(B)$	严重不协同 B 子系统滞后型
		$E(A) = E(B)$	严重不协同 A 和 B 子系统同步型
		$E(A) < E(B)$	严重不协同 A 子系统滞后型
$(0.1, 0.5]$	轻度不协同	$E(A) > E(B)$	轻度不协同 B 子系统滞后型
		$E(A) = E(B)$	轻度不协同 A 和 B 子系统同步型
		$E(A) < E(B)$	轻度不协同 A 子系统滞后型
$(0.5, 0.9]$	初级协同	$E(A) > E(B)$	初级协同 B 子系统滞后型
		$E(A) = E(B)$	初级协同 A 和 B 子系统同步型
		$E(A) < E(B)$	初级协同 A 子系统滞后型
$(0.9, 1.0]$	高级协同	$E(A) > E(B)$	高级协同 B 子系统滞后型
		$E(A) = E(B)$	高级协同 A 和 B 子系统同步型
		$E(A) < E(B)$	高级协同 A 子系统滞后型

三　两两子系统间协同关系评价

根据表 6 – 1，运用式（6.1）至式（6.5），分别计算经济与科研子系统间的协同度、经济与科研子系统间的协同度和科研与社区子系统间的协同度。

（一）经济子系统与科研子系统的协同关系分析

如表 6 – 3 和图 6 – 1 所示，经济与科研子系统间的协同度 D 保持了

稳步增长的趋势，这说明了经济子系统与科研子系统的协同关系发展水
平较好。根据表6-2，从2004年到2008年，经济子系统与科研子系统
的协同关系处于轻度不协同科研子系统滞后型；从2009年到2012年，
经济子系统与科研子系统的协同关系基本处于初级协同状态，除了
2011年，科研子系统的协同发展绩效都要优于经济子系统。

表6-3　　　　　　　　　　经济与科研子系统间协同度

年份	2004	2005	2006	2007	2008	2009	2010	2011	2012
经济与科研子系统间协同度	0.3117	0.3443	0.3796	0.3807	0.3847	0.6692	0.7316	0.7590	0.7830

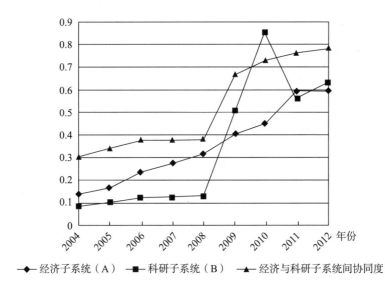

图6-1　经济与科研子系统间协同关系动态变化

（二）经济子系统与社区子系统的协同关系分析

如表6-4和图6-2所示，经济与社区子系统间的协同度 D 在考察
的时间段内虽伴随着波动，但总体有了较大的提升，这说明经济子系统
与社区子系统的协同关系发展水平正不断地改善。根据表6-2，从
2004年到2009年，经济子系统与社区子系统的协同关系处于轻度不协
同社区子系统滞后型；到了2010年和2011年，经济子系统与社区子系

统的协同关系处于初级协同状态，并且在 2011 年，社区子系统的协同水平优于经济子系统；然而进入 2012 年以后，由于经济子系统协同度增长缓慢，并且社区子系统协同度的大幅度下降，使经济与社区子系统间的协同度 D 有了大幅度下降，这说明了杨凌农业高新区的经济发展出现了"瓶颈"，其社区子系统自我发展能力有待提高。

表 6 - 4 经济与社区子系统间协同度

年份	2004	2005	2006	2007	2008	2009	2010	2011	2012
经济与社区子系统间协同度	0.1543	0.1736	0.2175	0.2027	0.2042	0.3137	0.5416	0.7914	0.4630

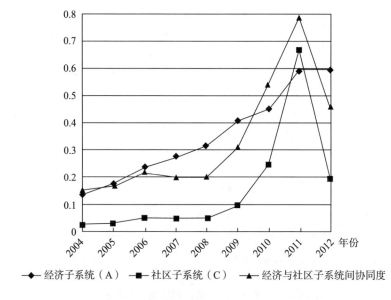

图 6 - 2 经济与社区子系统间协同关系动态变化

（三）科研子系统与社区子系统的协同关系分析

如表 6 - 5 和图 6 - 3 所示，科研与社区子系统间的协同度 D 总体有了较大的提升，但伴随显著的波动，这说明科研子系统与社区子系统的协同关系发展水平虽已有改善，但仍存在不足，尤其是社区子系统，必须制定相关措施改善其自我协同发展的能力。根据表 6 - 2，从 2004 年

到 2009 年，科研子系统与社区子系统的协同关系处于轻度不协同社区
子系统滞后型；到了 2010 年和 2011 年，科研子系统与社区子系统的协
同关系进入初步协同状态，尤其是 2011 年，社区子系统的协同度优于
科研子系统；然而到了 2012 年，由于社区子系统协同度的大幅下降以
及由此引起的两两子系统间协同度差距的扩大，使科研子系统与社区子
系统的协同关系倒退到轻度不协同状态。

表 6 - 5　　　　　　　　　科研与社区子系统间协同度

年份	2004	2005	2006	2007	2008	2009	2010	2011	2012
科研与社区子系统间协同度	0.1718	0.1924	0.2416	0.2361	0.2433	0.2980	0.5182	0.7775	0.4591

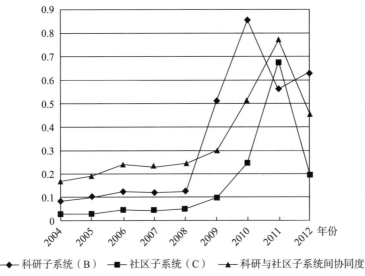

图 6 - 3　科研与社区子系统间协同关系动态变化

四　基于评价结果的进一步分析

观察考察时间段内两两子系统的协同度 D，结合前文的分析，可以
总结出杨凌农业高新区两两子系统协同关系的三个特点：第一，子系统

的自我发展能力及其协同度的差距决定了两两子系统的协同度 D 的高低；第二，当两两子系统间协同度差距较少时，两两子系统的协同度 D 会优于单个子系统的协同度；第三，当两两子系统间协同度差距较大时，两两子系统的协同度 D 会介于两个子系统的协同度取值之间。

（一）经济子系统与科研子系统的协同关系分析

如表 6-3 和图 6-1 所示，经济与科研子系统间的协同度 D 呈现稳步上升的趋势，从 2004 年的 0.3117 提升到 2012 年的 0.7830，上升幅度达 0.4713。其中上升幅度最大的是 2009 年，提升幅度达 0.2845，究其原因，是科研子系统的协同度在 2009 年有大幅度的提升，这是其自身发展能力的大幅度提升的表现；同时经济与科研子系统协同度的曲线比以往接近，两子系统的协同度差距有缩小的趋势。从图 6-1 发现，2004 年到 2008 年，经济子系统与科研子系统的协同度曲线呈现两极分化的趋势，经济与科研子系统间协同度 D 的提升完全依赖系统本身的发展能力，造成了经济与科研子系统间的协同度 D 的提升速度放缓；到了 2009 年，科研子系统的协同度大幅度提升，同时两子系统的协同度差距缩小，使经济与科研子系统间的协同度 D 的提升幅度达 0.2846；到了 2010 年，虽然科研子系统仍保持强劲的上升趋势，但由于经济子系统的协同度没能实现同步大幅度提升，两子系统的协同度差距扩大，导致经济与科研子系统间的协同度 D 的提升幅度下滑；到了 2011 年和 2012 年，科研子系统的协同度大幅度回落，经济子系统协同度的增长缓慢，然而由于此时两子系统的协同度基本实现同步，两者协同度的差距极少，由此经济与科研子系统间的协同度 D 仍能保持稳步增长的势头。

（二）经济子系统与社区子系统的协同关系分析

如表 6-4 和图 6-2 所示，经济与社区子系统间的协同度 D 总体上升，但伴随一定程度的波动。第一次波动出现在 2007 年，经济与社区子系统间的协同度 D 下降了 0.0148，究其原因，第一是社区子系统当年的协同度下降了 0.0019，反映了其自我协同发展绩效的下降；第二是社区子系统协同度下降，经济子系统协同度持续上升，从而使两两子系统间的协同度差距扩大。第二次波动出现在 2012 年，经济与社区子系统间的协同度 D 下降了 0.3284，其产生波动的原因与第一次波动的原因相似，不同的是这次社区子系统协同度下降的幅度以及两两子系统间的协同度差距更大。从图6－2发现，当两两子系统间的协同度差距较少时，如2010年和2011年，经济与社区子系统间的协同度D均优于单个子系统的协同度；当两两子系统间的协同度差距较大时，情况则正好相反。

（三）科研子系统与社区子系统的协同关系分析

如表6－5和图6－3所示，科研与社区子系统间的协同度D总体上升，但伴随一定程度的波动。第一次波动出现在2007年，其原因是社区子系统的协同度出现了小幅度的下降。第二次波动出现在2012年，造成波动的原因有两个：第一，社区子系统协同度的大幅度下降；第二，两两子系统间协同度差距的扩大。从图6－3不难发现，2004年到2008年，以及2011年，由于两两子系统间协同度差距较少，科研与社区子系统间的协同度D均优于单个子系统的协同度。

第二节　杨凌农业高新技术产业示范区两两子系统间协同关系优劣分析

前文已经对杨凌农业高新区两两子系统间的协同关系及其特点进行评价，然而光从历年的协同度运算数据，难以判断三组两两子系统间的协同关系的优劣，对三组两两子系统间协同关系的优劣判断，关系到具体政策措施的制定，因此有必要通过运用计量的办法对此展开深入的研究。

一　灰色关联度模型

关联度是对要素之间关联性大小的度量，灰色关联度主要用于研究要素间的复杂关系，确定起主要影响作用的要素，使要素间复杂的"灰色"关系明朗化（孙芳芳，2010）。在系统发展演变的过程中，若两个子系统的变化趋于一致，密切程度较高，则可以说两者的关联度较高，即两个子系统在发展演变中更趋向于协同一致。

要详细阐述杨凌农业高新区子系统灰色关联度模型，必须对相关的子系统进行分类和定义。一是参考子系统，所谓参考子系统是指作为研究对象的子系统；二是比较子系统，所谓比较子系统是指影响参考子系统发展演变的子系统。

运用灰色关联度模型对杨凌农业高新区子系统的协同关系进行验证，是对两两子系统间协同度测度的科学补充，关联度只能衡量要素间相对密切程度的大小，其数值的绝对大小并不重要，关键是看每个比较子系统与参考子系统的关联度孰大孰小，借以判断哪个比较子系统与参考子系统更密切。

设定参考子系统的协同度数列为：

$$\{y_0(t)\} = \{y_{01},\ y_{02},\ \cdots,\ y_{0q}\} \tag{6.6}$$

则与参考子系统作关联度比较的 p 个比较子系统的协同度数列为：

$$\{y_1(t),\ y_2(t),\ \cdots,\ y_p(t)\} = \begin{pmatrix} y_{11} & \cdots & y_{1q} \\ \vdots & \ddots & \vdots \\ y_{p1} & \cdots & y_{pq} \end{pmatrix} \tag{6.7}$$

其中，q 为子系统协同度的数据个数。

设定第 k 个比较子系统与参考子系统同期数值之差的绝对值为：

$$\Delta_{0k}(t) = |y_0(t) - y_k(t)| \tag{6.8}$$

其中，$k = 1,\ 2,\ \cdots,\ p$；$t = 1,\ 2,\ \cdots,\ q$。

把 $\Delta_{0k}(t)$ 中的最小值和最大值分别记为 $\Delta_{0k}(\min)$ 和 $\Delta_{0k}(\max)$。在 p 个比较子系统分别与参考子系统进行式（6.8）的运算后，可以分别得到 p 对最小值和最大值，把 p 个 $\Delta_{0k}(\min)$ 中的最小值记为 $\Delta(\min)$，把 p 个 $\Delta_{0k}(\max)$ 中的最大值记为 $\Delta(\max)$。由此可得到第 k 个比较子系统与参考子系统在第 t 时刻的关联程度：

$$GL_{0k}(t) = \frac{\Delta(\min) + \rho\Delta(\max)}{\Delta_{0k}(t) + \rho\Delta(\max)} \tag{6.9}$$

其中，ρ 为调节系数，且 $0 < \rho < 1$，ρ 的作用避免因 $\Delta(\max)$ 太大而导致的关联系数失真现象，并提高关联系数的差异性。本书取值为 0.2。

计算第 k 个比较子系统与参考子系统的关联度：

$$GL_{0k} = \frac{1}{q}\sum_{t=1}^{q} GL_{0k}(t) \tag{6.10}$$

GL_{0k} 即为第 k 个比较子系统与参考子系统的关联度。关联度是子系统间协同关系的进一步验证，它能有效地衡量出子系统间的密切程度。这主要为了对上一节中得出的两两子系统间协同关系进行验证，并为下文中的灰色动态评价分析提供理论基础。

二　两两子系统间协同关系优劣分析

根据表 6-1，运用式（6.6）至式（6.10），分别以经济子系统、科研子系统和社区子系统为参考子系统，剩余两子系统为比较子系统，计算出 3 组灰色关联度数值。

（一）实证结果

经过一系列运算后得出 3 组关联度数值，如表 6-6 所示。

表 6-6　　杨凌农业高新技术产业示范区子系统灰色关联度分析

参考子系统	比较子系统	关联度
经济子系统	科研子系统	0.6581
	社区子系统	0.4343
科研子系统	经济子系统	0.7073
	社区子系统	0.6139
社区子系统	经济子系统	0.7035
	科研子系统	0.5759

当以经济子系统为参考子系统，科研子系统与社区子系统为比较子系统时，可得科研子系统对经济子系统的关联度是 0.6581，社区子系统对经济子系统的关联度是 0.4343，由此可知，比起社区子系统，科研子系统与经济子系统更为密切，两者更趋向于协同一致，可以推导出科研与经济子系统的协同关系发展水平要优于经济与社区子系统的协同关系发展水平。

当以科研子系统为参考子系统，经济子系统与社区子系统为比较子系统时，可得经济子系统对科研子系统的关联度是 0.7073，社区子系统对科研子系统的关联度是 0.6139，由此可知，比起社区子系统，经济子系统与科研子系统更为密切，两者更趋向于协同一致，可以推导出科研与经济子系统的协同关系发展水平要优于社区与科研子系统的协同关系发展水平。

当以社区子系统为参考子系统，经济子系统与科研子系统为比较子系统时，可得经济子系统对社区子系统的关联度是 0.7035，科研子系统对社区子系统的关联度是 0.5759，由此可知，比起科研子系统，经济子系统与社区子系统更为密切，两者更趋向于协同一致，可以推导出社区与经济子系统的协同关系发展水平要优于社区与科研子系统的协同关系发展水平。

综上所述，3 组两两子系统间协同关系的排名是：第一，经济与科研子系统；第二，经济与社区子系统；第三，科研与社区子系统。

（二）基于结果的进一步分析

根据表 6-6，在 3 组协同关系中，与经济子系统相关的两组协同关系取得了靠前的排名，同时根据表 5-33 和表 5-34，社区子系统在考察时间段内的波动幅度要大于科研子系统，这说明了在两两子系统的协同互动中，协同度增长稳定、没有大幅度波动的子系统与其他子系统的协同发展更趋于一致。究其原因，复杂系统协同发展的过程就是一个从混沌走向有序，并最终协同一致的过程，子系统在发展演变中伴随波动，说明子系统中仍存在混沌的不稳定因素，需制定针对性的政策措施，促使子系统从无序走向有序，并最终达到完全的协同一致，以达到整体系统协同发展的目的。

第三节　杨凌农业高新技术产业示范区灰色动态评价分析

杨凌农业高新区的协同度及子系统间的协同关系研究，很好地解释了杨凌农业高新区系统及其子系统的协同发展过程及其程度。然而杨凌农业高新区系统是一个复杂系统，推动子系统乃至整体系统不断发展变化的力量来源有两种：一种是来源于其自身的自我协同发展的能力，即自动力；另一种则来源于系统内其他子系统对其的作用力，即他动力。他动力主要分为两种：一种是促进子系统内各要素走向协同有序的正向作用力；另一种是促使子系统内各要素走向混沌无序的逆向作用力。为了更好地把握整体系统未来的发展方向，必须对子系统的自我发展能力

（自动力）和子系统间的协同作用力（他动力）的方向及其程度进行深入研究。

一 灰色动态评价模型

灰色动态模型来源于"灰色系统"（Gray Systems）理论。灰色系统理论由华中理工大学邓聚龙教授于 1982 年首先提出（邓聚龙，1986），经过二十多年的发展，灰色系统理论广泛应用于经济学、社会学和工业管理等领域，对解决生产、生活和相关科研领域问题产生了巨大作用。前文使用的灰色关联度理论是灰色系统理论的重要分支，它对如何有效测度事物间的相互关系有重要的作用。

本书以灰色系统理论为基础，构建杨凌农业高新区子系统的 GM（1，3）灰色动态模型，运用各子系统的协同度数据，测算出各子系统的自动力和他动力的方向及其程度，为相关的政策措施的制定，提供理论依据。

（一）原始数据的白化处理

设定杨凌农业高新区子系统协同度的原始数据可表示为向量 $X_i^{(0)}(t)$：

$$X_i^{(0)}(t) = [X_i^{(0)}(1), X_i^{(0)}(2), \cdots, X_i^{(0)}(n)] \tag{6.11}$$

进行累加生成：

$$\left\{ \begin{array}{c} X_i^{(1)}(1) = X_i^{(0)}(1) \\ X_i^{(1)}(2) = X_i^{(0)}(1) + X_i^{(0)}(2) \\ \vdots \\ X_i^{(1)}(n) = X_i^{(0)}(n-1) + X_i^{(0)}(n) \end{array} \right\} \tag{6.12}$$

由式（6.12）可得白化后的新数列 $X_i^{(1)}(t)$：

$$X_i^{(0)}(t) = [X_i^{(0)}(1), X_i^{(0)}(2), \cdots, X_i^{(0)}(n)] \tag{6.13}$$

（二）杨凌农业高新区系统灰色动态评价模型的构建

根据本书的研究实际情况，应该在 GM（1，3）模型的基础上构建灰色动态评价模型。GM（1，3）模型的微分方程为：

$$\frac{dX_1^{(1)}}{dt} + aX_1^{(1)} = b_1 X_2^{(1)} + b_2 X_3^{(1)} \tag{6.14}$$

系数 a, b_1 和 b_2 可由式 (6.15) 求得。

$$\begin{bmatrix} a \\ b_1 \\ b_2 \end{bmatrix} = (B^T B)^{-1} B^T Y \tag{6.15}$$

其中,

$$B = \begin{pmatrix} -\dfrac{1}{2}[X_1^{(1)}(2) + X_1^{(1)}(1)] & X_2^{(1)}(2) & X_3^{(1)}(2) \\ -\dfrac{1}{2}[X_1^{(1)}(3) + X_1^{(1)}(2)] & X_2^{(1)}(3) & X_3^{(1)}(3) \\ \cdots & \cdots & \cdots \\ -\dfrac{1}{2}[X_1^{(1)}(n) + X_1^{(1)}(n-1)] & X_2^{(1)}(n) & X_3^{(1)}(n) \end{pmatrix} \tag{6.16}$$

$$Y = [X_1^{(0)}(2), \ X_1^{(0)}(3), \ \cdots, \ X_1^{(0)}(n)]^T \tag{6.17}$$

由式 (6.14) 可得:

$$\frac{dX_1^{(1)}}{dt} = -aX_1^{(1)} + b_1 X_2^{(1)} + b_2 X_3^{(1)} \tag{6.18}$$

其中, $-aX_1^{(1)}$ 为参考系统项, $b_1 X_2^{(1)}$ 和 $b_2 X_3^{(1)}$ 为比较系统项; $-a$ 为参考系统自我发展系数, 用以衡量子系统的自我发展能力的状况; b_1 和 b_2 为比较系统作用系数, b_1 和 b_2 整体数值的正负用以判定比较系统作用力的正逆, 其绝对值的大小用以衡量比较系统作用力的大小程度。

二 灰色动态评价的内容及其标准

根据研究的需要, 把参考子系统的自我发展能力划分成三个层次, 如表6-7所示。当 $a<0$, 即 $-a$ 大于零, 参考子系统具有独立的自我发展能力, $-a$ 的数值越大, 发展能力越强; 当 $a=0$, 即 $-a$ 等于零, 参考子系统不具备独立的自我发展能力, 其发展演变依赖于其他子系统的作用力; 当 $a>0$, 即 $-a$ 小于零, 参考子系统不具备独立的自我发展能力, 其发展演变严重依赖于其他子系统的作用力。

表 6 - 7　　　　　　　参考子系统发展系数评价标准

参考系统发展系数	参考子系统状态
$a < 0$	具备独立的自我发展能力
$a = 0$	不具备独立的自我发展能力，其发展演变依赖于其余子系统的作用力
$a > 0$	不具备独立的自我发展能力，其发展演变严重依赖于其余子系统的作用力

　　根据研究的需要，把比较子系统对参考子系统的作用力划分成三个层次，如表 6 - 8 所示。当 $b_i > 0$，比较子系统对参考子系统具有正向的促进作用；当 $b_i = 0$，比较子系统对参考子系统不产生任何作用；当 $b_i < 0$，比较子系统对参考子系统具有逆向的抑制作用。

表 6 - 8　　　　　　　比较子系统作用系数评价标准

比较子系统作用系数	比较子系统状态
$b_i > 0$	比较子系统对参考子系统具有正向的促进作用
$b_i = 0$	比较子系统对参考子系统不产生任何作用
$b_i < 0$	比较子系统对参考子系统具有逆向的抑制作用

三　实证结果

　　根据表 6 - 1，运用式（6.11）至式（6.18），分别以经济子系统、科研子系统和社区子系统为参考子系统，剩余两子系统为比较子系统，得出杨凌农业高新区系统灰色动态评价模型，如式（6.19）、式（6.20）和式（6.21）所示。

$$\frac{dX_1^{(1)}}{dt} = 0.5145X_1^{(1)} - 0.2271X_2^{(1)} - 0.0808X_3^{(1)} \tag{6.19}$$

$$\frac{dX_2^{(1)}}{dt} = 1.1165X_2^{(1)} + 0.0519X_1^{(1)} - 1.7744X_3^{(1)} \tag{6.20}$$

$$\frac{dX_3^{(1)}}{dt} = -0.3575X_3^{(1)} - 0.0764X_1^{(1)} + 0.3473X_2^{(1)} \tag{6.21}$$

四 基于结果的进一步分析

（一）杨凌农业高新技术产业示范区子系统自我发展能力分析

根据式（6.19）、式（6.20）和式（6.21），经济子系统、科研子系统和社区子系统的自我发展能力分别为 0.5145、1.1165 和 −0.3575。

1. 经济子系统的自我发展能力

经济子系统的自我发展能力测度值是 0.5145，大于零，这说明经济子系统具备一定程度的、独立的自我发展能力，但与科研子系统的测度值 1.1165 相比略有不如，其能力相对较弱。这一结果验证了第四章中对经济子系统协同度的实证分析，在考察时间段内经济子系统的协同度呈平稳、缓慢的上升趋势。

2. 科研子系统的自我发展能力

科研子系统的自我发展能力测度值是 1.1165，这说明科研子系统具备较强的、独立的自我发展能力，这一结果同样在科研子系统协同度的实证分析中得到验证。在考察时间段内，科研子系统协同度的上升幅度是最大的，最高达 0.7708，总体达 0.5499，这充分证明了科研子系统相较于其余的子系统，拥有更好的自我发展能力。

3. 社区子系统的自我发展能力

社区子系统的自我发展能力测度值是 −0.3575，这说明社区子系统几乎不具备自我发展能力，这一结果在社区子系统协同度的实证分析中也有所体现。根据表 5 − 34，社区子系统在 9 年的考察时间段里，总体上升幅度只有 0.1657，大大逊于经济与科研子系统；同时，在 2004 年到 2010 年，社区子系统的协同度增长极为缓慢，而在 2010 年和 2011 年，因为"电力、燃气及水的生产和供应业投资"一项指标的波动而出现协同度的较大幅度的波动，而电力、燃气及水的生产和供应业的资金投入很大程度依赖于社区子系统以外的投资，有的直接来源于政府的财政投入，这说明了社区子系统的协同发展仍处于低效协同状态，相比已经进入高效协同状态的经济子系统与科研子系统，必须制定相关政策措施，使社区子系统具备相当的自我发展能力。

（二）杨凌农业高新技术产业示范区子系统间协同作用力分析

1. 经济子系统与科研子系统的作用力

根据式（6.19）和式（6.20），科研子系统对经济子系统的作用力是 -0.2271，经济子系统对科研子系统的作用力是 0.0519，这说明科研子系统的发展对经济子系统具有一定的负向抑制作用，而经济子系统的发展对科研子系统却有轻微的正向促进作用。

2. 经济子系统与社区子系统的作用力

根据式（6.19）和式（6.21），社区子系统对经济子系统的作用力是 -0.0808，经济子系统对科研子系统的作用力是 -0.0764，这说明经济子系统与社区子系统相互间具有轻微的负向抑制作用。

3. 科研子系统与社区子系统的作用力

根据式（6.20）和式（6.21），社区子系统对科研子系统的作用力是 -1.7744，科研子系统对社区子系统的作用力是 0.3473，这说明社区子系统的发展对科研子系统具有极强的负向抑制作用，而科研子系统的发展对社区子系统却有一定程度的正向促进作用。

五 杨凌农业高新技术产业示范区系统的"木桶效应"

"木桶效应"又称作"短板原理"，由美国管理学家彼得首先提出。其主要内容是木桶的盛水量不是取决于桶壁上最长的木板，而是取决于桶壁上最短的那一块。由此可以总结出木桶效应的两个特性：第一，只有桶壁上的所有木板都一样长才能使木桶盛满水；第二，只要有一块木板与其余的木板长度不一样，木桶就不可能盛满水，其最大盛水量由最短的木板决定。

杨凌农业高新区系统的协同发展绩效由整体系统内的经济、科研和社区子系统所决定，推动三个子系统进行协同运动的力量来源于子系统的自我发展能力（自动力）与子系统间的协同作用力（他动力），两者的有机结合共同推动经济、科研和社区子系统的发展演变。根据杨凌农业高新区系统灰色动态评价模型的结果及其分析，结合木桶原理，可以得出社区子系统是阻碍杨凌农业高新区系统协同发展的"短板"。相较于经济与科研子系统，社区子系统没有形成自身的发展能力，在发展的过程中严重依赖于其余子系统的作用力。由此，必须制定相关的政策措施，激励社区子系统的协同发展，使其真正形成自身的发展能力。

专栏6 木桶效应

盛水的木桶是由多块木板箍成的，盛水量也是由这些木板共同决定的。若其中一块木板很短，则此木桶的盛水量就被限制，该短板就成了这个木桶盛水量的"限制因素"（或称"短板效应"）。若要使此木桶盛水量增加，只有换掉短板或将其加长才行。人们把这一规律总结为"木桶效应"，又称"短板理论"。

任何一个组织或许都有一个共同的特点，即构成组织的各个部分往往是优劣不齐的，但劣势部分却往往决定着整个组织的水平。问题是"最短的部分"是组织中一个有用的部分，你不能把它扔掉，否则你会一点水也装不了！

劣势决定优势，劣势决定生死，这是市场竞争的残酷法则。它告诉领导者：在管理过程中，要下功夫狠抓单位的薄弱环节。

领导者要有忧患意识，如果你个人有哪些方面是"最短的一块"，你应该考虑尽快把它补起来；如果你所领导的集体中存在"一块最短的木板"，你一定要迅速将它做长补齐，否则它给你的损失可能是毁灭性的——很多时候，往往就是一件事而毁了所有的努力。一个县或是任何一个区域都有这样"最短的木板"，它有可能是某个人，或是某个行业，或是某件事，领导者应该迅速找出它来，并抓紧做长补齐。有些人也许不知道木桶定律，但都知道"一票否决"，这是中国的"木桶"，有了它你便知道木桶定律是多么重要。

木桶效应可作为形容科学研究和事物发展的整体水平比喻。决定一只木桶容量的，既不是最长的，也不是平均长度的，而是最短的那根木板。这意味着必须推进所有的知识前沿，加强整个科学技术事业和组织的结构，才能在竞争中取胜。一个团队组织的成功，不在于某几个人，而是所有人的齐头并进。随着社会的发展，这个理论被应用于许多方面。比如经济界、IT界等。

运用木桶原理，无论是提高组织管理水平，还是提高科研水平，或是加强班子建设，等等，只要是为了提升整体水平，都需要做好以下几点。

一是补短板。最短那块木板的高低决定盛水的多少，只有将它补高，木桶才能盛满水。如果某个人有哪些方面是"最短的一块"，就应该考虑尽快把它补起来；如果存在"一块最短的木板"，就一定要及早将它找出并"固强补弱"，即先巩固优势再弥补弱势。也就是说，要想提高木桶的整体效应，首要的不是继续增加那些较长的木板的长度，而是要先下功夫补齐最短的那块木板的长度，消除这块短板形成的"制约因素"，在此基础上再巩固强化"高板"，实现整体功能的最大限度发挥。

二是消缝隙。一个木桶上木板间若有缝隙，则即便木板再高，水也会透过缝隙流掉。每一个人都是一块木板，都有特长和短板，这就要求成员要有大局意识和整体意识，不能有本位主义。只有取长补短、各尽其用，才能发挥所有木板的最大效益。因此，每一名成员都要善于包容别人的缺点，发挥自己的优点，搞好相互间团结，严格落实组织生活制度，开展积极的批评与自我批评，努力做到协调同步、做好补位衔接。只有这样，工作才不会"挂空挡"，才能消除缝隙，增强"紧密度"，形成一个团结而有战斗力的强大集体。

三是紧铁箍。木桶之所以能盛水，是因为有铁箍将有序排列的木板箍紧。如果没有了铁箍的约束，木板也只能是散落的个体，发挥不了整体的效能。同样，只有用严格的法规制度来约束集体成员，才能形成整体合力，增强凝聚力、战斗力，才能让班子成为一个坚固的"木桶"，迎接各种困难和挑战。

四是强"拎手"。装满水的木桶能否发挥效能，还取决于是否具有结实耐用的"拎手"。这"拎手"好比集体的带路人。集体好不好，关键在领导；班子行不行，就看前两名。他们关系融洽与否、工作配合好坏，直接影响班子的凝聚力、战斗力，影响部队建设的长远发展。

五是固根底。水桶能否盛满水、盛住水，最终取决于是否有一个结实的桶底。桶底坚决不能破，不能有漏洞。安全稳定对于一个集体来说，就像是一只木桶的底，没有牢固完好的桶底，出了问题，就会功亏一篑。因此，必须做好抓经常、打基础的工作，注重从源头抓起，从安全教育、安全训练、安全制度、安全环境、安全设施、安全责任等方面把部队建设的基础打牢，掌握工作的主动权。

（资料来源：原文详见 https：//baike. baidu. com/item/% E6% 9C% A8% E6% A1% B6% E6% 95% 88% E5% BA% 94/870962？ fr = aladdin，有删减）

本章小结

第一，结合经济子系统、科研子系统和社区子系统的协同度测算值，运用杨凌农业高新区两两子系统间协同度模型对两两子系统间的协同关系进行评价。第二，分别以经济子系统、科研子系统和社区子系统为参考子系统，剩余两子系统为比较子系统，利用杨凌农业高新区子系统灰色关联度模型对不同参考子系统下的子系统间关联度进行评价，进而得到两两子系统间的协同关系的优劣排序。第三，使用杨凌农业高新区系统灰色动态评价模型对子系统的自我发展能力和子系统间的协同作用力的方向及其程度进行测度评价。

（1）经济与科研子系统间的协同度 D 保持了稳步增长的趋势，经济子系统与科研子系统的协同关系发展水平较好。从 2004 年到 2008 年，经济子系统与科研子系统的协同关系处于轻度不协同科研子系统滞后型；从 2009 年到 2012 年，经济子系统与科研子系统的协同关系基本处于初级协同状态，除了 2011 年，科研子系统的协同发展绩效都要优于经济子系统。

经济与社区子系统间的协同度 D 在考察的时间段内虽伴随着波动，但总体有了较大的提升，经济子系统与社区子系统的协同关系发展水平正不断地改善。从 2004 年到 2009 年，经济子系统与社区子系统的协同关系处于轻度不协同社区子系统滞后型；到 2010 年和 2011 年，经济子系统与社区子系统的协同关系处于初级协同状态，并且在 2011 年，社区子系统的协同水平优于经济子系统；然而进入 2012 年以后，由于经济子系统协同度增长缓慢，并且社区子系统协同度的大幅度下降，使经济与社区子系统间的协同度 D 有了大幅度下降，这反映了杨凌农业高新区的经济发展出现了"瓶颈"，其社区子系统自我发展能力有待提高。

科研与社区子系统间的协同度 D 总体有了较大的提升，但伴随显著的波动，科研子系统与社区子系统的协同关系发展水平有所改善，但仍存在不足，尤其是社区子系统，必须制定相关措施改善其自我协同发展的能力。从 2004 年到 2009 年，科研子系统与社区子系统的协同关系处于轻度不协同社区子系统滞后型；到 2010 年和 2011 年，科研子系统与社区子系统的协同关系进入初步协同状态，尤其是 2011 年，社区子系统的协同度优于科研子系统；然而到 2012 年，由于社区子系统协同度的大幅下降以及由此引起的两两子系统间协同度差距的扩大，使科研子系统与社区子系统的协同关系倒退到轻度不协同状态。

（2）通过分析得出 3 组两两子系统间协同关系的排名：第一，经济与科研子系统；第二，经济与社区子系统；第三，科研与社区子系统。在 3 组协同关系中，与经济子系统相关的两组协同关系取得了靠前的排名，这说明了在两两子系统的协同互动中，协同度增长稳定、没有大幅度波动的子系统与其他子系统的协同发展更趋于一致。究其原因，复杂系统协同发展的过程就是一个从混沌走向有序，并最终协同一致的过程，子系统在发展演变中伴随波动，说明子系统中仍存在混沌的不稳因素，需制定针对性的政策措施，促使子系统从无序走向有序，并最终达到完全的协同一致，以达到整体系统协同发展的目的。

（3）在子系统自我发展能力方面，科研子系统的测算值为 1.1165，具备最强的、独立的自我发展能力；其次是经济子系统，测算值为 0.5145，具备一定程度独立的自我发展能力；最差的是社区子系统，测算值为 -0.3575，几乎不具备自我发展能力。

在子系统间协同作用力方面，科研子系统对经济子系统的作用力是 -0.2271，经济子系统对科研子系统的作用力是 0.0519，这说明科研子系统的发展对经济子系统具有一定的负向抑制作用，而经济子系统的发展对科研子系统却有轻微的正向促进作用；社区子系统对经济子系统的作用力是 -0.0808，经济子系统对科研子系统的作用力是 -0.0764，这说明经济子系统与社区子系统相互间具有轻微的负向抑制作用；社区子系统对科研子系统的作用力是 -1.7744，科研子系统对社区子系统的作用力是 0.3473，这说明社区子系统的发展对科研子系统具有极强的负向抑制作用，而科研子系统的发展对社区子系统却有一定程度的正向促进作用。

（4）根据杨凌农业高新区系统灰色动态评价模型的结果及其分析，结合木桶原理，可以得出社区子系统是阻碍杨凌农业高新区系统协同发展的"短板"，是现阶段杨凌农业高新技术产业示范区实现协同发展的最大障碍。相较于经济与科研子系统，社区子系统没有形成自身的发展能力，在发展的过程中严重依赖于其余子系统的作用力。

第七章　提升农业高新区协同发展绩效的措施

第一节　研究结论

农业关乎国计民生，是一个国家的立国之本，我国自古以来就是农业大国，虽然改革开放以来我国农业经济发展迅速，但与西方的发达国家相比较，无论是劳动力素质、生产能力、机械化水平和科技水平均相去甚远，远远没有达到其农业现代化的发展水平。作为农业劳动力培训、农业生产技术开发、现代农业设备生产和推广的重要载体，农业高新区承担着实现我国农业现代化的历史重任。作为我国重要的国家级农业高新区，杨凌农业高新技术产业示范区是我国农业高新区的一个缩影，其所面临的发展难题具备代表性，对其发展问题展开深入探讨具有重要的现实意义。

本书在系统分析了国内外高新区发展的相关研究成果的基础上，对农业高新区的概念以及相关基础理论进行了分析；通过对系统学理论的引入，对农业高新区系统及其内部的层级结构进行定义，同时引入协同理论，对农业高新区的协同发展机理进行分析；在对杨凌农业高新区进行发展现状实证分析的基础上揭示了杨凌农业高新区存在发展问题；通过建立杨凌农业高新技术产业示范区的协同发展指标体系，并结合杨凌农业高新技术产业示范区协同发展指标体系及其相关数据，通过杨凌农业高新技术产业示范区协同度模型，对杨凌农业高新技术产业示范区系统及其子系统的协同度进行测算，通过构建杨凌农业高新技术产业示范区两两子系统间协同度模型、子系统灰色关联度模型和杨凌农业高新技术产业示范区系统灰色动态评价模型，结合经济、科研和社区子系统的协同度数据，对杨凌农业高新技术产业示范区的两两子系统间的协同关系及其优劣排序、子系统的自我发展能力、子系统间的相互作用展开实证分析，并找出困扰杨凌农业高新技术产业示范区协同发展的"症结"所在。针对实证分析所总结的杨凌农业高新技术产业示范区协同发展问题，提出解决的政策建议。

一　杨凌农业高新技术产业示范区现阶段的发展存在问题

在不同规模的国家级高新区队列中，杨凌农业高新区的综合得分为 -0.44，处于81个国家级高新区综合得分排名的第80位。其发展水平处于末流的地位；在相同规模的国家级高新区队列中，杨凌农业高新区属于第三类园区，总体发展水平远远逊于第一类和第二类园区，必须制定相应的评价办法，找出其系统内部的不足，进而制定相应政策措施，使其走上协同发展的道路。

二　杨凌农业高新技术产业示范区子系统的协同发展绩效

首先，通过对杨凌农业高新区协同发展指标体系32个指标9年数据的无量纲化预处理，得出各个指标的评价值。其次，利用主客观赋权法求出基础指标层和序参量层的权重，其中主观赋值权重，使用层次分析法求得，在综合专家们的意见的基础上，运用一致性检验以保证所得结果的科学性，客观赋值权重则在32个指标评价值的基础上，运用熵值法求得。最后，运用归一化法求得综合权重；结合32个指标的评价值和求得的综合权重值计算出序参量的协同度；运用层次分析法和熵值法求得9个序参量的综合权重，结合序参量的协同度值和权重值计算出子系统的协同度。

从求得的经济、科研和社区子系统的协同度可以得出，经济子系统的协同发展绩效总体增长不快，这说明其自我发展能力不足，但其具有起点高、可持续性好的特点，是在考察的时间段内一直对杨凌农业高新区系统产生重要影响的子系统；科研子系统在2009年以后的四年里一直对杨凌农业高新区系统的协同发展起着极大作用，科研子系统在

2008 年以前发展水平较低，进入 2009 年以后其协同度大幅度提升，这说明其自我发展能力极强，虽然在 2011 年出现了波动，但仍对系统总体协同度的提升有重要的作用；社区子系统相较于其余两个子系统自身发展水平较低，并且在 2010 年到 2012 年有极大的波动，是三个子系统中自身发展能力与协同性较差的子系统。

三　杨凌农业高新技术产业示范区系统的协同发展绩效

利用已求出的子系统的协同度值，结合农业高新区系统协同度模型求出杨凌农业高新区系统的协同度，在此基础上对杨凌农业高新区的协同发展绩效进行评价分析。

从 2004 年到 2012 年，杨凌农业高新区系统的协同度总体呈现上升趋势，其中 2004 年到 2008 年协同度上升的速度较慢，2008 年到 2011 年却有大幅度的增长，尤其是 2011 年达到了考察时间段里的峰值，究其原因是经济、科研和社区子系统相较于其他年份，在 2011 年处于相对接近的发展水平，即两者的协同作用力强烈，因此系统总体的协同度实现了质的飞跃。在随后的 2012 年里，由于社区子系统协同发展绩效的衰退，导致系统总体协同度的倒退，这从反面印证了子系统间的协同发展对系统协同水平提升的重要性。

四　杨凌农业高新技术产业示范区子系统间的协同关系

结合经济、科研和社区子系统的协同发展测算值，运用杨凌农业高新区两两子系统间协同度模型对两两子系统间的协同关系进行评价。

经济与科研子系统间的协同度 D 保持了稳步增长的趋势，经济子系统与科研子系统的协同关系发展水平较好。从 2004 年到 2008 年，经济子系统与科研子系统的协同关系处于轻度不协同科研子系统滞后型；从 2009 年到 2012 年，经济子系统与科研子系统的协同关系基本处于初级协同状态，除了 2011 年，科研子系统的协同发展绩效都要优于经济子系统，处于初级协同经济子系统滞后型。

经济与社区子系统间的协同度 D 在考察的时间段内虽伴随着波动，但总体有了较大的提升，经济子系统与社区子系统的协同关系发展水平正不断地改善。从 2004 年到 2009 年，经济子系统与社区子系统的协同关系处于轻度不协同社区子系统滞后型；到了 2010 年和 2011 年，经济子系统与社区子系统的协同关系处于初级协同状态，并且在 2011 年，社区子系统的协同水平优于经济子系统；然而进入 2012 年以后，由于经济子系统协同度增长缓慢，并且社区子系统协同度的大幅度下降，使经济与社区子系统间的协同度 D 有了大幅度下降，这反映了杨凌农业高新区的经济发展出现了"瓶颈"，并且社区子系统自我发展能力有待提高。

科研与社区子系统间的协同度 D 总体有了较大的提升，但伴随显著的波动，科研子系统与社区子系统的协同关系发展水平有所改善，但仍存在不足，尤其是社区子系统，必须制定相关措施改善其自我协同发展的能力。从 2004 年到 2009 年，科研子系统与社区子系统的协同关系处于轻度不协同社区子系统滞后型；到了 2010 年和 2011 年，科研子系统与社区子系统的协同关系进入初步协同状态，尤其是 2011 年，社区子系统的协同度优于科研子系统；然而到了 2012 年，由于社区子系统协同度的大幅下降以及由此引起的两两子系统间协同度差距的扩大，使科研子系统与社区子系统的协同关系倒退到轻度不协同状态。

五 杨凌农业高新技术产业示范区子系统间协同关系的优劣排序

结合经济、科研和社区子系统的协同发展测算值，利用杨凌农业高新区子系统灰色关联度模型对不同参考子系统下的子系统间关联度进行评价，进而得到两两子系统间的协同关系的优劣排序。通过分析得出 3 组两两子系统间协同关系的排名：第一，经济与科研子系统；第二，经济与社区子系统；第三，科研与社区子系统。在 3 组协同关系中，与经济子系统相关的两组协同关系取得了靠前的排名，这说明了在两两子系统的协同互动中，协同度增长稳定、没有大幅度波动的子系统与其他子系统的协同发展更趋于一致。究其原因，复杂系统协同发展的过程就是一个从混沌走向有序，并最终协同一致的过程，子系统在发展演变中伴随波动，说明子系统中仍存在混沌的不稳因素，需制定针对性的政策措施，促使子系统从无序走向有序，并最终达到完全的协同一致，以达到整体系统协同发展的目的。

六　杨凌农业高新技术产业示范区子系统自我发展能力与协同作用力评价

在子系统自我发展能力方面，科研子系统具备最强的、独立的自我发展能力；其次是经济子系统，具备一定程度的、独立的自我发展能力；最差的是社区子系统，几乎不具备自我发展能力。在子系统间协同作用力方面，科研子系统对经济子系统的作用力是 -0.2271，经济子系统对科研子系统的作用力是 0.0519，这说明科研子系统的发展对经济子系统具有一定的负向抑制作用，而经济子系统的发展对科研子系统却有轻微的正向促进作用；社区子系统对经济子系统的作用力是 -0.0808，经济子系统对科研子系统的作用力是 -0.0764，这说明经济子系统与社区子系统相互间具有轻微的负向抑制作用；社区子系统对科研子系统的作用力是 -1.7744，科研子系统对社区子系统的作用力是 0.3473，这说明社区子系统的发展对科研子系统具有极强的负向抑制作用，而科研子系统的发展对社区子系统却有一定程度的正向促进作用。

七　推动杨凌农业高新技术产业示范区协同发展的政策建议

协同发展是新型的区域发展模式，蕴含了自我发展和协同互动两个重要的理念，是杨凌农业高新区突破发展"瓶颈"，实现区域经济、科研和社区建设全面发展的重要途径。为使杨凌农业高新区走上协同发展的道路，必须制定相关政策措施，并在不断的实践与改善中最终形成长效机制，保障杨凌农业高新区实现可持续的协同发展。具体措施如下：

第一，提高子系统自我发展能力，促进杨凌农业高新技术产业示范区向高级协同状态转变，首先要加强高新技术企业的招商引资工作，提升园区产品的竞争力；其次要完善人才管理制度，扩大科研资金投入；最后要加大基础设施建设力度，保证社区建设的可持续性。

第二，改善子系统间协同关系，促进协同作用力的正向发展，首先是完善技术转让与联合开发政策，加快科研成果向经济效益的转化；其次是加强社区子系统对杨凌高新区系统的支撑作用；最后是经济、科研和社区子系统协同合作，共建三方合作平台。

第三，撤区建市，打造现代化新杨凌，首先要扩大杨凌发展空间，实现杨凌全面协同发展；其次是加快现代城市基础设施建设，奠定杨凌经济与科研发展的基石；最后要完善行政管理体制，促进杨凌的协同发展。

第二节　政策措施

一　进一步提高子系统自我发展能力

协同发展是新型的区域发展模式，蕴含了自我发展和协同互动两个重要的理念，是杨凌农业高新区突破发展"瓶颈"，实现区域经济、科研和社区建设全面发展的重要途径。为使杨凌农业高新区走上协同发展的道路，必须制定相关政策措施，并在不断的实践与改善中最终形成长效机制，保障杨凌农业高新区实现可持续的协同发展。

从杨凌农业高新区灰色动态评价的结果发现，科研子系统的自我发展能力最强，其次是经济子系统，也具备一定的自我发展能力，最差的是社区子系统，不具备自我发展能力，其发展演变严重依赖于其他子系统的协同作用力。为使杨凌农业高新区走上协同发展的道路，要有针对性地根据不同子系统的情况，制定相关措施，培养并提升子系统的自我发展能力。

（一）加强对高新技术企业的招商引资工作

经济子系统是三大子系统中发展演变比较平稳的子系统，其自我发展能力的测度值是 0.5145，这说明其具备一定的自我发展能力；其协同度变化曲线也保持着持续增长的趋势。然而从经济子系统与其所属三个序参量协同度的动态变化曲线中可以观察到，序参量"经济产出指数"的协同度一直处于较低的协同水平，同时在 2012 年也出现了较大的波动，因此根据前文提到的"木桶原理"，经济产出指数是影响经济子系统的"短板"，要提升经济子系统的协同水平，要先从经济产出指数自我发展能力提升着手。

造成 2012 年出现经济产出指数大幅度下滑的主要原因是"商品销售收入"一项指标的大幅度下滑，所谓商品销售收入是指企业销售以出售为目的而购入的非本企业生产产品的销售收入，这反映了杨凌农业高新区的日常经济活动依赖于一般性企业，园区内进驻的拥有自主知识产权产品或自主生产能力的高新技术企业严重不足。

高新技术会给产品附加高价值，提升产品的竞争力，高新区应该是高新技术企业的聚集地。在高新区建立之初，园区内条件与设施难以达到高水平协同发展园区的要求，为了推动园区经济起步，可以一定程度地接纳非高新技术企业参与到高新区的建设；然而从1997年正式建区，杨凌农业高新区已经走过17个年头，经过十多年的建设已经初具规模，此时要实现杨凌的进一步发展，必须适时淘汰部分落后的企业，大力引进各类涉农高新技术企业，提升园区企业产品的质量，为杨凌经济的腾飞注入动力。

（二）完善人才管理制度，扩大科研资金投入

科研子系统是三大子系统中发展较为迅速的子系统，其自我发展能力的测度值为1.1165，这说明其具备较强的自我发展能力。观察考察时间段内的科研子系统的协同度变化曲线，其总体上升幅度是三大子系统之最，达0.5499，其协同发展绩效有4年时间保持在高级协同状态。然而科研子系统的发展演变也存在不可回避的难题，科研资金投入不足和人才流失严重阻碍了科研子系统协同水平的进一步提升。从科研子系统及其所属三个序参量协同度的动态变化曲线可以观察到，序参量"人力资源指数"和"科研投入指数"分别在2009年和2010年出现大幅度的衰退，即使两者在2011年有所回升，但从2009年以后就处于高级协同状态的科研子系统显然有回落到低级协同状态的危机。造成科研子系统的协同发展绩效出现波动的主要原因来自"人力资源指数"和"科研投入指数"这两个序参量。

就"人力资源指数"而言，"科技活动人员"一项指标从2009年开始持续大幅度减少，从1515人减少到499人，同样的情况也发生在"中高级职称人员"和"高校研究生导师人数"这两项指标上，"中高级职称人员"从2007年的2235人下降到2012年的1344人，"高校研究生导师人数"一项指标也不容乐观，经历几年的人数持续增加后在2010年达到顶峰的1048人，但到了2011年却下降到821人，即使2012年人数回升到906人，但与顶峰时的人数仍然相去甚远。

就"科研投入指数"而言，在其中占据主要权重的指标"R&D经费内部支出"在2010年达到其峰值8670万元，然而仅仅一年以后，

"R&D 经费内部支出"下降到 5033 万元,下降幅度达到 0.4219,从而使"科研投入指数"出现大幅度倒退。

序参量"人力资源指数"和"科研投入指数"协同度的波动对科研子系统协同水平的稳固和进一步提升造成了不利影响,因此必须制定相关措施提升两者自我发展能力。

(三) 加大基础设施建设力度

社区子系统是三个子系统中唯一不具备自我发展能力的子系统,其协同度变化曲线在 2009 年以前上升幅度极小,在 2009 年以后有极大波动,其协同度平均值为 0.1571,在考察时间段内大部分时间基本处于低效协同状态。从社区子系统及其所属三个序参量协同度的动态变化曲线中可以观察到,社区子系统的曲线几乎与序参量"基础建设指数"重合,这说明了现阶段要提升社区子系统的协同水平,必须把重点放在如何提升"基础建设指数"的协同发展绩效上。

农业是弱质产业,其产品生产周期长并且大多难以储存或储存的成本高昂,而资本天生具有逐利的本性,因此指望市场经济发挥作用自动引导资本投入农林产业中是不切实际的理想主义。纵观西方发达国家农业发展的历程,不论是发展初期还是发展的成熟期,都需要国家在财政上进行大量补助,在政策上进行一定程度的"倾斜",以保证农林产业的顺利健康发展。农业高新区的基础设施建设同样面临发达国家农业起步时遇到的难题,作为经济与科研的重要支撑,园区基础设施的建设必须依靠中央与省级财政的支持,依靠园区经济发展与科研成果转化所获得的收入无法满足园区建设初期巨大的资金需求,这也是社区子系统现阶段不具备自我发展能力的重要原因。

然而,园区以外资金对基础设施建设的投入会随着国家与陕西省不同时期的发展政策而有较大的变化,以"电力、燃气及水的生产和供应业投资"一项指标为例,2011 年的投资额度达 406182 万元,到了 2012 年则降为 14722 万元,降幅达 0.9638。资金投入"丰年"与"歉年"相差了 27 倍多。投资金额过于丰腴,容易造成该年度资金使用的铺张浪费,并且产生大量闲置资金,影响明年资金预算的制定;投资金额太过缺乏又会导致部分在建工程因资金不足而延误工期,影响社区建设的可持续性。因此培养杨凌农业高新区社区子系统的自我发展能力,使其在资金投入的"丰年"与"歉年"起到平衡预算的效果。在资金投入"丰年",在保证重大基础设施（如电力、供水系统等）建设顺利进行的前提下,适当加大对营利性基础设施（如商业步行街、电影院等）的投入;在资金投入"歉年",则可以调拨部分营利性设施的获利资金用以支撑基础设施的建设,保证建设的可持续性。

二　改善子系统间协同关系

从杨凌农业高新区灰色动态评价的结果可以看到,经济、科研和社区子系统相互间存在方向不同、大小程度不一的协同作用力,为使杨凌农业高新区实现协同发展,要有针对性地制定相关措施,改善子系统间的协同关系,扭转负向协同作用力的抑制作用,加强子系统间正向协同作用力的促进作用,最终达到整体协同发展的目的。

（一）完善技术转让与联合开发政策

根据灰色动态评价的结果,经济子系统的发展对科研子系统却有轻微的正向促进作用,其测度值为 0.0519;而科研子系统的发展对经济子系统具有一定的负向抑制作用,其测度值为 - 0.2271。实证结果表明,经济子系统与科研子系统之间仍存在一定不足,经济子系统对科研子系统所起的促进作用仍有待提高,而科研子系统则必须制定相关政策,扭转其对经济子系统的负向抑制作用。

在经济与科研子系统间协同关系动态分析中可以观察到,经济与科研子系统间的协同关系优于其余两组子系统间的协同关系,能有这样的结果在很大程度上得益于两者的自我发展能力较强的缘故。衡量系统协同发展绩效的两个决定性因素分别是其内部元素的自我发展能力和协同作用力,根据前文的实证分析经济子系统和科研子系统已经具备相当自我发展能力,因此两者要用最少的时间进一步稳固和提升协同发展绩效,就必须从改善两者协同关系着手。

从序参量协同度分析中可以看到,科研子系统的序参量"科研产出指数"的协同水平一直以平稳的速度缓步提升,这说明杨凌农业高新区的技术成果产出是在稳步提升的。然而在分析经济子系统自我发展能力时就可以知道,现阶段杨凌的经济产出仍以低技术含量商品或者没有自主知识产权的商品为主,由此可以推导出杨凌农业高新区科研机构开发的新技术或成果被用于高新区的数量极其有限。改善经济与科研子系统间的协同关系的关键，是使科研子系统对杨凌农业高新区的经济发展产生足够的支撑作用，在经济发展中杨凌"农业高新技术""中国农业硅谷"的旗帜。

（二）加强社区子系统对杨凌的支撑作用

从杨凌农业高新区灰色动态评价结果可以看到，社区子系统对经济子系统与科研子系统均有不同程度的负向抑制作用，其中对经济子系统的抑制作用轻微；对科研子系统的抑制作用极强。把经济与社区子系统间协同关系、科研与社区子系统间协同关系进行比较，经济子系统与社区子系统间的协同作用是互相抑制；而科研子系统与社区子系统间的协同作用，科研子系统对社区子系统的测度值是 0.3473，这说明科研子系统对社区子系统的协同发展具有一定程度的促进作用；社区子系统对科研子系统的测度值是 -1.7744，这说明社区子系统对科研子系统的协同发展具有极强的抑制作用。

经济子系统与社区子系统的相互抑制，原因可以从两方面阐述。就经济方面而言，杨凌农业高新区存在产业化水平不足、产品缺乏技术含量等一系列问题，这导致了杨凌农业高新区的经济发展一直处于不温不火、缓步上升的状态，经济发展迟缓使杨凌农业高新区的地方财政日趋紧张，无法有效支持地方的基础设施建设，经济建设与社区建设的矛盾也随之出现；就社区建设而言，由于受到发展空间以及建设资金的限制，社区子系统不但无法给予杨凌经济发展足够支持，反而在一定程度上抑制了杨凌农业高新区经济的发展。经济与社区两方面的原因，导致了经济子系统与社区子系统相互抑制的局面。

科研子系统与社区子系统出现单向促进和抑制原因也可以从两方面解释。首先是社区子系统对科研子系统的抑制作用，导致这一结果的原因与前文分析的社区子系统对经济发展的抑制相类似，同样是社区建设在发展空间与建设资金上受限的原因，只是这种抑制作用在科研子系统上更强烈。在分析科研子系统自我发展能力时已经提到，科研子系统有比较严重的人才流失问题，造成人才流失的原因有很多，比如个人的梦想与追求、科研环境、薪酬待遇等，但在杨凌却有一个更为突出的原因：城镇化水平不足，城镇化水平不足与杨凌社区子系统发展迟缓有莫大的关系。杨凌城镇化水平不足主要体现在两方面：第一，基础设施建设落后，以电力系统为例：在高新区设立十年以后的 2008 年，杨凌供电分局成立并逐步对杨凌的供电系统进行升级改造，然而直到 2014 年，改造工程仍未完工，部分居民小区的每月必有的停电现象已经成为常态；第二，城镇配套设施不足，以示范区休闲娱乐为例，杨凌第一家正式的电影院于 2012 年 11 月对外正式营业，此前在杨凌生活的居民有观影的需求，只能到部分放映厅或者驱车到西安才能消费；以商品采购为例：居住在杨凌的高技术人才众多，因此杨凌的人均可支配收入一直位居全省前列，根据统计数据，2011 年杨凌农业高新区的"城镇居民人均可支配收入"达 25999 元，位居全省第一，2012 年则达 29925 元，稍逊于首位的西安 0.2%，由此可见杨凌的居民具有可观的购买力，然而由于运输和配套设施不足等原因，杨凌出售的日用百货和办公用品的价格与种类均无法与一小时车程的西安竞争。城镇化水平不足导致的功能不全加剧了杨凌农业高新区的人才流失问题，从而出现社区子系统对科研子系统有强烈抑制作用的现象。在理解了导致社区子系统对科研子系统的有极强抑制作用的原因以后，对科研子系统对社区子系统的较强促进作用的解释就简单了，面对园区内日益增长的居民日常生活的各项需求，大大刺激了社区建设的发展，从电力系统的升级改造到第一家电影院的成立，都是社区子系统在科研子系统的协同作用下向前发展的例证。

杨凌农业高新区要实现高水平的协同发展，必须实现经济、科研和社区子系统的正向协同互动，因此要制定相关措施加强社区子系统对杨凌农业高新区协同的支撑作用。

（三）共建经济、科研和社区三方合作平台

经济、科研和社区子系统的协同运动除了宏观层级的互动，也有微观层面的合作，三方可以通过共建合作平台的形式来达到协作的目的。所谓共建合作平台是指经济子系统、科研子系统在社区子系统提供的场地和基本设施的基础上，以协议的方式建立资源共享、优势互补的技术开发、人才培训和交流互动的基地，这样建立起来的基地可以有多种形式，如技术研发基地（研发中心）、产品中试基地、培训基地、实习基地等，此种共建合作平台的发展模式拥有三个优点：第一，三方进行的是深层次的合作，相互间利益相关，荣辱共存；第二，有利于推动子系统间长时期的协同互动，促进杨凌农业高新区的协同发展；第三，经济、科研和社区子系统三方的资源得到整合优化，扩大杨凌农业高新区的影响力。

作为三方共建合作平台的范例，杨凌农业高新科技成果博览会（以下简称"农高会"）已经成功举办了20届。作为中国高层次的农业合作盛会，2012年举办的第二十届农高会项目签约投资及交易总额就达913.36亿元，较上届增长10.84%，每年农高会都会吸引大批涉农客商和投资者前来参会，为杨凌农业高新区的经济发展带来投资，为农业高新技术成果带来展示的机会，农高会作为集农业高新技术成果转化平台、农业实用技术推广辐射平台、涉农项目投资洽谈平台、农业信息汇集与扩散平台、农业科技人才交流平台、农产品及农用生产资料交易平台于一身的盛会，通过不断提高办会层次和水平、提高国家化程度等手段，推动杨凌农业高新区实现协同发展。

三 撤区建市，打造现代化新杨凌

撤区建市的概念来源于我国的撤县建市标准，1993年，由国务院国发的38号文件《国务院批转民政部关于调整设市标准报告的通知》中指出："为了适应经济、社会发展和改革开放的新形势，适当调整市标准，对合理发展中等城市和小城市，推进城市化过程，具有重要意义"，掀起了我国"县改市"的发展浪潮。

从1997年正式成立示范区至今，杨凌伴随着中国经济的腾飞走过了17个年头，杨凌依托其农业科技的领先优势为区域经济起步、西北农业发展以及我国农业现代化的事业做出了巨大贡献。然而杨凌也走到了历史的拐点，它必须在"突破发展瓶颈实现可持续性的协同发展"和"维持现状丧失进一步发展的机遇"这两个选项中作出选择。综合本书的实证结果以及论述分析，杨凌现阶段实现协同发展的最大障碍集中在如何促进社会子系统的发展。随着杨凌农业高新区产业化经济的发展，缺乏发展腹地的杨凌人地矛盾日趋紧张；而随着高技术人才的进驻，对杨凌的城市基础设施与相应配套设施提出了更高的要求，社会子系统缺乏自我发展能力导致的发展迟缓抑制了杨凌农业高新区科研体系的发展。为了打破这一困局，需要进一步扩大杨凌发展空间，把杨凌建设成以农业高新技术为特色的中等规模城市。

（一）扩大杨凌发展空间

"撤区建市"可有效扩大杨凌农业高新区的发展空间形成自己的发展腹地，满足经济发展和城市功能性建设的用地需求。以"撤县建市"30 年的昌吉市为例，昌吉市于 1983 年撤县建市，其前身是昌吉回族自治州所辖的昌吉县。昌吉市建市以后在经济与科技上的发展实现了迅猛发展，在经济上，企业数量不断增多，从 1983 年的 62 家年收入 500 万元以上的企业发展到 2012 年的 489 家年收入 2000 万元以上的企业，企业数量增长 7.89 倍；工业总量迅速扩展，从 1983 年的 2150 万元发展到 2012 年的 250.79 亿元，工业总产值增长 1333 倍；工业品品种和产量大幅增长，产品品种从 1983 年的 21 种发展到 2012 年的 82 种，截至2012 年，全市变压器产量 5960 万千伏安，是 1983 年的 29.8 万倍，原煤产量 848.13 万吨，是 1983 年的 59.3 倍，精制食用植物油产量 24.49万吨，是 1983 年的 451.84 倍，面粉产量 21.05 万吨，是 1983 年的127.57 倍，水泥产量 196.15 万吨，是 1983 年的 127.37 倍。在科研上，2010 年，昌吉市成为创新型试点城市，2012 年昌吉市用于科研技术开发的资金达 8148 万元，截至 2013 年 9 月，昌吉市创建了 17 家自治区产学研联合开发示范基地，18 家自治区级企业技术中心，4 家国家级企业技术中心，6 个国家博士后科研工作站，在科研工作快速发展的推动下，昌吉市建成了 1 个国家级工业园区（昌吉高新技术开发区）和两个市级工业园区，为昌吉市经济与科研的协同发展奠定基础。作为"撤县建市"的范例，昌吉市的成功模式可以作为杨凌农业高新区的借鉴。

撤区建市对推动杨凌农业高新区协同发展的作用主要集中于两方面。就经济方面而言，杨凌可以利用建市以后迅速提升的影响力，促进地区的招商引资，吸引更多高新技术企业落户杨凌，提升杨凌的产业化水平，推动当地经济的发展；就科研方面而言，撤区建市有利于当地声誉的提升，能吸引更多的高技术人才来杨凌工作和进行科研，人才的到来能带动更多的科研经费投入杨凌农业高新区的科研活动中去，促进杨凌科研水平的进一步提高。

（二）加快现代城市基础设施建设

撤区建市可有效加快杨凌农业高新区城市基础设施的建设。常德就是"撤区建市"实现自身可持续发展的范例。常德于1988年撤区建市，城市建设得到快速发展，城市的各项功能也逐步完善，城市建设拉动了常德地区经济的发展，通过"以经济带城镇，以城镇促经济"的发展策略，常德实现了全面快速发展，并在2006年的全国地级市综合排名中跻身前百之列。从协同论的角度出发，常德的成功得益于其城市建设与经济发展的协同互动，即经济子系统与社区子系统的协同发展。

撤区建市可促进杨凌的城市基础设施建设，培养其社会子系统的自我发展能力。首先，杨凌建市可以获得足够的城市建设费用，进一步对杨凌落后的基础设施进行升级改造；其次，杨凌建市可以降低城建项目申报的难度，争取更多的资金建设适用于农业高新技术经济发展的设施，为杨凌经济发展铺平道路；最后，杨凌建市以后城市功能的完善可以留住并吸引更多的高新技术人才落户杨凌，推动杨凌科研技术的发展。

（三）完善行政管理体制

杨凌农业高新区的行政管理体制是"省部共建"体制，在行政管理与运作体制上存在重叠并相互制约。杨凌农业高新区作为陕西省的直辖区，其行政管理权限主要由省政府授予，属于地区级（省辖市）的行政管理权限；同时从行政区划分的角度来看，杨凌属于咸阳市的行政区。行政管理体制的重叠与不明晰已经成为制约杨凌农业高新区发展的一大难题，撤区建市建立一整套健全统一的管理体系，可以有效解决杨凌农业高新区的发展难题，促进经济、科研和社区子系统的协同互动，加强政府管理体系对杨凌农业高新区协同发展的支撑作用。

第八章 农业高新区协同发展与金融支持的相关研究

第一节 区域协同发展

关于区域协同发展的内容，除了前文中研究，学者们给出了各自的见解。主要观点集中于整体区域协同发展和区域因素之间的协同发展两方面内容。

一 整体区域协同发展

关于整体区域协同发展方面，李琳和刘莹（2014）采用哈肯模型研究了中国区域经济协同发展的驱动因素。通过区域经济协同的内涵及基本特征的探讨，确立了从区域比较优势（RCA）、区域经济联系（RER）、区域产业分工（RID）三方面对区域经济协同发展的驱动因素加以解释。研究结果显示，2001 年是中国区域协同发展的"分水岭"，2001 年以前区域协同发展以 RCA 形式为主导，2001 年到 2011 年则转变为以 RER 和 RID 形式为主导，这说明了 2001 年以后中国区域经济协同发展迈入了成熟发展阶段，区域市场分割程度降低，地区间发展差异程度降低。郝寿义和曹清峰（2018）从区域发展模式的角度，分析了现今国家级新区协同发展动力不足的原因：第一，过度依赖"投资驱动"和"政策洼地"等传统发展模式，区域内、区域间的发展矛盾凸显，难以构建有效的协同发展机制；第二，政府与市场缺乏良好的协同机制，双方边界模糊，政府的主导地位为政府对市场的不当干预埋下了

"伏笔",使区域内和区域间的协同发展缺乏可持续的动力。由此要为国家级新区的发展构建新模式:第一,培育新要素,要加快对劳动力、资本、土地等传统生产要素的改造,通过改造实现传统要素的重组形成新的生产要素,并发挥出新要素的新功能;第二,构建新的产业结构,通过区域内产业布局的合理化,根据区域协同发展的原则优化产业结构;第三,激发新的发展动力,强化国家级新区在区域经济中的增长极作用,扩大新区的技术和资本扩散效应,提高新区与周边地区的协同发展能力。卢文超(2018)认为,要实现区域协同发展,必须从地方政府的合作意愿着手。合作意愿主要分为纵向促动和横向协同两种模式,纵向促动模式更多发生在区域协同发展的早期,由中央或上级政府施加意愿,用上级权威的形式推动协同发展的进程;横向协同模式则发生在协同发展的中后期,此时地方政府通过自我评估和决策,自愿参加到协同发展的进程中,并自觉地与周边地区的发展形成联动。纵向促动模式具有启动较快短期效果明显的优势,但是可持续性较差,部分政策可能违背市场规律;而横向协同模式可持续性较好,政策充分尊重市场规律,具有较高灵活性,但是这种发展模式的推进速度缓慢。

二 区域因素之间的协同发展

关于区域因素之间的协同发展,龙跃(2018)指出,应从产业集群的角度,结合我国战略性新兴产业集群协同发展的特点,实现生态位理论与产业集群理论的融合,进一步促进战略性新兴产业集群发展过程中的"技术生态位—市场生态位"的协同跃迁。唐晓华等(2018)认为,制造业与生产性服务业的协同发展影响了制造业的效率。通过灰色GM(1,N)模型、Malmquist 指数模型、门槛回归模型等研究手段进行分析,研究得出:第一,制造业和生产性服务业的良性协同发展,对制造业效率提高的促进作用显著。第二,对不同产业发展规模、产业发展水平、产业创新能力进行区别研究后发现,制造业和生产性服务业的协同效应对制造业效率的影响是非线性的。根据研究结论,应从产业发展规模、产业发展水平、产业创新能力三方面出发,制定差异化的产业政策促进制造业与生产性服务业的协同发展。张富禄(2018)认为,现今中国制造业发展面临的困难极大,包括下行压力较大、产业增长方式单一粗放、高新技术含量不足、产业转型乏力等问题。要有效解决这些问题，必须实现产业发展与科技创新、现代金融、人力资源等先进因素的融合，以协同发展的方式，提升科技创新、现代金融、人力资源等因素对产业经济发展的支撑作用。要达到协同发展的目的，可采取的措施有三项，分别是：深化供给侧结构性改革、搭建产业体系协同发展平台、全面深化改革。

第二节　区域发展的金融支持研究

关于区域发展中的金融支持研究，学者们的见解主要集中于区域金融支持指数测定、区域金融支持指标体系构建、区域发展与金融支持的联系三方面内容。

一　区域金融支持指数测定

王朝晖（2015）运用数据包络分析模型（DEA）从海洋产业的总体情况、三次产业、经济区域三方面测算金融支持效率指数。研究结果显示，我国海洋产业的金融支持总体情况不佳，金融支持的纯技术效率指数和规模效率指数偏低。在三次产业中，第三产业的金融支持效率指数增长最快，第一产业的金融支持效率指数最优。在经济区域方面，环渤海的金融支持效率指数增幅最大，珠三角地区的金融支持效率指数最佳。

二　区域金融支持指标体系构建

李艳（2010）认为，欠发达地区要发展区域经济，需要根据当地实际情况构建金融支持体系。金融支持主体应由三部分组成：商业金融支持主体、政策金融支持主体和民间金融支持主体；金融支持客体有五个：基础设施建设、产业结构调整、企业结构优化、生态环境保护、金融生态建设；金融支持的运行机制由五部分组成：资本形成机制、支持对象选择机制、金融支持政策的进入与退出机制、区域金融发展机制、区域金融协调机制；对金融支持系统产生影响的因素有：区域金融发展水平、资源禀赋条件、社会经济体制、区域经济发展战略、产业经济发展阶段。

郭刚和王雄（2012）对中部区域的农村金融体系进行了金融规模、金融结构、金融效率的划分，运用生产函数模型进行了实证分析。实证结果表明，短期内农村金融规模和农村金融效率对中部农村的经济发展具有促进作用，农村金融结构则不能发挥任何作用；长期内农村金融规模也失去了短期内的促进效果，只有农村金融效率仍然发挥着对农村经济的促进作用。

戈冬梅等（2013）从金融规模、金融效率、金融结构三个维度对金融支持指标体系进行划分，运用空间模型研究并收集我国 31 个省份的相关数据，就金融支持与区域创新的空间相关性进行了分析。研究结果显示，金融支持体系对区域创新的支撑作用具有空间自相关性和依赖性，并存在一定"溢出效应"。金融规模、金融效率、金融结构对区域创新的支持力度具有明显差异性，其中金融规模具有明显的正向支持效应，金融效率和金融结构则具有负向抑制效应，其中金融效率的抑制效应强烈。

周婕和文传浩（2013）认为，应把金融支持体系划分为信贷市场、股票市场、保险市场三个维度，并运用所构建的金融支持指标体系研究了金融支持与区域经济发展的关系。研究结果表明，信贷市场与区域经济之间互为支持作用，信贷增长能推动经济增长，经济发展又能刺激信贷市场的发展；股票市场与区域经济之间的相互作用不强烈，其中股票对区域经济的促进作用并不显著，经济增长对股票市场发展的刺激作用有限；保险市场与区域经济具有一定的相互作用，其中经济发展对保险市场具有强大的刺激作用，但保险市场对区域经济的推动作用极不明显。由此可以得出，从金融支持的角度，信贷市场要优于股票市场，股票市场优于保险市场；从经济的角度，经济发展对保险市场的促进作用要优于信贷市场，对信贷市场的促进作用要优于股票市场。

王保忠等（2013）认为，应从支持主体、支持手段、支持对象、支持区域等四个维度对金融支持体系进行划分，在此基础上进一步提出金融支持低碳经济发展的一般路径。随着低碳经济的发展，未来金融支持的主要手段应以市场性金融支持为主导，政策性金融支持为辅助。

柏玲和姜磊（2013）认为，金融支持体系是区域创新发展的重要支持力量，由此把金融支持体系从金融规模、金融效率和金融结构三方面进行划分，并借用空间面板杜宾模型进行实证分析。实证结果表明，金融支持体系发挥了竞争效应和溢出效应两种效果。金融规模对区域创新的作用最大，但由于竞争效应的存在无法有效带动周边区域的创新发展；金融效率对区域创新的作用微弱，表现出的溢出效应并不显著；金融结构变量对区域创新的作用不显著。

李治国和周德田（2013）把金融支持体系分为金融深化、金融效率和外资支持三方面，通过选取金融指标和产业结构优化指标，建立VAR 模型进行实证分析。实证结果显示，金融深化、金融效率和外资支持在短期内都对产业结构优化产生了积极作用，但在长期内不具有可持续性。因此要加强金融发展对产业结构优化的支撑力度，必须稳步加大国内和国外的金融资本投资规模，进一步改善金融结构，提升区域内的金融运行效率。

黄建欢等（2014）把金融发展对区域绿色发展的影响分为资本支持效应、资本配置效应、企业监督效应、绿色金融效应四部分，结合空间杜宾模型和相关统计数据进行了实证分析。研究结果表明，企业监督效应对区域绿色发展的影响最大，并伴随明显的空间溢出效应；资本配置效应对区域绿色发展同样具有较强的影响作用，但不具有空间溢出效应；相对而言，绿色金融效应对区域绿色发展不具有明显的支撑作用，而企业监督效应则对区域绿色发展起到抑制作用，这说明应改革环保监督制度，并且加强金融资本对绿色产业和环保产业的支持力度。

刘朝阳等（2014）把金融支持分为金融规模和金融效率两方面，利用 VAR 模型实证检验了金融支持对产业结构优化的影响作用。研究结果显示，金融规模扩大对产业结构优化具有促进作用，金融效率所起促进作用较低；研究同时进行了国家产业政策作用的分析，结论显示国家产业政策的促进作用最大。

荣婷婷和赵峥（2015）把金融支持体系分为金融支持基础、金融支持规模、金融支持结构以及金融支持保障四个部分，采用三阶段DEA 分析方法，结合 30 个省市的数据，实证分析了金融支持对我国区域创新效率的影响作用。研究结果显示，东部地区创新效率要高于中西部地区，有效的金融支持对减少区域创新效率差异性有促进作用，关键是通过有效措施减少创新活动中的金融资本投入冗余，提升金融资本对创新转变为经济价值的催化作用。

刘静静和蒋涛（2015）对区域金融支持进行了金融规模、金融效率、金融结构的划分，结合 31 个省市的面板数据进行了实证分析。研究结果表明，长期内区域金融与区域经济存在稳定关系，但在不同地区金融要素对经济发展发挥着不同的作用。金融结构对各区域发展的促进作用最为明显，地区差异性也最小；金融规模只对东部地区的经济发展具有显著的促进作用，在中西部地区的作用较为微弱；金融效率发挥的作用则是最差，几乎对所有地区的经济发展都没有起到促进作用。

三 区域发展与金融支持的联系

陈灵和徐云松（2011）运用 TSLS 工具变量法，对我国西部地区金融发展与经济增长的长期关系和短期关系进行研究后发现，金融发展对西部各省经济增长的支持力度具有明显差异，政策性金融支持仍然占据主导地位，金融发展依赖资产性规模的扩张，粗放式的发展模式未有根本性改变。

章睿等（2012）指出，完善的金融体系应由市场性金融和政策性金融共同组成。市场性金融主要通过资本形成机制、信用催化机制、资金导向机制和风险管理机制来发挥作用；而政策性金融则通过政策引导、直接投资、政府融资三种方式发挥作用。同时，区域金融支持主体应由五部分组成：政府资金、社保基金、民间资本、法人资金、海外投资。

谭波等（2012）认为，金融是现代经济的关键所在。现今中国金融支持具有三个特点：第一，金融支持是一种政府行为，与产业政策关联性较强；第二，金融支持的行政性不断减弱；第三，金融支持的内容和手段日趋合理。但是中国区域发展的金融支持仍有不少问题：一是地方政府的认识有待改进；二是政策性金融支持与商业性金融支持的天然矛盾；三是金融支持的可持续性有待加强。在这些问题的基础上，从主体功能规划角度给出了四点建议：第一，转变发展观念；第二，合理规划金融体制改革；第三，系统推进金融支持的环境再造工程；第四，缩小不同地区间金融支持的差异。

赵本福等（2013）通过运用回归分析手段对 1998—2010 年我国 30 个省份的相关数据进行分析后发现，认为金融支持与区域经济保持了稳定的均衡关系。从长期来看，银行、股票和保险等金融资源对区域经济的增长有促进作用；但从短期来看，股票市场规模的增长却对区域经济增长产生了负面影响，较大程度地对经济发展产生了抑制作用，而银行体系和保险市场在短期内仍对区域经济产生正面的影响。

张屹巍等（2016）从投资、消费、区域间贸易、技术进步等角度构建研究框架，运用二阶段网络 DEA 模型实证分析了金融支持区域经济协调辅助的作用机理。研究得出：投资、消费、区域间贸易、技术进步都是区域经济增长的主要作用路径，信贷资金和跨地区流动资金对区域经济辅助的绩效较高，但仍存在金融资源总量不足的问题。

许桂华等（2017）在哈罗德—多马模型的基础上，构建了房价波动和金融支持实体经济效率的基准模型，结合 2000—2015 年的省级面板数据，运用 DEA – MALMQULST 指数法和空间面板计量法对房价波动下金融支持实体经济的效率进行测算。实证结果表明，房价上升对金融支持实体经济总体效率具有抑制作用，其中对规模效率的抑制要高于对纯技术效率的作用。从影响效应的传递路径来看，房价波动主要通过空间的直接效应影响金融支持实体经济的效率，房价波动的间接效应并不显著。同时从实证结果可以观察到金融支持实体经济效率具有空间溢出效应。

第三节　区域协同发展的金融支持研究

关于区域协同发展的金融支持研究，学者们的见解主要集中于金融要素的协同发展、区域协同发展的金融支持促进作用、区域发展要素与金融要素的协同三方面内容。

一　金融要素的协同发展

王琰（2014）认为，京津冀三地金融融合虽取得进展，但距离金融协同发展仍有一定差距，要提高京津冀区域金融的协同合作水平，必须实施有效的措施：第一，破除传统行政区划，构建京津冀金融协同发

展新载体；第二，制定推动三地金融协同发展的机制；第三，加快三地
金融机构、金融服务、金融市场的一体化进程；第四，加快建立统一的
金融行业标准；第五，在统一的金融标准基础上，推进三地金融设施的
互联互通。

康书生和杨铒宇（2016）采用灰色关联法和层次分析法对京津冀
的金融协同发展程度进行实证分析后发现：就局部而言，北京与天津的
金融协同程度最高，北京与河北的金融协同程度最低；就整体而言，京
津冀整体区域与河北省区域的协同程度最高，京津冀整体区域与北京的
协同程度最低。这说明了京津冀三地的金融发展平衡性有待加强，金融
资源配置仍有不合理之处，金融发展总体效率仍需进一步提高。

周海鹏和李媛媛（2016）认为，推动区域金融协同发展，强化地
区内的金融合作，能有效提升区域的经济发展和竞争力提升。通过对京
津冀三地金融系统协同程度的测算，从实证结果中发现：京津冀三地已
经处于协同发展状态，但协同水平较低，协同测算值波动极大，这说明
了三地的金融协同系统仍处于初级阶段，协同关系极不稳定，需要有效
措施进一步提升协同水平。

二　区域协同发展的金融支持促进作用

李西江（2014）指出，金融支持对推进京津冀区域经济协同发展
具有促进作用，应通过一系列措施加强对京津冀地区的金融支持：第
一，完善经营机构的布局；第二，提升金融市场服务区域发展的功能；
第三，加强金融机构间业务合作；第三，加强对京津冀协同发展的资金
支持；第四，加强在金融改革创新领域的区域合作。

王凤娇（2015）研究了京津冀的金融发展和区域协同发展状况后
发现，金融支持京津冀协同发展仍面临诸多问题：第一，三地金融服务
水平存在差距；第二，金融服务信息存在不对称，银企对接受阻；第
三，金融创新落后，金融服务功能有待完善。

余剑等（2017）对京津冀三地数据进行数理模型实证分析后得出，
与珠三角和长三角地区比较，京津冀地区的发展在协同性、紧密型和均
衡性方面均落后于前面两者，这说明京津冀地区的协同发展有待加强。
因此可以借鉴普惠金融的理念，构建多层次的普惠金融体系，加快金融

服务业的转型升级，增量建设金融基础设施，通过这些金融措施推进京津冀地区的协同发展。

刘亮（2017）把区域金融支持效应划分为四部分：跨区域的资金投入效应、资源配置甄别效应、成长跨越效应和产业创新发展效应，并进一步研究金融促进区域创新发展的机制。在系统分析金融资源推动区域产业协同发展的存在问题后，提出了通过建设区域金融中心推动区域产业协同发展的新思路。

三　区域发展要素与金融要素的协同

祝佳（2015）采用空间计量模型，结合我国部分省市数据实证分析了金融支持与创新驱动的区域协同发展水平。研究结果显示：第一，金融支持与技术创新存在明显的空间互动效应；第二，金融支持与创新驱动的总体协同发展程度较低；第三，不同类型的金融产业支持与创新驱动的协同程度存在较大差异；第四，金融支持与创新驱动的协同发展程度受到诸多因素的影响，如经济发展水平、研发投入、对外开放程度等。

专栏7　发挥金融支持区域协同发展的作用

促进区域协同发展是"十二五"规划《纲要》提出的重要任务，关系我国经济社会发展全局。近年来，我国确立了统筹区域协同发展的战略思路，实施推进西部大开发、振兴东北地区等老工业基地、促进中部地区崛起、支持东部地区率先发展的区域发展总体战略，取得了显著成效。但由于多种原因，我国中西部与东部地区的经济社会发展差距仍然很大。金融是现代经济的核心。促进区域协同发展，需要加快中西部地区金融业发展步伐，充分发挥金融支持区域协同发展的作用。

促进资金向中西部地区流动。在国家层面，充分考虑各区域金融发展的差异性，探索实施区域差别化的存款准备金率、再贴现、信贷与再贷款等政策，对中西部地区予以倾斜支持；适当放松中西部地区的金融机构市场准入限制，完善区域金融市场退出机制，引导全国性商业银行更好地服务于区域协同发展，支持中西部地方金融机构发展；促进中西部地区产权交易市场的发展和统一，建立高效的场外市场。在地方政府层面，加强金融基础设施建设，优化金融生态环境，构建风险分担与补偿机制。可以通过实施补贴、税费减免政策等，降低区域外金融机构的落户成本；引导和鼓励金融机构更好地服务本地经济发展；通过贴息、担保、注资等方式，创新金融风险分担机制。在金融机构层面，建立和完善符合中西部地区经济发展需要的多层次金融组织体系。通过加强与政策性金融机构的合作满足当地长期资金需求，加强对基础设施、支柱产业等的投资。通过增资扩股或采用兼并、重组和区域联合等方式，整合地方金融资源，增强地方金融机构实力，优化区域金融功能。

促进金融业与区域经济共同发展。金融业应抓住国家促进区域协同发展的重大机遇，找准支持区域发展的切入点，实现与区域经济相互促进、共同发展。加快中小企业信贷和涉农贷款产品创新，对中小企业信贷的审批机制、风险定价机制、担保机制、激励约束机制等进行创新；开发符合产业集群发展要求的信贷品种，增强产业集群的实力和创新能力；加大对高新园区和高科技企业的金融支持，开发知识产权质押、无形资产质押、股权融资、风险融资等符合高科技企业特点的金融产品；研究产业转移带来的融资模式变化，积极创新金融机构运营模式，努力提供多元化的产品和服务，加大对承接产业转移特别是前期基建投资的支持，促进中小企业集聚发展，促进生产性服务业快速发展。促进区域金融合作交流。在宏观层面，构建区域金融合作的制度保障和信息共享机制。建立统一的、跨区域的企业资信评级标准和相互认定体系，建立企业信用信息平台、企业和个人纳税信息系统、金卡信息工程和金融机构数据平台等多层次信息系统；加强金融信息化服务基础设施建设，提高金融服务效率，推广使用商业汇票转贴现交易的统一合同文本，促进区域票据市场一体化。在中观层面，实现各区域金融中心的优势互补，促进资金跨区域自由流动与优化配置，积极推动区域产权交易市场和要素市场发展，整合产权交易资源，为不同区域的企业重组、并购、产权置换提供交易平台，促进金融资源跨区域配置。在微观层面，通过实施参股、跨区域经营、战略重组并购等，促进金融机构合作交流。

（资料来源：原文详见 http：//theory. people. com. cn/GB/17497292. html，有删减）

专栏 8　以金融改革创新推进区域协同发展

　　金融是现代经济的发动机，促进京津冀协同发展，金融的作用不可或缺。京津冀协同发展是"十三五"时期重大战略规划，但是当前京津冀协同发展能力无论是与发达国家城市群，还是与我国长三角、珠三角城市群相比都存在一定差距。当前京津冀地区协同发展面临产业体系创新转化效率不高、地区经济差距较大、产业转移承接能力差、一级生态脆弱等四大问题，京津冀三地应该发挥比较优势，完善三地产业链条，加快建设一批京津冀地区的大中城市，加强交通密集化建设，构建有发展梯度的城市群，聚焦重点协同领域，破解发展"瓶颈"。当前京津冀城市发展存在"头重脚轻腰无力""大而全，小而全"等问题，建议要优化建设卫星城，建立多中心敞开式城市结构，同时创新京津冀金融服务体系，建立动态平衡、可持续、开放的城市群生态系统。

　　在京津冀金融协同发展的过程中，河北省是突出"短板"。当前，河北已进入全面贯彻落实《京津冀协同发展规划纲要》的重要阶段。加强政策研究和智库建设是面向国家和区域发展的战略需求，要为构建良好的京津冀金融生态、促进京津冀协同发展做出更大的贡献。促进京津冀三地金融资源要素自由流动，破除京津冀金融合作障碍，缩小河北与京津金融服务差距等诸多亟待解决的问题都需要哲学社会科学给予回答，助力构建京津冀金融协同发展的新格局。

京津冀三地金融差距较大，其中最突出的"短板"是金融资源分布不均、金融与实体经济的融合度不高、与产业转移的不协同、金融支持结构优化与金融支持的力度有限。京津冀三地金融协同发展存在较大差距，金融支持力度不足，金融产品存在一定的同质化问题，推进区域金融协同发展，应该注重金融差异化产品的设计与开发，支持绿色发展项目，积极推动金融市场一体化建设。金融机构应充分把握京津冀区域协调发展带来的新机遇，构建起高效的内部协同机制，打破传统管理体制下机构、部门、区域分割、各自为政的局面，形成统一战略引领下的高效协作发展新机制。从内部开展产品与服务创新、风险管理的创新、组织机构的创新，促进协同发展，金融机构的产品和服务创新可围绕区域特色产品、综合服务方案、绿色金融创新等重点展开，同时要加强各类金融机构协同合作，支持京津冀协调发展的重大项目。

推进京津冀协同发展，需要加强金融改革创新。应从三地实际出发，借助互联网技术，发挥金融协同创新对区域协同的重要作用，为资源协同开发、环境协同治理提供资金支持，优化金融生态，实现三地比较优势最大化、发展优势最优化。应探索区域金融合作新模式，例如统一抵押质押制度、支付结算、异地存储、信用担保等同城化，同时要加强金融监管的三地合作。

（资料来源：原文详见 http：//szb. farmer. com. cn/nmrb/html/2016 - 06/04/nw. D110000nmrb＿ 20160604＿ 2 - 03. htm？div = - 1，有删减）

第四节　金融支持效应研究

李志辉和张晓明（2007）运用数理模型，结合相关数据，实证分析了开发性金融对区域经济发展的影响，研究结果显示，开发性金融对我国东部、中部、西部地区具有较强的正向支持效应；从短期看，开发性金融能有效拉动经济的增长；从长期看，由于溢出效应的存在，开发性金融对产业结构升级，基础设施建设、人力资本优化也会产生影响。然而，开发性金融对缩小区域经济差异的效果不显著，开发性金融对东部地区经济发展发挥的效果明显优于中部、西部地区，这说明了拥有完善市场机制的区域有助于扩大开发性金融所发挥的支持效应。

黄勇和谢朝华（2008）采用自回归模型研究了我国银行贷款和城镇化建设的关系，结合相关数据进行计量分析后发现，银行贷款对城镇化的进程具有促进作用，然而金融部门对城镇化建设的资金投入正逐步减少，因此应通过一系列措施加强金融支持效应，这包括：建立多元化的投融资体制、完善城镇金融服务体系、完善信贷管理体系、规范政府与金融部门的关系。

段一群等（2009）把金融支持体系用银行贷款和股权融资两项指标表示，通过构建数理模型，实证分析了银行贷款和股权融资对装备制造业增长的影响。从实证结果得出：第一，现今装备制造业的金融支持体系落后，产业融资途径单一而且集中于银行体系，整体金融支持强度不足；第二，金融支持效应不佳，无法为装备制造业提供足够的助力，有的甚至有负面的抑制效应，这是因为现今融资结构不尽合理，国有银行贷款占比较高但效率不高。

严华（2011）认为，开发性金融是连接政府与市场，实现产业升级的关键。通过研究开发性金融支持产业升级的作用机理和影响效应，并借鉴日本的开发性金融的经验和教训，提出了相应的对策建议。

贾立等（2011）把农村金融发展水平分为金融规模、金融结构、金融资源配置效率和金融机构密度四个维度，运用 VAR 模型对农村金融发展和农村基础设施建设进行了实证分析。研究结果显示：从长期来看，金融规模和金融结构对农村基础设施建设有正向效应，但金融资源配置效率对农村基础设施建设却有负向效应，金融机构密度可以促进农村基础设施建设投资总额的增加。从短期来看，四个维度指标均与农村基础设施建设有较弱的正相关关系，这说明了农村地区金融体系的薄弱，使其短期内无法对基础设施建设产生明显的金融支持效应。

胡帮勇和张兵（2012）把农村金融发展划分为金融规模、金融效率、金融结构、金融机构密度四部分，结合相关数据对农村金融发展与农民收入间的动态效应进行实证分析后发现，农村总体金融发展对农民收入具有负向效应，对非农收入具有正向效应。其中，金融规模对农业收入和非农收入均有正向支持效应；金融效率对农业收入和非农收入却都是负向抑制效应；金融结构和金融机构密度对农业收入是负向抑制效应，对非农收入则有正向支持效应。

曾婷和钟芸香（2013）构建数理模型，结合1991—2011年的相关数据实证分析了农村金融支持农村经济发展的效应。从结论得出：长期内农村金融支持与农村经济发展有均衡关系，其中，农业贷款和农村固定资产投资对农业经济有正向的支持效应，农业存款则对农村经济增长有负向抑制效应。

宋智文等（2013）运用广东各地的面板数据实证分析了金融发展水平对高新技术制造业的影响作用。实证结果显示，金融支持对高新技术制造的支撑作用欠佳，其中银行信贷水平和资本市场规模两项指标对高新技术制造业的发展有抑制作用，这说明了广东的金融支持体系过分追求总量的增长，忽视了质量的提升，金融功能与金融效率无法与高新技术制造业实现协同发展，导致金融支持效应处于较低水平。

张守志等（2014）运用VAR模型实证分析了城镇化发展进程中的金融支持效应。研究结果显示，金融发展水平的提高对城镇化发展有促进作用，但这主要表现在金融支持的长期效应，在短期内金融支持效应并不显著，这说明金融发展对城镇化发展的支撑效果具有一定的时滞性，无法在短期内使资本的价值迅速转化为城镇化建设的成果。

李新光等（2015）运用面板平滑转换（PSTR）模型实证分析了土地财政和金融发展对城镇化的支持效应。从实证结果得出：第一，土地财政和金融发展对城镇化的支持效应表现出明显的非线性特征；第二，土地财政对城镇化的支持效应不具有持续性，依赖土地财政推动城镇化进程容易遇到发展"瓶颈"，导致产业结构转型升级不顺，甚至会对城镇化产生抑制作用；相对地提高金融市场效率、发挥金融市场的融资功能可在较长时间里确保城镇化的可持续发展。

李强和傅东平（2015）选取相应指标，运用面板随机效应模型，实证分析金融支持对农业规模化经营的影响效应。研究结果显示，金融相关率和储蓄投资转化率两项指标对农业规模化有正向的支持效应，但存贷比指标却对农业规模化起负向的抑制效应。这说明了缺乏稳定的信贷规模，造成了存贷比指标的波动较大，使农村金融支持难以发挥有效的正向支撑作用。

王俊凤和赵悦（2016）采用政府财政投入、信贷资金投入、民间资本投入和风险投资四项指标组成农业科技园区的金融支持指标体系，实证分析农业科技园区的金融支持效应。研究结果显示，金融支持的四项指标均对园区发展产生正向的支持效应，其中，民间资本的作用尤其显著。政府财政投入虽然对园区社会效益有负向的作用，但对其他园区发展指标的影响为正向作用，整体效应为正；信贷投入对园区的社会效益、生态效益、科技能力和基础设施等指标有正向作用，而对经济效益有负向效应，整体效应为正；其余民间资本投入和风险投资对园区的各项衡量指标的影响作用均为正向。

马玉琪等（2017）运用广义倾向得分模型，实证分析了变化的金融支持强度对不同规模或所有制的企业 R&D 支出的动态效应。研究得出：第一，对所有企业而言，经营水平、人力资源、科研能力、企业性质、发展年限都与企业的金融支持有正向相关的关系。其中，经营水平较好的大中型企业获得的金融支持效应要优于小微型企业，人力资源良好的国有小微型企业获得金融支持效应最大。第二，金融支持可以有效提升高新技术企业的研发能力和积极性，并且具有边际效应的"饱和点"，但相对于大中型企业，金融支持对小微型企业的促进作用更大。第三，就企业性质而言，金融支持对私有企业 R&D 的激励作用要优于国有企业，且作用范围更广泛。

范兆媛和周少甫（2017）把金融支持体系分为金融支持规模、金融支持效率和金融支持结构三部分，运用空间动态杜宾面板模型，结合30 个省份十年的相关数据，分析了金融支持对新型城镇化发展的影响效应。研究结果显示：第一，金融支持规模明显提高了新型城镇化水平，并对中西部地区影响较大，但不具有显著的溢出效应；第二，金融支持效率只对西部地区的城镇化有促进作用但伴有负的溢出效应，对东部和中部地区影响不大；第三，金融支持结构对西部地区新型城镇化具有显著的提升效应，并且具有正的溢出效应。

沈志平（2018）把金融支持体系分为金融效率和金融存量规模两

部分，通过数理模型对金融支持与商贸流通业间的关系进行了实证分析，模型中包含了金融支持与农村交通基础设施水平、金融支持与城乡收入差距的交叉项。研究结果发现，金融效率对东部和中部地区的商贸流通业发展具有正向的支持效应，但对西部地区的商贸流通业却具有负向的支持效应；金融存量规模则对所有地区都产生正向的支持效应。根据模型中交叉项的结果，农村交通基础设施完备、城乡收入差距小的地区，金融发展对商贸流通业的正向支持效应越显著。

第九章　农业高新技术产业的
金融支持研究概述

第一节　金融支持对农业高新技术产业发展的必要性

　　自 2001 年国家科技部、农业部等六部委联合正式启动国家农业高新技术产业试点建设工作以来，全国分三批先后共建立了 118 个国家级农业高新技术产业园区，逐步形成了覆盖全国、特色鲜明、模式典型、科技示范效果显著的国家农业高新技术产业发展格局，农业高新技术产业是中国农业未来的希望，农业高新技术产业集农技研发、农技推广与农产品生产加工于一身，是我国实现农业现代化的必选之路。发展农业高新技术产业的重要意义可以总结为两点。第一，农业高新技术产业的顺利发展能改变我国广大农村地区的落后环境。我国的农业生产仍以粗放式的传统生产模式为主，不但效率低，而且抗灾能力差，农业高新技术产业的发展能改变农业传统的生产模式，使其向现代的集约方式转变。通过现代农业技术的研发，使农业生产从过去的劳动力密集型向技术密集型转变，有效提高生产效率，创造更大的价值。第二，农业高新技术产业的发展能有效提升农业产值，促进农民增收。农业生产技术和相关加工技术的普及能有效提升农产品和相关加工产品的竞争力，农业信息服务的推广能帮助农户了解最新最全生产技术和产品销售的信息，实实在在地为农民的增收服务。但我国农业高新技术产业的发展也存在诸多问题，如重复建设，缺乏宏观指导；盲目引进，经济效益不高；产品科技含量偏低，市场竞争能力不强等，其中最为严重的是产业发展的金融支持问题。

有效的金融支持能推动农业高新技术产业的快速发展，对农业高新技术产业实施金融支持的必要性可以归纳为三点。首先，农业高新技术产业发展需要巨额资本投入。基础设施建设和设备购置，以及专业科研人才的引进都需要庞大的资本投入，因此光靠产业自身筹集资金无法满足产业发展的需要。其次，农业高新技术产业发展面临极大风险。高新技术产业具有高风险、高投入、高回报的特征，农业生产受到自然、气候以及各种灾变的影响极大，这使农业高新技术产业可能面对的风险要高于一般的高新技术产业，这为产业的发展带来极大的不确定性，此时需要多元化的金融支持模式才能满足产业发展的资金需求。最后，农业高新技术产业发展需要有效的金融政策支持。传统的财税支持政策已无法满足产业发展的实际需要，要通过构建新型财税政策，发挥政策对资本的引导作用，吸引更多的市场性金融资本进入农业高新技术产业的相关领域进行投资，打破原来单一的财政支持模式，推动产业发展资本来源的多元化。

金融资本是一种相对稀缺的资源，资本的逐利天性会使其在权衡可能存在风险的前提下寻找回报率最高的投资领域（汪军召，2012；王伟光，2009）。然而现实中，农业高新技术产业的发展存在重复建设、盲目引进、产品科技含量偏低等一系列问题，造成金融资本的极大浪费，导致对产业发展的资本投资具有投资周期长、投资风险大、投资回报低的特点，加大了对农业高新技术产业实施金融支持的难度与压力。农业高新技术产业发展过程中所存在的金融支持不足问题，主要由三个原因组成。第一，没有正确认识到对农业高新技术产业发展实施金融支持的重要性，金融支持实施主体单一，缺乏多元化的融资模式；第二，没有找准农业高新技术产业金融支持的实施对象，导致产业发展过程中重复建设、盲目引进等问题严重，造成来之不易的金融资本极大的浪费；第三，没有正确把握农业高新技术产业发展金融支持的实施办法，现有的金融支持方式不符合产业发展的实际需要。由此通过科学合理的研究手段，证明金融支持对农业高新技术产业发展的重要影响作用，找出农业高新技术产业发展的影响因素，并针对不同的影响因素制定有针对性的金融支持实施方法，将有利于扭转人们对农业高新技术产业发展金融支持问题的理解偏差，为产业实施更有效的金融支持活动提供理论依据。

杨凌的发展源远流长，在尧舜时代，杨凌就是古农师后稷"教民稼穑"的封地。杨凌地处暖温带半湿润季风气候区，年平均气温12.9℃，年均降雨量635.1—663.9毫米；境内流经宝鸡峡二支渠、渭高干渠和渭慧渠三条水系，水利条件较为优越；杨凌地势呈北高南低的格局，土壤肥沃，能够种植多种农作物。正是杨凌优越的自然和地理环境，使杨凌成为全国最早建立的农业高新区。作为较早建立的农业高新技术产业，杨凌的发展历程极具代表性，而且杨凌的行政区域不大，整个产业体系较为平均地分布在杨凌的行政区域内，这与大部分高新技术产业都是在一块较大的行政辖区内划出部分辖区进行建设的普遍状况是有极大区别的，因此，可以认为在杨凌发生的政府与其他机构的金融活动都与农业高新技术产业有千丝万缕的联系，使杨凌地区财政、信贷融资、风险投资、债券融资和股权融资的相关统计数据都可以直接纳入杨凌农业高新技术产业金融支持问题的研究范畴。与全国各地农业高新技术产业的发展状况相类似，杨凌农业高新技术产业同样面临融资困难的问题，由此本书对农业高新技术产业发展金融支持问题的研究将以杨凌农业高新技术产业作为范例，通过探索金融支持对农业高新技术产业发展的总体影响效应、直接影响效应和中介影响效应，证明金融支持对农业高新技术产业的重要性，找出产业发展的影响因素，制定针对不同因素的金融支持实施办法，为相关政策措施的制定提供理论依据。

本书在系统分析已有理论和研究成果的基础上，结合杨凌农业高新技术产业示范区的数据进行深入的研究探讨，希望达到以下研究目标：①从农业高新区、农业高新技术产业和农业高新技术产业的金融支持现状三个层面展开分析，对农业高新技术产业金融支持强度进行评价，结合评价值从产业规模和产业效率两方面出发就金融支持对农业高新技术产业发展的总体影响效应进行实证研究，阐明对农业高新技术产业进行金融支持的意义所在。②根据基础理论和现状分析，构建社会、科技、产业、农业生态、金融和产业发展绩效六个维度的测量方程模型。在此基础上，结合社会、科技、产业、农业生态和金融五个维度的因素，实证分析多个影响因素对农业高新技术产业发展的直接影响效应，通过实证结果甄别出对产业发展具有显著、正向影响作用的潜变量因素，明确金融支持的实施对象。③结合社会、科技、产业和农业生态四个维度的因素，实证分析金融维度因素对农业高新技术产业发展的中介影响效应，根据实证结果甄别出主导中介影响效应的金融维度潜变量因素，并得出金融支持对社会、科技、产业和农业生态四个维度影响因素中介影响效应的大小，明确金融支持的实施方法。

同时，本书得以进展具有学术和现实双重意义。在学术方面：①健全农业高新技术产业发展的相关研究。长期以来，我国的学者都把研究的注意力集中于第二产业、第三产业的高新技术产业，对于农业高新技术产业的研究明显不足。本书从金融的视角出发，从社会、科技、农业产业、农业生态、金融和产业发展绩效六个维度，构建社会、科技、产业、农业生态、金融和产业发展绩效六个维度的测量方程模型，为相关领域的研究拓宽了研究的思路，具有一定的学术意义。②论证金融支持对农业高新技术产业的重要性。长期以来，对农业高新技术产业实施金融支持的重要性并未得到正确认识，这导致了产业发展的金融支持实施主体单一，缺乏多元化的融资模式。本书通过对农业高新技术产业发展总体影响效应的研究，论证了现阶段对农业高新技术产业发展实施金融支持的重要性和必要性，阐明对农业高新技术产业进行金融支持的意义所在，为相关领域的研究奠定了理论基础，拓宽了研究思路，具有一定的学术意义。在现实方面：①明确了金融支持的实施对象。在相关理论和现状分析的基础上，构建社会、科技、产业、农业生态、金融和产业发展绩效六个维度的测量方程模型。结合社会、科技、产业、农业生态和金融五个维度的因素，实证分析多个影响因素对农业高新技术产业发展的直接影响效应，通过实证结果甄别出对产业发展具有显著、正向影响作用的潜变量因素，明确金融支持的实施对象。②指明金融支持活动的实施办法。通过金融维度因素对农业高新技术产业发展的中介影响效应的研究，根据研究结果甄别出主导中介影响效应的金融维度潜变量因素，并得出金融支持对社会、科技、产业和农业生态四个维度影响因素中介影响效应的大小，明确了金融支持对不同潜变量因素的具体实施方法。

第二节　学界的相关研究

一　高新技术产业发展研究

高新技术产业一般是指运用高新技术从事高新技术产品生产以及相应服务提供的产业集群，而产业又是指从事同类生产经营活动企业的集合，因此可以认为高新技术产业是指运用高新技术从事高新技术产品生产以及相应服务提供的企业的集合。农业高新技术产业是高新技术产业体系中的重要组成部分，因此其相关的理论性与应用性研究都源自学者们对高新技术产业领域的研究。学者们针对高新技术产业发展的研究，大体可分为两大部分，一部分是高新技术产业发展影响因素的研究。另一部分是高新技术产业发展影响作用的研究。

（一）高新技术产业发展的影响因素

对高新技术产业发展影响因素的研究分为直接影响因素与间接影响因素两个部分。其中对直接影响因素的研究最多，研究的视角也较为全面。

有的学者认为良好的环境能促进高新技术产业的发展。Dong（2001）在分析了韩国高新技术产业建设项目数据以及政府部门的相关数据后发现，良好的园区工作和居住环境对产业内科研技术的进步和教育机构的工作有极大的推动作用；曾硕勋等（2013）也有类似的观点，他认为环境和随机干扰因素对我国高新技术产业效率影响显著，提高了综合技术效率水平，且对中西部地区影响较大。

但是部分学者有其他的见解，他们认为区位条件对产业发展所起的直接作用更大，关于区位因素的研究根据国内外学者的不同研究偏好可以分为两个部分。国外学者更偏重于产业集群内部和外部的高新技术企业的对比研究，Peter 和 Hans（2003，2004）认为，在高新技术企业经营战略层面，产业集群内和产业集群外的企业存在显著差异，位于产业集群内的企业明显在创新能力、以市场为导向的竞争、产品销售和就业增长、高利润等方面占据优势。Richard 和 Christer（2004）对处于高新技术产业集群内外的高新技术企业进行了比较分析后发现，虽然在产品销售和企业就业人数两方面没有明显的差异，但位于高新技术产业集群内部的企业生存率更高并更有机会获得进一步的发展。研究表明在一定发展阶段内，高新技术产业可以为高新技术企业提供更有利的区位，同时他们的研究证明，企业的成长与其在高新技术产业集群中的区位正相关。Mariagrazia（2008）把产业集群内和产业集群外的企业发展情况进行对比分析后的研究结果表明，产业集群内企业的创新性产出相对产业集群外企业更高。国内的学者则更喜欢从事不同区域的高新技术产业发展的对比研究，方一平等（2005）通过实证分析证实了处于我国东部、中部和西部不同区域的高新技术产业，其发展水平有较大的差异性。权进民等（2008）研究的结果显示北京、上海、深圳和苏州高新技术产业的可持续发展能力较强；成都地区的高新技术产业由于资源没有得到有效利用等问题，可持续发展能力相对较差。郭彦君等（2009）的研究表明我国不同地区高新技术产业的发展水平存在较大差距。

有的学者则认为政府才是推动高新技术产业发展的主要影响因素，Geetha（2008）以印度为例，论证了政府对高新技术产业的发展有重要影响作用；但有的学者认为不能片面地高估政府所起到的作用，Bennis（2006）认为，政府确实对高新技术产业的发展起到积极的作用，然而并非所有积极的结果都源自政治精英和政府官僚机构的决策，并且如果政府不在高新技术产业的发展步入正轨后减少干预，会使高新技术产业对政策形成路径依赖。此外，政府为高新技术产业制订的计划目标并未能很好的实现，却带来许多副作用，在以往的研究中，研究者们所给予的评价只强调政府对高新技术产业发展的积极作用，却忽视了其中的负面效果。

部分学者认为合理的产业规划才是高新技术产业发展的主要影响因素，刘军（2002）通过比较分析我国高新技术产业的发展布局，认为产业规划是造成发展差异的关键因素；Malcolm（2014）也有类似的观点，他以英国萨里研究园为例，论证了产业发展总体规划对高新技术产业发展的重要性。

有的学者提出资本的投入对产业发展的促进作用不容忽视，徐怀礼（2004）对高新技术产业发展的影响因素进行分析后认为金融部门的资本投入是推动产业发展的决定性因素，并运用计量工具对这一观点进行了实证研究。田新豹（2013）从资本、劳动力和科技投入三个研究角度出发建立生产函数，在此基础上对我国东部和中西部高新技术产业的经济发展情况进行对比分析后发现，资本投入对高新技术产业发展的影响力最大。

有较多的学者坚持单方面的因素难以推动产业的发展，只有综合性因素共同作用才是促进高新技术产业发展的主要因素，Elena（2013）的研究发现，专业的知识，独特的个性，相互间地理、社会关系、文化素养接近等一系列因素能有效提高高新技术产业内部的技术成果转化成功率。徐嘉祺和贾金荣（2013a，2013b）的研究结果表明国际化水平、园区经济规模、工业化水平、企业经济效益、科研人才和必要的科研投入等六方面均对高新技术产业的发展存在不同程度的影响，同时影响我国高新技术产业绩效的决定性因素主要分属科研与经济两大范畴，而我国高新技术产业均存在不同程度的科研与经济发展不均衡问题，高新技术产业科研和经济发展的不均衡对其整体的综合发展水平存在显著影响。Deog（2014）认为高新技术产业发展的关键性因素是企业孵化器的建设，技术商业化中心的创建，风险投资融资机构的建立，企业研发合作机制的构建。Quinton 和 Maxwell（2014）的研究指出大学的区位优势、研究人员的技术水平、R&D 费用的支出和成功的公私合作关系是发展高新技术产业的关键因素。

除产生直接影响作用的因素以外，学者们认为某些因素也能间接地对高新技术产业的发展造成影响，David 和 John（2002）认为，高等教育机构会用一种间接的方式对高新技术产业的发展造成影响。学生在高校接受教育期间，会建立起复杂的人际网络关系，生活习惯也逐渐与当地的生活习惯趋向一致，因此学生毕业后更有可能在其受教育的地区或区域就业，因此他们认为大学是为高新技术产业带来优秀人力资本和创业型人才的重要因素。David 和 John 同时还对硅谷进行研究后发现，如果高新技术产业里拥有政府投资建成的高品质教育机构，对高新技术产业发展造成的影响比起普通的教育机构更大。

（二）高新技术产业发展的影响作用

在高新技术产业发展的影响作用方面，学者们提出了各自的见解，大致可以归纳为经济与科研两个层面。

在经济层面，学者们认为高新技术产业在发展的过程中必定伴随着区域经济增长的不平衡，从而形成区域经济发展的增长极（Darwent，1969；Perroux，1950；Hirschman，1958），并推动区域内对外贸易经济的增长（Feder，1982；Vernon，1966）。Byung（2004）认为，高新技术产业是推动世界区域经济发展的主要手段。根据各地不同的条件，高新技术产业的建立和发展可以通过三种途径来实现：第一，在一个新的地区建立一个全新的高新技术产业；第二，对老旧的高新技术产业进行升级改造，建立新的高新技术产业；第三，把现有的工业建设成新的高新技术产业。

在科技研发层面，部分研究者认为尽管高新技术产业的发展可以促进创新出现（Burgelman et al.，2003；Hagerstrand，1952；Mansfield，1961），从而产生技术外溢和增加就业（Casetti and Semple，1969；Pedersen，1970），但它还有一个常被学者忽视的作用：可以刺激以新技术为基础的企业形成（Buckley P.，1976；Donald et al.，2003）。有的学者已经从实证角度论证高新技术产业发展对创新的作用，Isabel 和 Marta（2014）对高新技术产业的发展在促进地区知识交流和技术创新上所起的作用进行测算后发现，高新技术产业内出现知识的外部性主要由于产业内企业自身的策略所致，因为企业经营者明白产业内基础知识的普及有助于企业对新技术的理解和开发运用；同时，在进一步的研究中发现，高新技术产业的发展使企业与科研机构合作的收益更大，它们可以更轻易地把新的技术用于改善它们的产品；高新技术产业内基础知识的共享切实加强了企业内部研发产品的创新性。Ángela 等（2014）也有类似的观点，他们利用西班牙国家统计局关于企业技术创新的年度数据进行研究后发现高新技术产业对产业内企业的技术与产品创新行为有强大而且积极的推动作用。

有的学者把不同导向的高新技术产业发展所起的作用进行对比分析，Annette 和 Johannes（2013）分别对中国不同类型高新技术产业的区域政策方案进行评价后发现，以经济为主导的高新技术产业其发展目标是使产业走向国际化；以科研为主导的高新技术产业其发展目标是对区域产生技术溢出效应。以经济为主导的高新技术产业拥有更高的出口额、更多的出口产品销售量和更多的出口目的地；以科研为主导的高新技术产业则定位于更好的产品质量，这些产业集群拥有更高的产品出口价格并能更多地出口到高收入的国家。

二　金融发展与产业发展的关系研究

金融对推动经济与相关产业的发展具有不可估量的影响作用，国内外学者对此进行了深入研究。最早提出金融对产业发展具有影响效应的是 Bagehot，Bagehot（1873）指出金融机构有效推动了英国的第一次工业革命的发展，其主要手段是为重要的工业基础建设项目提供必要的资金融通；在进一步的研究中，Hicks 和 John（1969）认为，推动英国第一次工业革命顺利发展的主要因素并不是传统所认为的技术创新因素，而是金融体系创新所带来的融资便利。他的理由是在工业革命中得到广泛使用的技术在更早的时候已经存在并被用于工业生产，技术创新并不足以使工业革命顺利发展，而金融创新大大改善了资本市场的流动性，供应了长期、大量的资本以满足工业生产中对资金的需求。

进入 20 世纪以后，随着世界各地新兴发展中国家或地区经济的快速发展，关于金融与产业发展相互关系的研究内容逐渐从西方发达国家转移到发展中国家，不同于发达国家的产业发展历程，发展中国家在经历了过度自由的金融自由化与过度约束的金融抑制的教训以后，金融约束理论逐渐在发展中国家流行。穆尔多克就指出由政府制定并实施的、制度性的、差别性的金融政策，即传统意义上的金融约束理论，对于发展中国家更具有吸引力；赫尔希曼等的研究也验证了穆尔多克的观点，他们认为，相较于金融自由化、金融抑制和金融深化理论，在发展中国家实施以金融约束理论为背景的金融发展战略更能推动经济与重点扶持产业的发展。金融约束理论的出现，无疑为发展中国家发展重点扶持产业所实施的金融支持政策奠定了理论基础。

在金融约束理论的基础上，学者们摆脱了以前金融自由化理论和金融抑制理论的束缚，从不同角度对发展中国家金融发展与产业发展的关系展开新的探讨。有的学者认为，必须实施金融改革才能达到扶持重点产业发展的目的，刘世锦（1996）指出，针对金融产业的改革必须有正确的导向，改革后的金融产业要能有效推动重点产业的发展。杨琳和李建伟（2002）从理论的角度对金融发展与国民经济增长的联系进行剖析后发现，经济的增长来源于金融产业的发展，因此，只有实现金融产业的改革创新才能推动经济的快速增长。张立军（2002）从实证的角度对金融改革创新与产业发展的关联度进行研究后得出，两者具有强烈的关联性，并且金融改革能有效加快产业升级的进程。

有的学者则更关心金融发展是如何对宏观经济增长和重点产业发展产生影响的，Levine 等（1998）认为产业资本形成、金融机构发展、证券市场发展以及经济增长具有强烈的相关关系。Rajan 和 Zinggaies（1998）对一个发展中国家的产业和金融的相关数据进行实证研究后认为，金融发展能有效降低企业从金融机构获得资金支持的成本，对扩大产业规模和形成产业集群具有催化作用，由此 Rajan 和 Zinggaies 提出金融发展对推动新企业和新产业成长具有不可替代的作用。罗美娟（2001）分析了金融市场推动产业发展的作用机理后，提出了在现阶段的经济状况下构建金融产业推动产业发展长效机制的具体步骤。王永龙（2006）指出小额贷款有利于农业经济产业的发展。

有关金融支持的研究主要来源于 20 世纪 60 年代创立的金融发展理论，金融发展理论认为通过金融资本总量的扩张和金融运行效率的提升，可以有效改善金融业的运营绩效，并对其所支持的各个经济体的发展产生促进作用，这些经济体从宏观到微观的分类可以是一国的经济、某项产业或是某个企业，因此学术界对金融支持问题的研究分成三个不同的视角。从一国经济发展的视角出发，金融支持是政府采取行政手段和相关金融政策，促进国家重点支持的各项经济产业发展的举措；从某项产业发展的角度出发，金融支持是在相关产业政策的基础上，综合分析影响产业的各项因素，厘清金融部门与这些因素的作用与关系，从而进行相应资本投入以及政策措施投放支持该项产业发展的活动；从企业发展的角度出发，金融支持则是企业如何进行有效融资的问题。而本书的研究内容属于产业发展的金融支持问题。在金融支持这一概念被提出并逐渐为学者们所熟知的时候，国内关于金融发展与产业发展的研究日趋成熟，伍海华和张旭（2001）从理论的角度系统分析了产业增长、金融改革和经济发展三者的联系，指出了在产业发展的过程中不同的金融支持模式所起作用的异同，同时对产业升级改造过程中金融部门所起作用进行研究。傅进（2004）从理论的角度分析了金融支持对产业发展的作用，傅艳（2003）运用计量分析的方法，研究了金融业支持相关产业发展的运行机制，进一步地指出，要实现金融与产业的协同发展，必须走产融结合、互相促进的发展道路。马晓霞（2006）认为，要实现经济的可持续发展与国际竞争力的提升，必须用高新技术对我国的经济产业进行升级改造，但融资困难一直困扰着高新技术产业的发展，因此要构建一套完整的金融支持体系，推动产业的发展。张玉喜（2006）从产业发展政策措施入手，研究了产业发展中的各项影响要素和金融支持对产业发展的作用机理，提出要建立产业发展金融支持的长效机制，运用金融的手段和工具加快相关产业的发展。严瑞芳和黄明（2014）建立高新技术产业与金融支持的关联度模型，对湖南省高新技术产业发展与金融规模、金融结构和金融效率的联系进行实证分析，研究表明金融规模与金融效率与高新技术产业的发展有显著的相关关系，金融结构与产业发展的相关性不大。

除了直接资本投入与产业发展之间关系的研究，部分学者也注意到了金融政策对产业发展的重要性。有的人认为政策性的金融支持要适度，否则很容易造成路径依赖，丁军（2006）发现我国环境产业在发展的过程中依赖于政策性和市场性的金融扶持政策。

在产业效率方面，学者们认为金融产业也发挥着影响作用，Robert和Ross（1993）对生产率与金融发展水平等数据进行统计分析后证明了，金融的发展与生产率的提高有较强的相关性；而Ross（1997）在前人的研究基础上进一步把生产资本的相关数据也纳入考量后发现，金融的发展不仅能实现经济增长，对提高生产效率同样具有影响作用。

在金融资本的投资偏好方面，学者们也做出了探讨，Wurgler（2000）的研究表明，大部分西方发达国家具有比发展中国家更成熟的金融产业，而金融产业成熟的国家和地区更愿意把更多金融资本投入新兴产业中，而金融产业不发达的国家和地区则更倾向于投资已经成熟甚至已有衰退迹象的产业，这说明了金融产业的成熟与否决定了一个国家或地区的投资偏好。Fisman和Love（2003）从资源配置的角度对金融发展水平与产业发展的关系进行研究后发现，金融发展成熟的国家和地区，不同产业之间的增长具有强烈的关联。蔡红艳和阎庆民（2004）在研究国内制造业的发展状况后指出制造业内的新兴产业并未得到金融市场的足够重视，金融资本仍停留在发展成熟甚至走向衰退的产业，同时对于一些成长较慢的产业，政府给予了过多的支持，而忽略了成长较快的产业，这造成金融资本在制造业内的配置效率不高。

三 高新技术产业发展的金融支持问题研究

"金融支持"一词广泛应用于国内学者的研究成果上，其定义在学术界并没有形成一致的看法，一般是指为了推动产业与区域经济的发展，政府和金融机构通过不同的方式对产业发展进行资本支持的活动，具体方式有财政补贴、融资贴息、信贷优惠政策等，随着以风险投资和股权融资为主的融资新方式的兴起，政府和金融机构以外的社会资本对产业发展的金融支持作用也日益增强。随着高新技术产业的兴起，其发展过程中的金融支持问题日益受到学者们的重视（Yang et al. , 2000）。关于高新技术产业发展金融支持问题的研究，可以分为直接影响与间接影响两个部分，对于直接影响部分的研究按照金融支持实施主体的不同进行划分，再做进一步归纳分析。

有的学者认为，政府对高新技术产业实施以财政资金为依托的金融支持对产业的发展最为重要。赵玉林和李晓霞（2000）在比较了西方发达国家高新技术产业融资模式后发现，在高新技术产业的创业阶段，政府的作用不容忽视，政府机构通过一系列的财税政策和其他政策性金融手段，使大部分企业解决了创业阶段的资金困境。刘健钧（2004）对高新技术产业与创业投资的关系进行研究后指出，应在我国探索建立由政府主导的支持高新技术产业发展的政策性创业投资基金。

有的研究者则认为金融机构对高新技术产业的信贷融资才是推动产业发展的主要动力。郑婧渊（2009）论证了金融业在高新技术产业发展过程中的作用后指出信贷融资方式是有效支持高新技术产业发展的重要手段；高囡囡和刘婷（2013）进行金融支持对高新技术产业的促进作用的研究后发现，政策性金融机构与商业银行对产业发展的推动作用明显，但现阶段产业发展的大部分资金仍需自行筹措，金融支持的发展空间较大。

部分学者指出以风险投资和股权融资为代表的新兴融资方式将会成为高新技术产业发展的主要资本来源。张景安（2008）认为风险投资应在高新技术产业领域得到广泛推广，为产业发展募集必要的金融资本，推动高新技术产业的发展。

　　一部分学者认为单一的金融支持方式所发挥的作用是有限的，只有多元化、综合性的金融支持方式才能推动高新技术产业的发展。巴曙松（2000）分析了高新技术产业不同发展阶段的融资需求后得出，要解决高新技术产业发展的融资问题，产业的融资渠道必须实现多元化。有学者进一步指出高新技术产业在不同的发展阶段应根据自身实际情况选择不同的融资方式。在产业的起步阶段，由于规模小、投入大，此时应以自我融资、政府基金和天使投资的融资模式为主，当相关产业逐步进入成熟阶段，为了进一步扩大规模，此时应以金融机构的信贷融资为主要的融资方式（陈柳钦，2008；卢振礼，2005）。王新红（2007）认为，高新技术产业在推动经济增长的作用日益显现，然而其融资渠道一直受到极大的限制，探索全新的融资渠道，使产业融资的方式多元化，要用多样化的金融资本为高新技术产业的发展提供必要的助力。

　　金融支持除可以对高新技术产业产生直接影响作用以外，也能产生间接的影响作用，这种间接影响作用的传导途径是这样的，通过对某项高新技术产业发展的重要影响因素实施金融支持，推动该项因素的发展壮大，使该项因素对高新技术产业发展的促进作用进一步扩大，从而达到产生间接影响作用的目的。金融支持的这种间接影响作用已经被学者们注意到，他们的研究主要集中于科研因素，学者们指出对高新技术产业的科研创新实施金融支持，能有效推动产业向前发展。蒋玉洁和徐荣贞（2007）借鉴国外高新技术产业的发展经验，结合我国的实际情况进行探索后发现，高新技术产业的创新能力是实现产业利润的保证，而高效率的金融支持是保证产业创新性的重要手段，产业无论处于何种发展程度，其科研创新都需要有一个稳固的金融支持体系。刘贵生（2007）认为，高新技术产业的创新能力提升与必要的金融支持密不可分，只有对科研创新投入足够的资本，才能突破创新"瓶颈"，实现产业的新发展。沈能（2008）认为，新兴产业的技术创新离不开金融产业的有力支持。结合金融发展的相关理论，沈能提出构建金融支持体系，并在此基础上制定支持产业技术创新的长效机制。邓平（2009）在研究了国外高新技术产业的成功经验后发现，金融支持是有力推动科技创新的动力，要实现我国高新技术产业的可持续发展，必须建立完善的技术创新金融支持长效机制。除了对科研创新进行直接的资本投入，探索知识产权证券化，加快创新性技术成果转化的进程，也是金融支持对高新技术产业产生间接影响作用的一种表现形式，陈柳钦（2008）指出要实现我国高新技术产业跨越式的发展，就需要加快推行知识产权证券化的进程，为高新技术创业者扫清融资障碍，促进产业的发展。

四　研究述评

就高新技术产业发展的相关研究而言，国内外的研究已经取得了丰富的成果，但就总体而言仍有一定的局限性。首先，在高新技术产业发展的影响因素上，国内外学者偏重于对单个或单个层面影响因素的研究，多因素综合考虑的研究方法虽然已经被部分学者提出来，但研究的深度还不够，研究的体系缺乏多维度、全局性的考量。其次，在影响作用的研究上，学者们的研究更多关注到高新技术产业发展带来的经济和科研的效益，却忽略了由于经济发展和技术进步间接带来的社会效益，比如，由于自然科学的进步带来的生态环境的改善，由于经济前景良好带来的社会就业率的提升等，这些社会效益实实在在地存在却难以被纳入研究体系进行考量，因此本书将会在这方面做出努力，设计出合理的指标体系加以研究。

从金融发展与产业发展关系的研究中可以看到，无论是发达国家还是发展中国家，金融支持均对相关经济产业的发展有巨大的促进作用，这种作用是全面性的，不但有利于扩大产业发展的规模，对产业的效率也有较大的促进作用。然而从金融资本的投资偏好上可以看到，相较于发达国家成熟的金融体系而言，发展中国家的金融体系尚未完善，金融资本更偏好于短期内收益稳定风险小的成熟产业和夕阳产业，对具有发展潜力但风险较大的新兴产业，发展中国家的市场性金融体系难以对其提供足够的金融支持。正因如此，发展中国家对重点扶持的新兴产业实施金融支持时无法依靠市场性金融部门，必须由政府运用财政资金进行相关产业发展的资本投入，并运用政策手段引导更多的市场性金融资本投入相关产业中，这种依靠财政投入和政策投放所进行的金融支持在产业发展的初期尤为重要。

关于高新技术产业金融支持问题，国内学者已经做了大量的工作，总的来说可以归纳为直接影响与间接影响两部分。在直接影响方面，学者们分别论证了政府、金融机构和风险投资等新兴融资方式均对高新技术产业的发展有直接的影响作用，并进一步提出要根据产业发展的不同阶段，实施多元化的金融支持手段，要有效地拓宽产业发展过程中的融资渠道。然而这些研究都是针对高新技术产业的普适性理论和实证研究，对于本书的研究重点农业高新技术产业的金融支持问题在过往的文献中较少涉及，农业高新技术产业作为高新技术产业的重要组成部分，具有高新技术产业的一般性发展规律，但也有其独特性的一面，因此针对农业高新技术产业的金融支持问题展开深入探讨，具有理论和现实意义。在间接影响方面，学者们的研究重点都集中于科技创新方面的内容，诚然科技创新对高新技术产业的发展有极大的影响作用，除此以外，还有其他方面的因素也会对产业的发展造成不少的影响，比如前文提到的产业环境、区位条件等因素，通过对这些因素实施金融支持是否能使其更有效地促进农业高新技术产业发展，这都是值得深思的问题。同时关于间接影响的研究存在研究深度不足的问题，金融因素的影响作用是复杂的，具有支持与转换等形式，过往文献大多集中于支持作用的研究，对转换作用的研究并不多见，因此也应在这方面加以探讨。

综上所述，农业高新技术产业的发展受到各种因素的影响，金融因素就是其中重要的影响因素。然而学界的研究基本停留于发掘能对产业发展产生影响作用的各项因素，并未对这些因素所起影响作用的大小做出比较，这使相关产业发展政策措施的制定带有极大的盲目性；同时由于资本与生俱来就和诸多产业具有较大的亲和性，使其能有效推动各类产业的发展，由此是否可以认为通过对金融以外第三方影响因素实施金融支持，借助金融支持的中介影响作用，从而达到促进农业高新技术产业发展的目的，这是一个值得研究的命题。由此本书在系统总结过往研究和相关理论的基础上，通过探索金融支持对农业高新技术产业发展的总体影响效应、直接影响效应和中介影响效应，证明金融支持对农业高新技术产业的重要性，找出产业发展的影响因素，制定针对不同因素的金融支持实施办法，为相关政策措施的制定提供理论依据。

第三节　研究思路和方法

一　研究思路

本书的研究思路是以经济学和金融学等学科为理论背景，在系统分析已有理论和研究成果的基础上，从总体影响效应、直接影响效应和中介影响效应三个方面研究金融支持对农业高新技术产业发展的影响效应。首先，对农业高新技术产业的金融支持现状进行总结，并对金融支持强度进行评价用于衡量农业高新技术产业的金融支持状况，结合金融支持的评价值，从产业规模和产业效率两方面出发就金融支持对农业高新技术产业发展的总体影响效应进行实证研究，阐明对农业高新技术产业进行金融支持的意义所在。其次，在三元参与理论的基础上构建社会、科技、产业、农业生态、金融和产业发展绩效六个维度的测量方程模型，从社会、科技、产业、农业生态和金融五个维度影响因素出发，就多个影响因素对农业高新技术产业发展的直接影响效应进行实证研究，通过实证结果甄别出对产业发展具有显著、正向影响作用的潜变量因素，明确金融支持的实施对象。最后，在直接影响效应实证结果的基础上，从社会、科技、产业和农业生态四个维度出发，分析金融支持对农业高新技术产业发展的中介影响效应，根据实证结果甄别出主导中介影响效应的金融维度潜变量因素，并得出金融支持对社会、科技、产业和农业生态四个维度影响因素中介影响效应的大小，明确金融支持的实施方法。文章的技术路线图如图 9－1 所示。

第二阶段研究的内容主要有五个方面：

第一，概念界定和基础理论分析。首先，对相关概念进行界定；其次，引入农业高新技术产业发展相关基础理论和金融支持相关理论；最后，在相关理论的基础上分析金融支持对农业高新技术产业影响效应的作用机理。

第二，农业高新技术产业发展金融支持现状分析。首先，阐述了农业高新区的发展历程；其次，结合杨凌的实际情况，对我国农业高新技术产业发展现状进行归纳总结。在此基础上，对农业高新技术产业金融

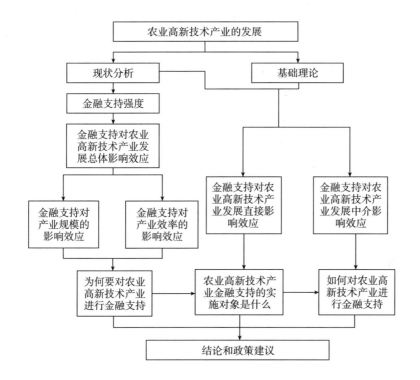

图 9 - 1　研究基本思路和技术路线

支持现状进行分析，并对农业高新技术产业金融支持强度进行评价。

第三，农业高新技术产业发展金融支持的总体影响效应分析。以杨凌农业高新技术产业为例，结合金融支持强度的评价值进行回归分析，从产业规模和产业效率的角度探讨金融支持对农业高新技术产业发展的总体影响效应，阐明对农业高新技术产业进行金融支持的意义所在。

第四，农业高新技术产业发展金融支持的直接影响效应分析。首先对金融支持的直接影响效应进行理论上的分析；然后通过社会、科技、产业、农业生态、金融和产业发展绩效六个维度的测量方程模型的构建，结合相关数据，实证分析社会、科技、产业、农业生态、金融等多个影响因素对农业高新技术产业发展的直接影响效应，通过实证结果甄别出对产业发展具有显著、正向影响作用的潜变量因素，明确金融支持的实施对象。

第五，农业高新技术产业发展金融支持的中介影响效应分析。首先对金融支持的中介影响效应进行理论分析；结合社会、科技、产业和农业生态四个维度的因素，实证分析金融维度因素对农业高新技术产业发展的中介影响效应，根据实证结果甄别出主导中介影响效应的金融维度潜变量因素，并得出金融支持对社会、科技、产业和农业生态四个维度影响因素中介影响效应的大小，明确金融支持的实施方法。

二 研究方法

第二阶段研究是在系统研究高新技术产业、金融发展和金融支持的相关的文献、报告的基础上，以翔实的数据和资料为基础，参考经济学和管理学等相关学科的研究成果与分析方法，就农业高新技术产业发展金融支持等一系列问题进行研究，运用的研究方法主要有：

（1）规范分析方法。在系统研究已有文献资料的基础上提出本书的技术路线，并对高新技术产业、农业高新技术产业以及金融支持的相关概念进行界定。

（2）计量分析方法。第一，是对农业高新技术产业金融支持强度进行评价，结合金融支持强度的评价值从产业规模和产业效率两方面就金融支持对农业高新技术产业发展的总体影响效应进行实证研究。第二，从社会、科技、产业、农业生态、金融和产业发展绩效六个方面构建六个影响因素的测量方程模型；结合社会、科技、产业、农业生态和金融五个维度的因素，实证分析多个影响因素对农业高新技术产业发展的直接影响效应。第三，结合社会、科技、产业和农业生态四个维度的因素，实证分析金融维度因素对农业高新技术产业发展的中介影响效应。

（3）结构分析法：第一，运用于金融支持强度评价中指标层和因素层权重的确定；第二，在第五章和第六章的实证研究中运用了结构方程模型进行分析。

第四节 可能创新之处

（1）对农业高新技术产业的金融支持强度进行评价，在考察的时间段里，杨凌产业发展的金融支持强度基本处于 0.2 以下，最大值出现

在 2009 年年末，达 0.195；最小值出现在 2006 年，只有 0.089。运用
金融支持强度的评价值从产业规模和产业效率的两方面进行实证研究，
得出金融支持对农业高新技术产业发展的总体影响效应。结果表明，金
融支持对产业规模和产业效率均具有显著、正向的影响作用。产业规模
方面，金融支持强度值每增加一个单位，国内生产总值就增长 0.242 个
单位；产业效率方面，金融支持强度值每增加一个单位，产业效率就增
长 0.151 个单位。这说明了金融支持对农业高新技术产业发展具有显
著、正向的总体影响效应。

（2）运用结构方程模型的相关研究方法，以潜变量的方式对难以
观察和描述的六个维度的影响因子进行显化，在相关理论的基础上，构
建社会、科技、产业、农业生态、金融和产业发展绩效六个维度的测量
方程模型。在此基础上，结合社会、科技、产业、农业生态和金融五个
维度的因素，实证分析多个影响因素对农业高新技术产业发展的直接影
响效应后得出，社会、科技、产业、农业生态和金融五个维度的各项因
素均对产业发展绩效的产业效益和社会效益有不同程度的影响效应，其
中金融维度因素的影响作用最为明显，其三项影响因素金融支持能力、
金融支持效率、产融协调程度对农业高新技术产业发展具有显著、正向
的直接影响效应，同时金融因素的标准化路径系数值普遍高于其余四个
因素。因此，通过对社会、科技、产业、农业生态和金融五个维度因素
直接影响效应的对比分析可以得出，金融因素对产业发展的直接影响效
应最大。多因素直接影响效应研究对社会、科技、产业、农业生态四个
维度的潜变量因素进行了甄别，指明了对产业发展具有显著、正向直接
影响效应的潜变量因素，为金融支持活动指明了实施的目标对象。

（3）在金融支持对农业高新技术产业发展直接影响效应实证结果
的基础上，进行金融支持对农业高新技术产业发展中介影响效应的实证
分析。研究结果显示，金融维度的三项影响因素金融支持能力、金融支
持效率、产融协调程度，对社会、科技、产业、农业生态四个维度的潜
变量因素与产业发展绩效（产业效益和社会效益）之间的联系有显著、
正向的中介影响效应。通过中介影响效应的研究，指出了针对不同的潜
变量因素所应实施的金融支持方式。

第十章 农业高新技术产业和产业金融支持的相关概念界定与基础理论分析

在对过往研究进行归纳综述的基础上，本章将对农业高新技术产业和金融支持的相关概念和理论进行总结，并就金融支持对农业高新技术产业发展影响效应的作用机理进行分析，为后文的研究分析奠定理论基础。

第一节 概念界定

一 高新技术和高新技术产业

（一）高新技术

"高新技术"一词来源于国外"高技术"一词。高技术一词起源于20世纪中叶，是指运用一定的行政手段与相应科技政策，以拥有科研开发能力的人才为基础，所研发出的具有创新性和高价值的知识密集型领先技术，如电子信息技术、生物与新医药技术、新材料技术等。高技术在20世纪80年代发展极为迅速，为了区别于其他发展缓慢、不具备高附加价值的"传统技术"，国外学者给予了该类技术一个统一的称谓"高技术"。随着我国改革开放步伐的前进，高技术以及相应的研究方法、研究理念传入我国，为了响应邓小平"科技就是第一生产力"的伟大号召，突出技术对于发展我国经济的重要性，国内学者们在国外"高技术"概念的基础上加入一个"新"字，强调了作为世界最大发展中国家的中国在现代技术领域与西方发达国家相比仍有巨大差距，必须奋起直追，勇于求"新"。

同时，"新"字赋予了高技术这一概念时间和地域的特征。从时间的角度出发，一项技术在其刚研发出来时是一项高新技术，然而若干年后随着更新的技术出现，该项技术会逐渐成为一种一般性的技术；从地域的角度出发，一项技术对于发展中国家来说属于高新技术，但其对于发达国家来说也许只属于一般性的技术。因此必须结合技术应用地区的科技与经济发展水平才能准确衡量一项技术是否属于高新技术的范畴。

总之，无论是国外的"高技术"还是国内的"高新技术"，其指代的是相同的概念，都是指立足于现代科技基础上的知识密集型新技术，为了表述方便，本书沿用国内学者对这类新技术的解释，在文中统一使用"高新技术"一词。

（二）高新技术产业

高新技术产业是指运用高新技术从事高新技术产品生产以及相应服务提供的产业集群，而产业又是指从事同类生产经营活动企业的集合，因此可以认为高新技术产业是指运用高新技术从事高新技术产品生产以及相应服务提供的企业的集合，因此本书研究的高新技术产业是指运用高新技术从事高新技术产品生产以及相应服务提供的企业集群。根据成立于20世纪60年代的经合组织（OECD）对高新技术产业的定义和描述，高新技术产业要具备五个特征：第一，高强度的R&D经费投入；第二，对所在的国家或地区的发展具有重要意义；第三，技术的更新换代极快；第四，投入资金巨大，资金回收风险极高；第五，技术成果以及相应产品具有高竞争力。同时，经合组织也制定了相应的标准作为划分高新技术产业的依据，其中，技术集约程度是应用最广泛的标准之一，技术集约程度的一般计算方式是用新技术的R&D费用支出除以新产品的产值。按照这种具备较大可操作性的方式可以为高新技术产业的划分提供理论与数据上的支持。

我国的高新技术产业起步较晚，大部分行业技术仍处于模仿复制阶段，对技术研发的投入不足，R&D费用支出占总产值的比例较低，因此根据我国的国情，我们制定了相应的认证高新技术产业的划分方法。根据2008年公布施行的《高新技术企业认定管理办法》，要认证成为高新技术企业，其科研经费比例要符合以下标准："年销售收入小于五千万的企业，R&D 费用支出占总收入的比例不低于6%；年销售收入区间处于五千万到两亿的企业，R&D 费用支出占总收入的比例不低于4%；年销售收入高于两亿的企业，R&D 费用支出占总收入的比例不低于3%。"同时，在技术涉及的领域，也设定了相应的标准，"从大类上划分了电子信息技术、生物与新医药技术、航空航天技术、新材料技术、高技术服务业、新能源及节能技术、资源与环境技术和高新技术改造传统产业八个领域"，本书的研究所涉及的农业高新技术从属于生物与新医药技术领域。

二　农业高新技术和农业高新技术产业

（一）农业高新技术

作为高新技术的附属领域，农业高新技术（Agricultural High Technology）是指应用于农业领域的当代科学、技术和工程前沿的新型技术集群（张景顺、王树进，2002）。根据 2008 年公布施行的《高新技术企业认定管理办法》，农业类别的高新技术总共分成七个大类，分别是农林植物优良品种与优质高效安全生产技术、畜禽水产优良新品种与健康养殖技术、重大农林植物灾害与动物疫病防控技术、农产品精深加工与现代储运、现代农业装备与信息化技术、水资源可持续利用与节水农业和农业生物技术。

（二）农业高新技术产业

跟高新技术与高新技术产业的关系相类似，农业高新技术产业是指运用农业高新技术从事相关产品生产以及相应服务提供的产业集群，即运用农业高新技术从事相关产品生产以及相应服务提供的企业的集合。与传统的农业相比较，农业高新技术产业的发展融合了多个学科领域的知识，需要展开跨学科的合作；农业高新技术产业的发展具有一般高新技术产业高投入、高风险和高回报的特点，在产业发展的过程中需要大量资本投入；农业高新技术产业的发展代表了未来农业领域发展的大趋势，对人们的日常生产和生活产生深刻影响。

三　金融支持

金融支持这一概念，学术界并未形成统一的定义。产业发展的金融支持问题最早源于对金融发展与产业发展相互关系的研究，有学者认为金融发展能有效降低企业从金融机构获得资金支持的成本，对扩大产业规模和形成产业集群具有催化作用（Rajan and Zinggaies，1998），张玉喜（2006）指出金融对产业发展的支持作用既可以源自政府，又可以来源于市场，其支持形式既有直接的资本投入，也可以是相关投融资政策的支持。同时，还有学者指出要实现金融发展与产业发展的协同发展，就必须走产融结合，互相促进的发展道路，由此产融协调程度也对相关金融支持活动实际影响效果产生重要的作用（傅艳，2003）。由此本书认为产业发展的金融支持是指与产业相关的金融部门为产业发展所提供的综合性金融活动，这些金融活动主要包括资本的投入、政策的投放以及加强产融协调措施的实施。

从研究的科学性与合理性出发，有必要对本书金融支持的相关研究内容进行限定。本书进行金融支持问题研究涉及的重要名词主要有金融支持活动、金融支持实施主体和金融支持实施对象。所谓金融支持活动是指涉及金融领域的资本投入和金融政策投放的行为。所谓金融支持实施主体是指在金融支持活动中对如何实施资本投入、如何制定和投放金融政策有最终决策权的组织和个人；所谓金融支持实施对象是指从金融支持活动中获得资本投入和政策扶持的组织和个人。金融支持实施主体与金融支持实施对象共同参与到金融支持活动中，并共同分享金融支持活动所带来的收益和承担金融支持活动需要付出的成本，前者掌握着资本投入量与相关政策制定的话语权，后者则在相关政策的框架内获得金融资本的使用权。

根据本书对金融支持的定义，金融支持的内容分为三个部分，即金融支持能力、金融支持效率、产融协调程度。所谓金融支持能力是指在金融支持活动中能用于投资的资本总量和实际投入的资本总量，反映了金融支持实施主体在金融支持活动中的资本汇聚能力和资本投入能力。

所谓金融支持效率是指在金融支持活动中金融支持实施主体对资本的配置效率，这更多体现在相关金融政策投放后所达到的经济效果。金融政策决定了金融支持实施对象能否获得资本投入以及能够获得的资本量等问题，合理的金融政策能提高资本的配置效率，资本配置效率的提高主要体现在金融服务效率的提升以及对金融风险的控制。

产融协调程度是指金融支持实施主体与金融支持实施对象之间的协调互动状况。从金融支持实施主体的角度，金融支持实施主体倾向于用尽量小的资本投入量获得最大的金融支持效果和收益，比如，政府会希望用最少的财政投入量获得最大的产业发展效果，金融机构会希望尽量提高贷款所能获得的利息收入；从金融支持实施对象的角度，金融实施对象倾向于用最少的成本获得尽量多的外源性资本使用权。比如，为扶持创业所提供的低利率小额创业贷款比起一般的商业贷款更受年轻创业者青睐。要有效化解金融支持实施主体与实施对象的矛盾，必须加强两者的信息交流，通过协商把资本投入量和资本使用成本限定在双方都能接受的范围，产融协调程度正是这种金融支持实施主体与金融支持实施对象之间协调互动状况的反映。

由金融支持能力、金融支持效率、产融协调程度共同组成的金融支持体系，将会作为金融支持强度评价、金融支持直接影响效应和金融支持中介影响效应三部分内容中金融因素指标体系构建的理论基础。

第二节　基础理论

一　农业高新技术产业发展相关理论

（一）三元参与理论

三元参与理论于 20 世纪 90 年代召开的"第九届国际科学工业园协会"的大会上首次被提出。三元参与理论认为高新区内的大学、企业和政府三方面难以独立面对发展中遇到的一系列难题，三者相互间只有精诚合作、相互扶持、相互促进，才能使高新技术产业突破发展的"瓶颈"，实现可持续的发展。

在三元的结构中，大学是技术创新的"领头羊"，是创新性技术资源的"生产者"，通过工资待遇以及名誉声望等方式吸引学者、科技研究人员进驻高新技术产业，运用由企业和政府提供的资金开展研究工作，并促进技术成果转化为商业价值，最终实现相关技术产品的产业化，在技术转化与产品产业化的过程中，大学获取相应的经济价值以弥补教学与技术开发经费的不足，并进一步培养各类创新性的技术人才；企业作为高新技术产业的经济"带头人"，是科研经费的提供者与外部经济市场的开荒者，通过企业丰富的经营经验，引导高新技术产业内技术创新和人才培养的方向，从大学得到足够的人才和技术的同时，增加高新技术产业的就业岗位，并最终实现自身和区域内经济的发展；政府作为高新技术产业的管理者起着协调各方关系作用，通过促进大学与企业的有效结合，建设高新技术产业优良的产业环境，使高新技术产业实现经济发展、科研进步、产学研协同互动的良好局面（谢国忠和杨松华，2000）。

（二）产业集群理论

集群（Cluster）的概念最早可追溯到亚当·斯密 1776 年出版的《国富论》，《国富论》对集群的解释是"一群具有分工性质的中小企业为了完成某种产品的生产联合而形成的群体"（亚当·斯密，1981）。1990 年，美国经济学家 Porter 提出了产业集群（Industrial Cluster）的概念，并把产业集群的一系列研究方法用于对国家和区域的竞争优势的分析（Porter，1998）。从此产业集群理论广泛用于区域经济问题的研究，在学者日益关注高新技术产业发展之时，产业集群理论作为成熟的基础理论备受研究者青睐。

要系统理解产业集群理论，首先提到的 Marshall 的集聚理论，他在 1890 年的《经济学原理》一书中较为系统地总结了一些产业的集群现象（Marshall，1890），并指出对外部规模经济的追求是促使产业内企业集聚的动力（Marshall，1920）。20 世纪初，Weber 在其出版的《工业区位论》中提出了工业区位理论，他分别从技术水平、劳动力、市场和成本四方面研究工业在区域内集聚的原因（韦伯，1997）。时间到了 20 世纪 80 年代末 90 年代初，新经济地理学理论兴起，其代表者是 Krugman，他利用新经济地理学理论对产业集聚的原因给出了新的解释，他认为需求、外部经济和特殊的历史事件三方面因素是促使产业集聚的主要原因（Krugman，1991）。在 Krugman 之后，Porter 从竞争优势的角度出发研究产业集聚问题，并首次提出了产业集群的概念，Porter

从区域内集群的竞争优势出发，分析了企业与企业之间、企业与经济环境之间的关系，并且创新性地把产业集群的竞争优势因素与地理集中因素有机结合（Porter, M. E., 1998）。Porter 所做的工作为产业集群的后续研究奠定了基础。

产业集群能推动区域内相关经济产业的发展（刘世锦，2003）。纵观世界各国高新技术产业的发展，均体现出极其明显的产业集群特征。产业集群是一种有效的高新技术产业组织形式，因此产业集群理论对关于高新技术产业发展一系列问题的研究具有重要的指导意义。

（三）资本形成理论

研究者认为，资本形成是指在经济运行体系中通过增加资本的总量，达到增加经济获利实现经济增长的目的。资本形成理论的雏形最早可以追溯到重商主义理论，而其真正获得发展是在古典经济学时期。斯密提出"资本增长的直接原因是节约而不是勤劳"，为资本形成理论打开了发展的大门；在斯密之后，学者们提出了更进一步的观点，他们认为经济增长的实现要归功于资本所有者对当前消费欲望的克制，正是他们把节约的消费储蓄起来并用于生产投资，才能推动经济的发展；20世纪以后，由于政府对宏观经济的干预逐渐增强，政策性公共投资日渐成为经济发展的新宠，而经济体系中的资本形成方式也由原来私人性质较浓的投资方式逐步向政府层面过渡，由政府推动并实施的金融政策和资本投入成为推动经济和产业发展的主要力量，这种情形在众多新兴发展中国家尤为明显。

资本形成一般分为两个阶段：第一是资本的聚集；第二是资本被用于投资。以带有公共性质的政府投资为例，大多数发展中国家政府运用利率管制的手段，以低于市场的利率通过金融机构聚集大量的储蓄并投资到国家经济建设的关键部门，这就是众多发展中国家的金融发展水平落后于发达国家却仍能保证高增长的秘密所在，市场利率与管控利率的差价作为金融剩余以资本的形式投入经济与产业发展中，使其获得了超额的利润，从而实现快速增长。

相较于发达国家成熟的金融体系，学者们认同发展中国家政府对其不成熟金融体系的约束，事实上这种约束在大部分时间是有效并且是有益的，要优于金融抑制或过度的金融自由化。发展中国家的金融约束为其重点扶持产业和国民经济的发展均具有推动作用。

二　金融支持相关理论

（一）金融发展理论

金融发展理论包括了两部分内容，第一，金融产业自身的发展过程；第二，金融如何作用于经济部门，并推动经济发展的过程。Bagehot 是首个关注金融部门是如何作用于经济发展的学者（Bagehot，1873）；20 世纪初，熊彼特提出金融机构的作用在于遴选出具备创新能力的经营者，用金融资本进一步提升企业家的创新能力，实现技术进步（Schumpter and Joseph，1912；Schumpter，1934；熊彼特，1997）。到了 20 世纪 60 年代，研究者进一步提出金融与经济是相互促进的关系，在经济的起步阶段，金融产业的介入有力推动了经济增长，当经济发展到成熟阶段，由于经济内部体系日趋复杂加剧了内部的经济摩擦刺激了对金融支持的强烈需求，于是经济的发展又推动了金融产业的发展（Arrow，1962；Patrick and Hugh，1966）。Goldsmith（1969）在其出版的著作《金融结构与金融发展》一书中提到了两部分重要的内容：第一，对金融结构的概念进行定义和描述，构建了测度金融结构的指标体系，用以测算不同的国家或地区的金融发展水平；第二，Goldsmith 认为虽然国（地区）与国（地区）之间的情况存在差别，但金融发展的趋势仍大致相同，由此 Goldsmith 推导出对不同国家（地区）具有普适性的金融发展规律。

总的来说，金融发展理论被提出来以后，受到众多学者们的关注。大部分学者认为，金融与经济是共同发展、相互促进的关系。本书认为金融与产业之间的关系也同样如此。作为整体国民经济的组成，产业经济的发展遵循一般经济发展的规律，从金融的研究角度对产业的发展展开探索，具备理论与实践的双重意义。

（二）金融抑制与金融深化理论

由于发达国家拥有成熟的金融体系，金融抑制多出现在发展中国家，具体的表现是利率限制和外汇管制，实施利率限制是为了以低成本募集经济与产业发展的金融资本，外汇管制的主要作用则是维持汇率稳定，保护本国经济和产业的安全，金融抑制在一定程度帮助后发国家克服了产业发展初期的资金困难，却也留下了隐患，Mckinnon 和 Shaw 一致认为金融抑制政策会限制金融部门对储蓄的吸纳，从而限制了金融部门对经济的支持能力和支持效率，最终抑制了经济的增长，要破解金融抑制所带来的麻烦只能依靠金融深化。Mckinnon 所著的《经济发展中的货币与资本》和 Shaw 所著的《经济发展中的金融深化》指出了发展中国家无法真正赶超发达国家的原因正是过度的金融抑制（Mckinnon，1973；Shaw，1973）。金融深化理论的精髓在于要求发展中国家的政府放松对利率和外汇的管制，使其能真实反映市场对资本的供需现状，即实施金融自由化。金融深化理论的支持者认为市场这只"看不见的手"能使金融资本的供需达到一种理想的均衡。

总体上来说，金融抑制与金融深化一直存在于发展中国家的经济体系中，随着经济的发展，对金融产业放松管制对经济的推动作用日益显现，金融深化理论也获得了巨大的成功，然而伴随金融危机的到来，惨痛的教训告诉我们完全的金融自由化会给经济的发展带来隐忧。由此催生了介于金融抑制和金融深化理论的中庸理论，即金融约束理论。

（三）金融约束理论

自金融深化理论问世以来，从 20 世纪 70 年代到 90 年代风靡世界各国，金融自由化在早期一定程度上有力推动了这些国家的经济增长和产业发展，但当自由化失去控制时所付出的代价也是惨痛的，金融危机使众多发展中国家十多年的经济发展成果瞬间蒸发，经济倒退严重。研究者们对失败的教训进行经验总结后，重新强调了对金融进行干预的重要性，由此提出金融约束理论。Hellmann 等（1997）是首个提出金融约束理论的学者，他认为在整体国民经济稳定、通货膨胀受到控制、对金融机构给予相应税收优惠政策并且存款利率不为负的等一系列条件下，政府可以运用行政手段为经济产业部门创造租金机会，可用的行政手段包括管控利率、提高进入特定市场的门槛和控制资产流动替代等。创造的租金机会可以为经济发展带来两大益处：首先，能促进储蓄的增长，扩大金融机构的资金规模，提升金融机构对实体经济的支持能力；其次，缓解因信息不对称而造成的道德风险、逆向选择和委托代理等一系列问题，降低金融机构与产业经济的运行成本。

金融约束理论的相关政策措施在理论上存在可行性，但在实际操作的过程中却遇到不少困难。他虽然承认市场对配置金融资源的作用，却强调要通过利率控制实现经济的增长，这明显与市场的一般规律存在矛盾；而且理论里极为推崇政府要对金融部门加强管控，然而随着政府失灵现象的逐渐增多，因政府不当管控而造成的金融资源配置低效甚至扭曲，已经严重阻碍了经济和产业的发展。

（四）金融中介理论

金融中介理论源自古典经济学的理论，其思想的精髓在于如何理解金融中介机构在日常的经济活动中所发挥的作用，早期的学者们就指出金融中介机构的作用是充当信用的媒介。伴随着金融理论的完善与丰富，学者们对金融中介的定义更加贴近现实。比如，John（1990）指出金融中介作为第三方被安排在借款者与贷款者的中间，通过促进双方的交易，实现一般储蓄向金融资本的转化；Freixas 和 Rochet（1997）则认为金融中介是依靠交易股票证券和融资合同的专业性经济组织。在日常经济活动中最活跃的是银行类的金融中介，其余的金融中介还有保险公司和财务公司等。

学者们一般把金融中介理论划分为新旧两部分。传统的金融中介理论把自身看作资本的管理者，金融中介组织向一般的储户发行债权，把储户手上的资金集中到一起购入由实体经济组织发行的股票或债券，完成储蓄向资本的转化，并通过不同的利率差价赚取利润。现代的金融中介理论却更进一步，在传统理论的基础上加入成本与信息经济学的相关理论，通过对新理论的吸收和融合使金融中介理论化解了在过往的研究中无法解决的交易成本和信息不对称等难题，并提出金融中介组织不光是资本的管理者，更是价值的创造者，合理的金融资源配置可以为储户和贷款者双方创造本金与利息以外的价值。

一直以来，人们对金融中介组织的存在认为是天经地义的既定机构，而缺乏对其真正作用的探讨，随着世界范围内金融服务的普及以及相继出现的不同程度的金融危机，学者开始用更多的研究角度对其进行系统的分析研究，这也使金融中介理论日益完善。本书认为在农业高新技术产业发展的过程中，金融机构不光有直接的支持作用，也能以中介者的身份，把无法对农业高新技术产业构成直接影响的因素所起的作用通过金融中介的转换功能施加到产业中，本书将从这一视角进行深入的分析。

第三节　金融支持影响效应的作用机理

一　金融支持的影响作用和影响效应

（一）金融支持的影响作用

金融支持的影响作用可以从宏观和微观两个角度分别进行分析。宏观方面，研究的是金融支持的总体影响作用；微观方面，研究的是金融支持的直接影响作用和中介影响作用。

1. 金融支持的总体影响作用

金融支持总体影响作用研究的是金融支持实施主体在金融支持活动中如何对金融支持实施对象的总体经济行为产生影响作用的问题。它主要从能反映金融支持实施对象总体经济运行状况的经济变量入手，从宏观的角度就金融支持活动对这些经济变量的变化和相互关系所产生的影响作用进行分析。

2. 金融支持的直接影响作用

金融支持的直接影响作用是假设在金融以外其他影响因素保持不变的前提下，金融支持实施主体通过对金融支持实施对象的金融支持活动促使金融支持实施对象快速发展，这种因金融支持活动而获得的发展效果就是金融支持的直接影响作用。金融支持的直接影响作用具有两个特点：首先，在整个金融支持活动的实施过程中只有金融支持实施主体和实施对象两者参与，不存在其他影响因素；其次，在整个金融支持活动的实施过程中影响作用传导的起点是金融支持实施主体，影响作用传导的终点是金融支持实施对象，整个作用传导过程是点与点的直线联系。

3. 金融支持的中介影响作用

直接影响作用是只有金融支持实施主体与金融支持实施对象双方参与到金融支持活动的实施过程，金融支持的中介影响作用是直接影响作用的相对概念，它与直接影响作用最大的区别是有对金融支持实施对象有直接影响作用的第三方影响因素参与到金融支持活动的实施过程。

金融支持的中介影响作用有两种类别。第一种是第三方影响因素作为中介因素，金融支持实施主体通过金融支持活动促进第三方影响因素的发展，通过该项因素的快速发展对金融支持实施对象产生更多有利的直接影响作用，最终达到推动金融支持实施对象发展的目的，这种影响作用的特点是：首先，金融支持实施主体是有益影响的起点；其次，影响作用的传导过程要以第三方影响因素作为中介才能完成，比如，在高新技术产业发展的过程中对科研部门实施金融支持加快产业技术创新的步伐，通过技术创新推动高新技术产业的发展。

第二种是金融支持实施主体作为中介变量，金融支持实施主体对第三方影响因素的有益影响作用进行转换，并通过金融支持活动把这部分转换的有利影响用于促进金融支持实施对象的发展，这种影响作用的特点是：首先，第三方影响因素是有益影响的起点。其次，影响作用的传导过程以金融支持实施主体作为中介来完成，比如，在高新技术产业发展的过程中，拥有高新技术知识产权的创业者通过知识产权证券化的方式获得创业资本进行创业经营，从而推动高新技术产业的发展。

区别于直接影响作用，金融支持中介影响作用具有以下特征：首先，整个金融支持活动的实施过程必须有对金融支持实施对象有直接影响作用的第三方影响因素参与才能完成。其次，在整个金融支持活动的实施过程中中介因素不是固定的。最后，金融支持中介影响作用是其两种不同类别影响作用的总体作用，不同的第三方影响因素决定了不同类别影响作用的出现，有的第三方影响因素会使两种影响作用同时出现，此时的金融支持中介影响作用就是两种影响作用的叠加，比如前文所举的例子，在高新技术产业发展的过程中，金融支持活动能加快技术成果的出现从而促进产业发展，技术成果也能通过金融支持活动转换成资本用于促进产业发展，此时金融支持通过技术创新因素对产业发展所产生的中介影响作用应该是两种情况影响作用的叠加；有的第三方影响因素只会使其中一种影响作用出现，此时的金融支持中介影响作用就只能代表这一种影响作用。

（二）金融支持的影响效应

影响作用是一个较为抽象的概念，在本书研究中是指金融支持实施主体通过金融支持活动促使金融支持实施对象获得发展，这种发展的效果就是金融支持的影响作用。农业高新技术产业的发展是包括金融因素在内的诸多影响因素共同作用的结果，为了对包括金融因素在内的不同影响因素的直接影响作用和金融因素的中介影响作用作出客观的衡量，本书提出了影响效应这一概念。所谓影响效应是本书通过相关实证分析方法求得的相对测算值，目的是度量包括金融因素在内的不同影响因素的直接影响作用、金融因素的总体影响作用和中介影响作用的大小和方向。

二　金融支持对高新技术产业发展的作用机理

（一）产业发展的金融支持理论

在一般产业发展的过程中，其外源性融资方式主要有三种，包括政府的财政支持、银行的信贷融资和证券市场的证券融资。在此基础上研究者们针对不同的产业发展状况，给出了各自的研究观点。

1. 财政支持优势论

财政支持优势论的支持者认为，对于具有准公共物品、外部性和空间性等特征的产业，财政支持对推动其健康发展有较为重要的作用。所谓准公共物品，是指产业发展所带来的收益具有一定的非竞争性和非排他性，如园林绿化产业的发展可以改善周边地区的环境质量，生活在这些区域的居民无须支付产业发展的成本，就可以享受到产业发展的收益；外部性是指产业的发展对产业以外的环境产生一定的影响作用，如果这种影响是有利的则称作外部经济，不利的则称作外部不经济，受政府财政支持的产业一般都具有一定的外部经济影响作用；空间性是指产业的发展因为区域经济发展水平的不同有较大的差距，呈现出空间性特征，出于对区域间均衡发展的考虑，政府财政支持的介入有利于平衡不同区域产业的发展水平（蒋瑛、李文星，2001）。

2. 信贷融资优势论

信贷融资优势论的支持者认为，信贷融资在产业发展的过程中发挥着较为重要的作用。金融机构在融资资金储备、金融信息获取和金融风险管控上具有先天的优势，能为参与产业经济活动的不同个体提供不同的金融服务，更利于产业的发展（Levine and Ross，1997）。同时金融机构具备更有效率地挖掘融资双方信息的能力，能有效解决因信息不对称而产生的逆向选择问题，降低金融资本的风险；信息的挖掘使金融机构对信贷获得者的筛选成为可能，有效提高了金融资本的配置效率，使更有经济发展潜力的个体获得充足的金融支持，从而促进产业经济的增长（Rajan and Zingales，1999）。

3. 证券融资优势论

证券融资优势论的支持者认为，证券融资在产业发展的过程中发挥着比信贷融资更重要的作用。金融资本的稀缺性导致金融机构具有比一般经济个体更强的谈判优势和利润获得能力（Rajan，1992）；同时金融机构出于对风险控制的考虑，更趋向于投资低风险、低收益的项目，这不利于经济发展中的技术革新。相比较而言，证券融资面向更广阔的金融市场，使金融风险和资本收益相结合，能为高风险、高收益的产业项目募集足够的资金，促进产业内技术的研发和新技术的应用（Weinstein and Yafeh，1998）。

4. 融资互补论

融资互补论的支持者认为，不同的融资方式是互为补充的关系，无须讨论孰优孰劣的问题（Levine，2001）。财政支持、信贷融资和证券融资在产业发展的不同时期均发挥着不可替代的促进作用，只有使三者实现优势互补才能有效促进相关产业的进一步发展。

（二）金融支持对产业发展的作用

产业发展是一个动态变化的过程，这一过程主要包括基础产业选择、产业结构的合理化以及产业发展的高级化。其中，基础产业选择是进行产业结构合理化和产业发展高级化的前期准备和必要条件，产业结构合理化是实现产业可持续发展的重要保证，产业发展高级化则是产业发展的最终目标。

1. 金融支持对基础产业选择的影响

金融支持对基础产业选择的作用来自两方面：第一是政策性金融扶持；第二是以信贷融资和证券融资为主体的市场性融资方式。政策性金融支持主要源自政府和政策性金融机构，是政府决策者对产业发展方向进行干预和选择的体现，是合理引导市场性金融资本的重要手段；市场性金融支持则是根据市场经济的一般规律，在合理权衡资金的收益和风险的基础上，把金融资源配置到发展较为成熟的基础产业。政策性金融与市场性金融两者相辅相成，共同影响着基础产业的选择以及整体产业未来的发展方向。

2. 金融支持对产业结构合理化的影响

所谓产业结构合理化是指构成整体产业的各项内部基础产业的发展比例与类型要实现合理化配置，产业结构的合理化主要通过增量发展和存量转换两种手段加以实现。

增量发展手段主要用于基础产业中前期资本需求量大但却有发展潜力的优秀基础产业。在产业选择的过程中，有可能使部分具有发展潜力的优秀基础产业因为市场失灵、配置失衡等原因缺乏资金支持而发展缓慢，最终导致整体产业结构的不合理，这就需要对金融资源进行再次的优化配置，为这些优秀的基础产业提供必要的发展资金促进其进一步发展。

存量转换手段主要用于基础产业中较为成熟但缺乏发展潜力的基础产业，这类产业虽然具备一定经济价值但是未来的发展潜力不足，要通过金融资源的配置手段加快该类产业的升级改造，促进这些产业经济活动中的技术创新，提高其生产产品的技术含量，实现落后产业到优秀产业的转换。

3. 金融支持对产业发展高级化的影响

一般产业经历了产业选择和产业结构合理化这两个过程以后，仍有可能只是在低技术含量和低产值的状态下实现了资源配置的最优状态，要实现高技术含量和高产值状态的资源优化配置，则需要进行产业发展的高级化。所谓产业发展的高级化是指产业类型从劳动和资金密集型向技术密集型转变，产值从低附加值向高附加值推进，产品从低加工程度向高加工程度演变，实现这一切的动力来源则是技术的创新。金融支持对产业发展高级化的作用主要体现于政策性与市场性金融对技术研发以及相关技术成果转化活动的支持，通过对金融资源的进一步配置，使产业的发展走向技术化、高级化，运用金融支持的手段实现产业在高技术和高产值状态下的可持续性发展。

（三）金融支持对高新技术产业的作用

1. 金融支持促进高新技术产业的发展

（1）高新技术产业具有实施财政支持的产业特征。第一，高新技术产业具备准公共物品的特征（李文庆等，2012）。如作为一切应用型技术根基的基础型技术研究对于推动产业内的技术创新有巨大的促进作用，然而此类基础技术研究成果前期投入巨大却易于在产业内扩散，难以回收技术研发成本。第二，高新技术产业具备外部经济的特征，对推动产业内技术水平的整体提升有重要作用（宋凤轩和李林，2013）。然而缺乏财政支持的高新技术产业在市场经济规律的作用下难以实现均衡发展，对于收益具有保障性的技术研发容易受到少数企业的垄断从而影响高新技术外部经济作用的实现，对于收益缺乏保障性的技术研发则因为高风险难以吸引市场性金融资本的投入。第三，高新技术产业具备空间性特征。由于区域间经济发展水平的不同，导致高新技术产业的融资成本和融资资本量有较大的差异。高新技术产业具有的准公共物品、外部经济和空间性三项特征，决定了其发展必定需要政府的财政支持，尤其是产业发展的初始阶段，财政支持是产业发展外源性资本的主要来源（孙健夫等，2004；党兴华、赵晓洁，2007）。

（2）高新技术产业具有其发展的特性，也具有一般产业发展的共性特征，因此信贷融资和证券融资等多元化的融资方式同样对推动产业的发展具有重要的作用，并且在产业发展到成熟阶段以后，政府财政资金占所有外源性金融资本的比例将逐步减少，信贷融资和证券融资等融资方式将逐步占据产业金融支持的主导性地位。

2. 金融支持推动一般产业的高技术化

结合金融支持对产业发展作用的内容，对一般产业实施政策性与市场性融资相结合的金融支持能有效促进产业的高技术化。一般产业要转变为高新技术产业要经历基础产业选择、产业结构合理化和产业的高级化等一系列过程，在这个过程中起到关键性作用就是有效的金融支持活动。因此，科学合理的金融支持手段不但能促进高新技术产业的发展，同时也具有把一般产业转化为高新技术产业的作用。

三 金融支持对农业高新技术产业发展的影响效应

农业高新技术产业作为高新技术产业的重要组成部分，有效的金融支持同样对其发展过程产生重要的影响效应。科学的金融支持活动既能促进农业高新技术产业的发展，也能通过高技术成果对传统农业生产和产品加工方式进行改造，促进传统产业实现高技术化，使落后低效的传统农业转变为先进高效的现代农业。

本书认为，有效的金融支持活动对农业高新技术产业的影响作用是全方位的。金融支持既可以直接作用于产业本身，为产业配置金融资金和制定融资政策，对农业高新技术产业的发展产生直接的影响作用；又可以对产业的发展产生中介影响作用，既可以通过第三方影响因素扩大金融支持的影响作用，又可以为金融以外的第三方影响因素"牵线搭桥"，扩大这些因素对产业发展所产生的有益影响，为产业的发展创造更多的有利条件。根据前文的定义，影响效应将作为影响作用的度量，因此本书就金融支持对农业高新技术产业影响效应的研究将分成宏观影响效应和微观影响效应两个部分，宏观影响效应主要是指金融支持对农业高新技术产业发展的总体影响作用，微观影响效应则包括直接影响效应和中介影响效应两部分，直接影响效应反映金融支持对农业高新技术产业发展的直接影响作用，中介影响效应反映金融支持对农业高新技术产业发展的中介影响作用。

（一）总体影响效应

金融支持总体影响效应的研究内容是金融支持如何对农业高新技术产业的总体经济行为产生影响作用的问题。它主要从能反映农业高新技术产业总体经济运行状况的经济变量入手，从宏观的角度就金融支持活动对这些经济变量的变化和相互关系所产生的影响作用进行分析。对总体影响效应的探讨是进行直接影响效应和中介影响效应研究的基石，阐明对农业高新技术产业进行金融支持的意义所在。

（二）直接影响效应

金融支持直接影响效应是假设在金融以外其他影响因素保持不变的前提下，通过对农业高新技术产业的金融支持活动促使产业快速发展，这种因金融支持活动而获得的发展效果就是金融支持的直接影响效应。本书认为，在农业高新技术产业发展的过程中产生直接影响效应的因素是多种多样的，并不局限于金融方面的因素，金融因素是本书的研究重点，但是也不能忽略对其他影响因素的研究，忽略其他影响因素只针对金融因素的影响作用所得到的研究结果是片面而且不科学的。因此，在对金融因素的直接影响效应展开探讨的同时，同样需要对其他重要影响因素展开深入研究，只有在综合分析包括金融因素在内的各项因素对产业发展的直接影响效应，科学对比各项因素所起作用的差异性的基础上，才能较为直观和科学地解读金融因素在农业高新技术产业发展中所起的直接影响作用，通过直接影响效应的研究结果可以甄别出对产业发展具有显著、正向影响作用的潜变量因素，明确金融支持的实施对象。

（三）中介影响效应

直接影响效应是只有金融支持实施主体与金融支持实施对象双方参与到金融支持活动的实施过程，金融支持的中介影响效应是直接影响效应的相对概念，它与直接影响效应最大的区别是有对金融支持实施对象有直接影响效应的第三方影响因素参与到金融支持活动的实施过程。

金融支持的中介影响效应包括两种类别。第一种是第三方影响因素作为中介因素，实施金融支持的部门通过金融支持活动促进第三方影响因素的发展，通过该项因素的快速发展对农业高新技术产业产生更多有利的影响效应，最终达到推动农业高新技术产业发展的目的。第二种是实施金融支持的部门作为中介因素，通过金融支持活动把第三方影响因素的影响效应转换成金融支持的直接影响效应，并把这部分转换的有利影响用于促进农业高新技术产业的发展。

区别于直接影响效应，金融支持中介影响效应具有以下特性。首先，在整个金融支持活动的实施过程必须有对农业高新技术产业发展有直接影响效应的第三方影响因素的参与才能完成。其次，在整个金融支持活动的实施过程中中介因素不是固定的。最后，金融支持中介影响效应是其两种不同影响效应的总体效应，不同的第三方影响因素必然出现不同的影响效应，有的第三方影响因素会使两种影响效应同时出现，此时的金融支持中介影响效应就是两种影响效应的叠加；有的第三方影响因素只会使其中一种影响效应出现，此时的金融支持中介影响效应就只能代表这一种影响效应。根据中介影响效应的研究结果可以甄别出主导中介影响效应的金融维度潜变量因素，并得出金融支持对社会、科技、产业和农业生态四个维度影响因素中介影响效应的大小，明确金融支持的实施方法。

通过上面的分析不难发现，对中介影响效应的研究必须建立在直接影响效应研究结果的基础上，金融部门只对具有直接影响效应的因素具有中介影响作用。究其原因，中介影响效应是用于衡量金融部门支持和转换各项产业发展有利因素的能力，因此，对产业发展不具备显著直接影响作用的因素也失去对其进行中介影响效应研究的意义。

第十一章 农业高新技术产业发展
金融支持现状分析

在前文理论研究的基础上，本章将对现今我国农业高新技术产业的发展状况以及农业高新技术产业金融支持的现状作出总结分析，并以杨凌为例，对农业高新技术产业金融支持强度进行评价。

第一节 农业高新技术产业发展的
金融支持状况及特征分析

一 农业高新技术产业金融支持的总体现状

在第二章关于高新技术产业与高新区的定义里可以了解到，高新区是高新技术产业的载体，而高新技术产业是高新区的重要组成部分，产业与园区是荣辱与共、密切相关的共同体。因此国内学者在进行相关的金融支持问题研究时，并没有刻意地把对园区和产业的金融支持做严格的区分，无论是针对园区或是产业的支持，都会间接地使另一方的发展产生影响，因此在进行现状分析时，本书也遵循这一研究思路。

从20世纪90年代第一个农业高新区的出现，我国掀起了建设农业高新区的热潮。根据2001年年初召开的"全国农业科技大会"的会议精神和同年出台的《农业科技发展纲要》对农业科技工作的总体规划，以科技部为主体联合中国农业银行、林业局、水利部、中科院和农业部5个部门分批次在全国范围内建设了36个国家农业高新区，截止到2004年年底，对36个农业高新区总共投入资金222.14亿元，其中政府财政支持所投入资金占 15.6%，共计 34.56 亿元；信贷融资投入资金占 17.2%，共计 38.28 亿元；企业自筹资金占 67.2%，共计 149.3 亿元，企业的自筹资金是农业高新区发展主要的资金来源。随着产业的日渐成熟，风险投资成为产业融资的新方式。20 世纪末，科学技术部的前身国家科学技术委员会曾就这个问题做过细致调查后发现，在农业高新技术成果转化的过程中，超过 50% 的成果转化费用需要技术成果拥有者自筹，而得到相关的政策资金支持的技术成果只占成果总量的 26.8%，仅有 2.3% 的成果得到商业性的风险投资资本。进入 20 世纪以后，风险投资对农业高新技术产业科技研发的资本投入有所增加，在 2003 年和 2004 年分别达 5.5% 和 9.1%，然而在紧接的 2005 年又产生了回落，这说明了风险投资对农业高新技术产业的投入缺乏稳定性和可持续性，总体效率不高；同时在项目选择上，风险投资集中在扩张期和成熟期的农业高新技术项目，投资金额占总投资金额的 68.2%，而对于仍处于种子期的项目，风险投资的金额为零。随着我国开放程度的提升和人们对农业高新技术产业发展的深入认识，从 2006 年以后，对农业领域的风险投资呈总体上升趋势，如图 11-1 和图 11-2 所示。根据图 11-1，从 2006 年开始计算截止到 2011 年年底，有据可查的农业高新技术产业领域风险投资成功案例达 180 宗，其中 2011 年最多，达到

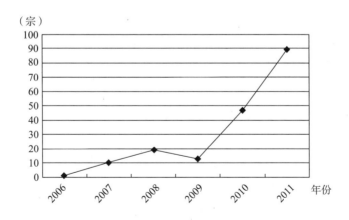

图 11-1　农业高新技术产业风险投资案例数

资料来源：清科研究中心数据。

89 宗，从发展的趋势来看，风险资本开始逐步进入农业高新技术产业领域；根据图 11 - 2，通过计算成功案例的投资金额，从 2006 年到 2011 年农业高新技术产业的风险投资金额从 900 万美元上升到 11.04 亿美元，总体上升幅度较大。

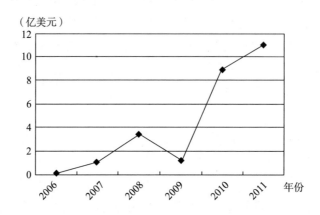

图 11 - 2　农业高新技术产业风险投资状况

资料来源：清科研究中心数据。

　　总的来说，虽然近几年风险投资的总体发展趋势增长较快，成功的投资案例也在上升，然而由于农业高新技术产业总体处于初级的发展阶段，无论是科研开发还是企业发展对资本的需求量极大，风险投资的增长远不到满足产业发展需求的程度，农业高新技术产业外源性资本来源仍是财政支持和信贷融资。

二　杨凌农业高新技术产业金融支持的现状

　　本书的研究主要以杨凌地区的农业高新技术产业作为农业高新技术产业的范例，这主要基于以下原因。首先，杨凌是全国最早建立的农业高新区，杨凌农业高新技术产业的发展历程极具代表性；其次，杨凌的行政区域不大，整个产业体系较为平均地分布在杨凌的行政区域内，这与大部分高新技术产业都是在一块较大的行政辖区内划出部分辖区进行建设的普遍状况是有极大区别的，因此，可以认为在杨凌发生的政府与其他机构的金融活动都与农业高新技术产业有千丝万缕的联系，杨凌这一独特的现状给本书的金融支持问题研究带来极大便利，使杨凌地区财政、信贷融资、风险投资、债券融资和股权融资的相关统计数据都可以直接纳入杨凌农业高新技术产业金融支持问题的研究范畴。

（一）财政支持

根据图 11-3，从 2004 年到 2014 年的 11 年中，杨凌的财政支出基本呈总体上升趋势，这说明了示范区政府对杨凌的财政支持力度一直在加大。杨凌的财政支持采取资本投入与政策扶持相结合的方法，主要形式有以下三种。

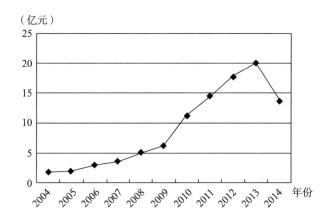

图 11-3 杨凌财政支出变化

资料来源：根据陕西统计年鉴和杨凌示范区财政决算报告整理获得。

1. 财政补贴

对示范区内与产业发展配套的基础设施的建设进行补贴。分别在 2010 年、2012 年和 2014 年，政府财政对杨凌的各项基础设施分别投入了 4.58 亿元、4.10 亿元、7.86 亿元，占当年财政总支出的 41.2%、23.2%、57.8%，为缓解城市建设的资金紧缺问题做出了重要贡献。

2. 税收政策

积极的财税政策对推动中小型高新技术企业的发展有重要的作用。自 2006 年开始计算截至 2010 年，杨凌地方政府通过税收减免和出口退税等方式累计为企业减少税收 7.76 亿元，其中，出口退税达 4.8 亿元，促使更多的企业参与国际竞争，提升杨凌的国际影响力和园区内产业的发展水平。

3. 贴息融资政策

高新技术企业的成长需要持续的资本投入，杨凌地方政府为支持企业的发展，专门出台政策，拨出专项资金用于企业固定资产投资的贷款贴息，以上一年发生固定资产贷款利息的企业为扶持对象，扶持企业的经营范围涵盖畜牧、蔬菜、果业、粮油以及具有区域特色等领域，贴息率最高为 6%，贴息贷款最高可达 6000 万元。

从财政支持的资金用途来看，用于支持农业高新技术产业发展财政资金主要分为三部分：第一是产业发展；第二是科研开发；第三是基础设施建设。由于基础设施建设具有非竞争性与非排他性的公共物品性质，使其公共效益极大但经济效益低下，因此具有逐利天性的金融资本缺乏进入该领域的积极性，这就要求政府承担建设和引导资本进入的责任。根据图 11 - 4，财政支持基础设施建设的资金总量均高于其余两项的资金投入量，在 2010 年、2012 年和 2014 年分别达 4.6 亿元、4.1 亿元和 7.9 亿元，其次是用于科研开发的资金投入；而产业投入的资金

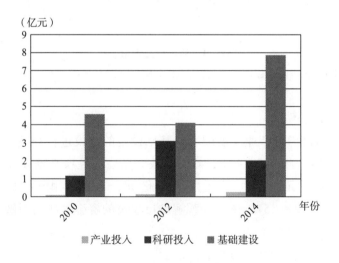

图 11 - 4 财政支持资金分类对比

资料来源：根据杨凌示范区财政决算报告整理获得。

相对最少；根据表 11 – 1，在 2014 年，杨凌基础设施的财政支出达总
支出的 57.8%，也就是说在 2014 年杨凌超过半数的财政资金投入园区
的基础设施建设。

表 11 – 1   杨凌农业高新技术产业财政支持资金占比分类对比

单位：万元

年份	财政支出总额	产业投入占比	科研投入占比	基础设施占比
2010	111192	0.009	0.102	0.412
2012	176684	0.007	0.175	0.232
2014	135811	0.018	0.148	0.578

资料来源：根据陕西统计年鉴整理获得。

从财政资金的规模和作用来看，对杨凌发展的财政资金投入规模总
体上升，具有更强的资本引导作用。根据图 11 – 5，杨凌的固定资产投
资中国家预算支持部分的资金总量不断上升，在考察的十年时间里财政
资金投入占总投入比例的平均值为 9.90%，其占比呈下降趋势，这说
明了随着杨凌农业高新技术产业的发展，更多的财政以外的金融资本和
企业自有资本投入产业建设中，通过财政支持所发挥的资本引导作用正
在逐步增强。

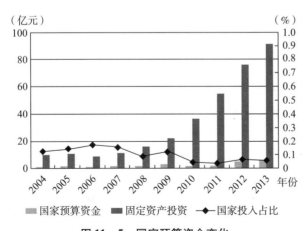

图 11 – 5   国家预算资金变化

资料来源：根据陕西统计年鉴整理获得。

（二）信贷融资

根据图11-6，从2004年到2013年杨凌固定资产投资中来自正规金融机构的贷款具有较大的波动性，最高时在2009年有4.17亿元，最低时在2006年有0.25亿元，在考察的10年时间里信贷融资资本占总投入比例的平均值为10.45%，这说明了正规金融机构的资本对进入农业高新技术产业领域的积极性不高，需要相关的政策对资本进行引导，加强对农业高新技术产业的金融支持。

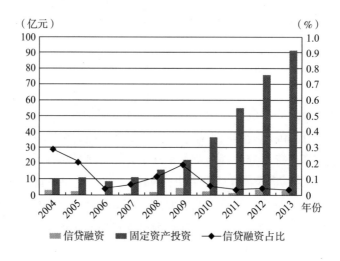

图11-6　正规金融机构贷款变化

资料来源：根据陕西统计年鉴整理获得。

正规金融机构的金融支持主要分为政策性和市场性两大部分。政策性金融支持主要指以国家的相关政策为依据，以政府的信用为担保，以政策性银行为实施主体并辅以一般的商业性银行，对符合扶持条件的项目提供低利率甚至无利率的贷款，政策性金融贷款具有成本低和风险小的优点，然而其贷款额度不大，而且有严格的适用范围，一般企业难以获得政策性金融支持（白钦先、剑眉，2005），在杨凌有经营业务的政策性金融机构主要有国家开发银行和中国农业发展银行；所谓市场性金融支持是指一般的商业银行遵循市场规律所进行的信贷融资，在杨凌设点经营的市场性金融机构主要有中国工商银行、中国银行、中国农业银行、中国建设银行、邮政储蓄银行和农村商业银行。

1. 政策性金融机构的发展

在进驻杨凌的政策性银行中，国家开发银行进入时间最早，从2006年的基础设施建设贷款，到2008年和2009年中小企业流动资金和应急信贷，对杨凌农业高新技术产业的发展给予了巨大的支持。为了进一步解决中小高新技术企业的贷款难问题，国家开发银行陕西分行一直坚持与地方政府合作的20字方针"政府热点，雪中送炭，规划先行，信用建设，融资推动"，通过与杨凌示范区管委会共同签署的《开发性金融合作备忘录》，明确了双方在融资和财务管理等方面的合作关系，进一步加大了信贷的投放力度，有效推动了杨凌农业高新技术产业的发展。截至2012年，国家开发银行累计为杨凌的28家企业发放54笔贷款，贷款累计达4.42亿元，如表11-2所示。在支持企业的数量上持续增加，从2006年的1家企业，到2012年达12家企业；在贷款金额上持续上升，从2006年的80万元，到2012年达1.27亿元。受到贷款支持的企业几乎涵盖了杨凌的主导产业，包括了环保农资、农机制造、食品加工和生物工程等领域，并且贷款支持的领域还在不断扩大。

表11-2　　　　　　　　　国家开发银行历年贷款状况

单位：万元

年份	获得贷款企业数	发放贷款额度
2006	1	80
2007	2	100
2008	9	4610
2009	10	6850
2010	9	8800
2011	12	11050
2012	12	12700

资料来源：根据调研整理获得。

专栏 9 政策性金融和政策性银行

政策性金融，是指在一国政府支持下，以国家信用为基础，运用各种特殊的融资手段，严格按照国家法规限定的业务范围、经营对象，以优惠性存贷利率，直接或间接为贯彻、配合国家特定的经济和社会发展政策，而进行的一种特殊性资金融通行为。它是一切规范意义上的政策性贷款，一切带有特定政策性意向的存款、投资、担保、贴现、信用保险、存款保险、利息补贴等一系列特殊性资金融通行为的总称。政策性金融虽然同其他资金融通形式一样具有融资性和有偿性，但其更重要的特征却是政策性和优惠性。政策性金融内涵的界定主要体现在以下本质特征：①政策性，主要是政府为了实现特定的政策目标而实施的手段；②金融性，是一种在一定期限内以让渡资金的使用权为特征的资金融通行为；③优惠性，即其在利率、贷款期限、担保条件等方面比商业银行贷款更加优惠。这三个本质的特征充分显示了政策性金融同财政支持和商业金融的区别。

政策性银行（policy lender/non‑commercial bank）是指由政府创立，以贯彻政府的经济政策为目标，在特定领域开展金融业务的不以营利为目的的专业性金融机构。实行政策性金融与商业性金融相分离，组建政策性银行，承担严格界定的政策性业务，同时实现专业银行商业化，发展商业银行，大力发展商业金融服务以适应市场经济的需要，是我国金融体制改革的一项重要内容。政策性银行专门为贯彻、配合政府社会经济政策或意图，在特定的业务领域内，直接或间接地从事政策性融资活动，充当政府发展经济、促进社会进步、进行宏观经济管理工具。1994 年中国政府设立了国家开发银行、中国进出口银行、中国农业发展银行三大政策性银行，均直属国务院领导。

1. 国家开发银行

国家开发银行成立于 1994 年，是直属国务院领导的政策性银行。2008 年 12 月改制为国家开发银行股份有限公司。2015 年 3 月，国务院明确国开行定位为开发性金融机构。国开行注册资本 4212.48 亿元，股东是中华人民共和国财政部、中央汇金投资有限责任公司、梧桐树投资平台有限公司和全国社会保障基金理事会，持股比例分别为 36.54%、34.68%、27.19%、1.59%。国开行主要通过开展中长期信贷与投资等金融业务，为国民经济重大中长期发展战略服务。截至 2015 年年末，资产规模 12.3 万亿元人民币，不良贷款率连续 43 个季度低于 1%，保持一流的市场业绩。穆迪、标准普尔等专业评级机构，连续多年对国开行评级与中国主权评级保持一致。国开行是全球最大的开发性金融机构，中国最大的对外投融资合作银行、中长期信贷银行和债券银行。2015 年，在美国《财富》杂志世界企业 500 强中排名第 87 位。国开行目前在中国内地设有 37 家一级分行和 3 家二级分行，并设有香港分行和开罗、莫斯科、里约热内卢、加拉加斯、伦敦、万象等 6 家代表处。全行员工近 9000 人。旗下拥有国开金融、国开证券、国银租赁和中非基金等子公司。

2. 中国进出口银行

进出口银行是由国家出资设立、直属国务院领导、支持中国对外经济贸易投资发展与国际经济合作、具有独立法人地位的国有政策性银行。依托国家信用支持，积极发挥在稳增长、调结构、支持外贸发展、实施"走出去"战略等方面的重要作用，加大对重点领域和薄弱环节的支持力度，促进经济社会持续健康发展。截至 2016 年年末，在国内设有 29 家营业性分支机构和香港代表处；在海外设有巴黎分行、东南非代表处、圣彼得堡代表处、西北非代表处。中国进出口银行的主要职责是贯彻执行国家产业政策、对外经贸政策、金融政策和外交政策，为扩大中国机电产品、成套设备和高新技术产品出口，推动有比较优势的企业开展对外承包工程和境外投资，促进对外关系发展和国际经贸合作，提供政策性金融支持。进出口银行的经营宗旨是紧紧围绕服务国家战略，建设定位明确、业务清晰、功能突出、资本充足、治理规范、内控严密、运营安全、服务良好、具备可持续发展能力的政策性银行。进出口银行支持领域主要包括外经贸发展和跨境投资，"一带一路"建设、国际产能和装备制造合作，科技、文化以及中小企业"走出去"和开放型经济建设等。

3. 中国农业发展银行

中国农业发展银行是直属国务院领导的中国唯一的农业政策性银行，1994 年 11 月挂牌成立。主要职责是按照国家的法律法规和方针政策，以国家信用为基础筹集资金，承担农业政策性金融业务，代理财政支农资金的拨付，为农业和农村经济发展服务。建行以来，中国农业发展银行在探索中前进，在改革中发展，走过了不平凡的历程。中国农业发展银行以科学发展观为指导，认真贯彻 2004 年国务院第 57 次常务会议精神，坚决服从和服务于国家宏观调控，全面落实国家各项强农惠农政策，把实现良好的社会效益作为最重要的价值追求。至 2013 年，形成了以支持国家粮棉购销储业务为主体、以支持农业产业化经营和农业农村基础设施建设为两翼的业务发展格局，初步建立现代银行框架，经营业绩实现重大跨越，有效发挥了在农村金融中的骨干和支柱作用。

（资料来源：原文详见 http：//www.cdb.com.cn/gykh/khjj/；http：//www.eximbank.gov.cn/tm/second/index_11.html；http：//www.adbc.com.cn/n4/index.html，有删减）

2. 市场性金融机构的发展

与政策性金融发展相辅相成的是市场性金融支持的发展，早在 2001 年中国人民银行就出台了《关于加强和改进杨凌示范区金融服务的实施意见》，对杨凌金融服务的发展作出规划，2008 年，杨凌示范区管委会与中国银行等 9 家银行签订了 130 亿元的战略合作协议，2009 年又与长安银行、邮政储蓄银行签订 20 亿元的信贷支持协议书，2010

年国务院下发了《关于支持继续办好杨凌农业高新技术产业示范区若干政策的批复》，文件内的金融相关政策为杨凌金融业指明了发展方向，2010 年 3 月，农业银行与杨凌地方政府签订了战略合作备忘录，将在五年内对杨凌基础设施建设和产业发展提供 50 亿元的信用贷款额度。

总的来说，与一般高新技术产业发展过程中市场性金融的高参与度相比，市场性金融机构对杨凌农业高新技术产业的支持处于初级阶段，具有广阔的发展空间。

（三）风险投资、债券融资和股权融资

除了财政支持和信贷融资，支持杨凌产业发展的金融资本来源还有三个，分别是风险投资、债券融资和股权融资。这三种融资方式是财政支持与信贷融资的重要补充。根据图 11 - 7，在杨凌固定资产投资中信贷以外的融资量虽有一定的发展，在考察的 10 年时间里信贷以外的融资资本占总投入比例的平均值为 6.42%，在投资总量中的占比处于较低的水平，仍需进一步的引导和发展。

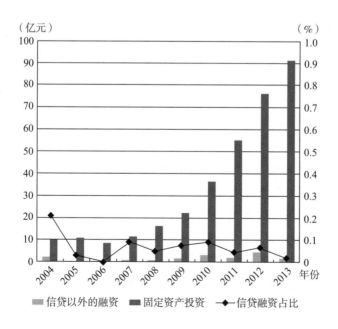

图 11 - 7　非正规金融机构融资变化

资料来源：根据陕西统计年鉴整理获得。

1. 风险投资

现阶段活跃在杨凌示范区的风险投资组织有 4 个，分别是杨凌东方富海生物产业投资基金、陕西金河科技创业投资有限公司、杨凌隆源创新投资管理有限公司和杨凌高新技术投资有限公司，其中，最具规模的是杨凌东方富海生物产业投资基金。杨凌东方富海生物产业投资基金是国内农业领域第一个风险投资基金，由陕西省政府重点扶持，资金规模达 3 亿元，其投资领域主要有环境保护、生物工程和产品加工等方面。由于受到信息的限制，杨凌近年来被外界获知得到风险投资的企业包括：圣妃乳业、本香集团、秦宝牧业和中兴林产等 4 家企业，总投资金额达 2 亿元。为了建设风险投资机构与农业高新技术企业的合作平台，杨凌示范区政府与 26 家风险投资机构于 2011 年成立了国内第一个现代农业创业投资联盟，联盟的成立有力推动了杨凌农业高新技术产业的进一步发展。

2. 债券融资

杨凌的债券融资仍处于探索的阶段。2014 年 5 月 16 日，杨凌现代农业开发集团有限公司的债券在上海证券交易所正式上市，证券的简称为"14 杨农发"，该集团债券的上市是农业高新技术企业探索债券融资的有益尝试，为杨凌其他中小企业的融资提供了很好的范例。

3. 股权融资

2011 年 8 月，杨凌示范区印发了《关于促进杨凌示范区股权投资发展的若干办法》，出台政策鼓励企业进行私募方式的股权融资，同时印发《杨凌示范区企业改制上市扶持奖励办法》，运用分段奖励的方式支持农业高新技术企业上市。2014 年 1 月 24 日，陕西中兴林产科技股份有限公司成为杨凌首个成功在"全国中小企业股份转让系统"挂牌上市的企业；紧随其后的杨凌瀛泰农业科技有限公司，在 2015 年 3 月 25 日也通过了该系统的全部审核成功上市。股权融资拓宽了杨凌中小企业的融资渠道，为农业高新技术产业的发展提供了助力。

专栏 10　我国布局建设农业高新区

"目前，我国已有两个农业高新技术产业示范区，分别是杨凌示范区和黄河三角洲示范区。未来计划到 2025 年，布局不超过 30 家示范区。" 29 日，在国新办新闻发布会上，科技部副部长徐南平表示。近日，国办印发指导意见，推进农业高新技术产业示范区建设发展。这是我国首次从国家层面系统指导农业高新技术产业示范区建设发展的重要文件。

当前，我国农业产业竞争力不强，劳动生产率仅仅相当于第二产业的 1/8，第三产业的 1/4 左右。解决这些问题的根本出路在于科技创新。建设示范区就是要通过高端人才引进培育，通过先进技术推广应用，培育和发展农业高新技术企业、产业。

通过示范区 "一区一主题" 的设计，解决制约我国农业发展的若干重大 "瓶颈" 问题。比如，我国近 60% 的耕地处于干旱半干旱地区、有近 5 亿亩的盐碱地，建设示范区就是要集聚创新资源，协调各类主体，推动政产学研深度融合，着力拿出系统解决方案，为其他同类地区做出示范。

为切实保障建设任务落到实处，农业高新技术产业示范区建设应遵循四条政策措施：一是完善财政支持政策，中央财政支持公共服务平台建设、农业高新技术企业孵化、成果转移转化等，推动农业高新技术产业发展；二是创新金融扶持政策，创新信贷投放方式，鼓励政策性银行、开发性金融机构和商业性金融机构，根据相关职能定位和业务范围为符合条件的示范区建设项目和农业高新技术企业提供信贷支持；三是落实土地利用政策，在土地利用年度计划中，优先安排农业高新技术企业和产业发展用地；四是优化科技管理政策，完善科技成果评价评定制度和农业科技人员报酬激励机制。

示范区建设一定要姓 "农"，推进乡村振兴。不管示范区建在什么地方，都不能没有农民，不能没有农业，也不能没有农村。评价示范区建设是否成功，关键是要看农业产业竞争力是否提升，农民收入是否增长，农村是否更美。此外，示范区建设必须姓"科"，科技是示范区的身份标签，创新是本质特色；还要姓"高"，坚持高标准建设，培育高技术农业。

（资料来源：原文详见 http://society.people.com.cn/n1/2018/0130/c1008-29794711.html，有删减）

三 农业高新技术产业金融支持的特征

（一）金融支持实施主体单一

从前文分析中可以得出，农业高新技术产业的金融支持实施主体主要有两个：第一是政府。第二是以银行为主的金融机构。而风险投资、债券融资和股权融资等新兴融资方式仍处于起步阶段，尚无法对产业发展进行有效的金融支持。政府和银行的资金支持难以满足产业发展对资本的需求。

（二）外源性融资总量低于内源性融资总量

在对杨凌农业高新技术产业金融支持现状的分析中，财政资金投入占固定资产总投入比例的平均值为 9.90%；信贷融资资本占固定资产总投入比例的平均值为 10.45%。杨凌地区产业发展的外源性融资比例为 20.35%，相对的企业自筹资金投入占固定资产总投入比例的平均值为 47.41%，如图 11-8 所示。

（三）财政支持和信贷融资是金融支持的主要实施方式

由于农业高新技术产业具有高风险、高投入等特征，市场性资本缺乏进入产业领域的动力，这使农业高新技术产业的金融支持主体单一，产业发展缺乏多元化的融资渠道。政府作为产业发展的推手，财政支持是产业发展金融支持的重要方式，金融机构的信贷资本作为财政资金以外的有益补充，是市场性资本进入农业高新技术产业领域的"领头羊"，财政支持和信贷融资成为外源性融资的主要方式。

学者们在进行金融支持的相关问题研究时，有的人把财政支持与金融支持加以区分，有的学者则把财政支持也纳入金融支持的研究范畴，这是根据研究者不同的研究内容和研究目的确定的。由于农业高新技术

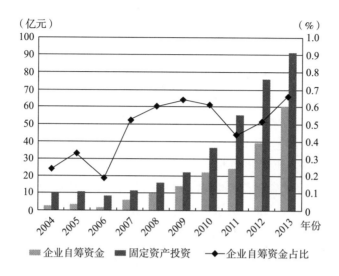

图 11-8 企业自筹资金变化

资料来源：根据陕西统计年鉴整理获得。

产业具有农业的弱质性和高新技术产业高投入、高风险等特征，在产业发展初期一般的市场性金融资本缺乏进入该领域的积极性，产业发展的外源性融资主要来源于政府的财政扶持和金融机构的信贷融资，显然财政支持是对产业发展实施金融支持的重要方式，因此从事农业高新技术产业金融支持的相关研究时如果不把财政支持纳入研究范畴，不符合研究的现实状况。同时，部分学者已经注意到这一问题的重要性，他们进行高新技术产业金融支持相关问题研究时，已经把财政支持作为金融支持体系的重要组成部分（康书生等，2006；马晓霞，2006）。因此，从农业高新技术产业的金融支持现状出发，结合已有研究成果，本书把农业高新技术产业发展金融支持问题的研究范围确定为财政支持与信贷融资两方面的内容。

第二节 农业高新技术产业金融支持强度评价

一 金融支持强度的理论分析

所谓金融支持强度是一个反映农业高新技术产业发展金融支持状况

的综合性评价指标，即一个反映金融支持实际情况的评价值。一般的金融支持强度评价指标体系都会考虑到资本与政策两方面的因素，但在现实情况中资本与政策两方面因素是难以严格区分的，资本投入的潜在风险与回报率影响着相关金融政策的制定，而金融政策投放对资本投入量又有直接影响，部分学者在研究金融支持评价体系时选定金融支持规模、金融支持效率和金融支持结构三方面因素构成评价体系（李良琼、沈玉志，2014；王仁祥、邓平，2008），也有部分学者选择四个以上的影响因素构成金融支持的评价体系（刘翠，2013；屈越，2015），然而过多影响因素难免会造成指标体系在实际分析中的重复评价、指标意义重叠等问题，因此把影响因素控制在三个才符合研究的实际需要，也是较多学者们采用的办法，然而影响因素的具体设置要根据研究的实际需要而有所不同，部分学者选择金融支持规模、金融支持效率和金融支持结构三方面构成金融支持的评价体系，但也有学者的研究指出，金融支持结构与高新技术产业发展的相关性不大（严瑞芳、黄明，2014），由此本书在借鉴前人研究的基础上要做出相应调整。现阶段农业高新技术产业的金融支持实施主体主要是政府和以银行为主的金融机构，根据前书对金融支持相关概念的定义，本书选取金融支持能力、金融支持效率、产融协调程度三个影响因素构成金融支持强度的指标体系。

金融支持能力是指在金融支持活动中能用于投资的资本总量和实际投入的资本总量，反映了金融支持实施主体在金融支持活动中的资本汇聚能力和资本投入能力，即政府的财政支持总量、金融机构的资本总量、对农业高新技术产业的贷款总量。

金融支持效率是指在金融支持活动中金融支持实施主体对资本的配置效率，这主要体现在相关金融政策投放后所达到的经济效果。政府的财政政策决定了农业高新技术产业能否获得财政支持以及能够获得多少财政资金的问题；金融机构在综合考虑信贷的风险与回报的基础上，也会出台相关金融政策对产业贷款进行管控，合理的财政与金融政策能提高资本的配置效率，资本配置效率的提高主要体现在金融服务效率的提升以及对金融风险的控制。

产融协调程度是指金融支持实施主体与金融支持实施对象之间的协

调互动状况。从金融支持实施主体的角度，政府会希望用最少的财政投入量获得最大的产业发展效果，金融机构会希望尽量提高贷款所能获得的利息收入；从金融支持实施对象的角度，金融实施对象倾向于用最少的成本获得尽量多的外源性资本使用权。要有效化解金融支持实施主体与实施对象的矛盾，必须加强两者的信息交流，通过协商把资本投入量和资本使用成本限定在双方都能接受的范围，产融协调程度正是这种金融支持实施主体与金融支持实施对象之间协调互动状况的反映。

二　构建指标体系的原则

（一）代表性原则

金融支持体系可包含的指标众多。然而，在实际研究中，无法把所有指标都包含到评价体系中，因此必须选取其中具有代表性的指标才能使建立的指标体系客观反映金融支持的实际状况。

（二）简明性原则

金融支持体系包含的要素众多繁杂，指标和影响因素间所包含的信息难以避免重复的现象，因此必须抓住其中的关键性指标和影响因素，从简明性的角度出发在适度的范围内选取足够数量的指标和影响因素即可，以免造成包含信息的混杂，降低评价结果的科学性与合理性。

（三）可获取原则

选取指标时要充分考虑指标的可获取性，要尽量选择政府统计数据以及相关统计年鉴上的公开数据作为数据来源，由于金融支持效率和产融协调程度这两个影响因素在现实中难以找到直观的数据，因此本书则从这两方面因素的影响效果着手，在现实经济活动中寻找这两项影响因素所带来的经济结果，运用反映这部分经济结果的数据来评价这两项因素的实际状况。

三　研究方法的确定

（一）影响因素的评价方式

进行金融支持强度的评价前，必须先进行影响因素的评价；影响因素评价的第一步就是对所选指标数据的无量纲化。指标无量纲化的目的主要有两方面：第一，消除不同指标间的量纲限制，使指标体系内的各项指标可以进行无差别的组合计算；第二，统一指标体系内各项指标的值域，使后续运算过程的合理性与科学性得到保证（温洪涛、任传鹏，2011）。

假设基础指标为 e_{ij}，指标权重为 w_j，影响因素为 E_i，构成金融支持影响因素评价的表达式为：

$$E_i = w_j \frac{e_{ij} - \min(e_{ij})}{\max(e_{ij}) - \min(e_{ij})} \tag{11.1}$$

$$E_i = w_j \frac{\max(e_{ij}) - e_{ij}}{\max(e_{ij}) - \min(e_{ij})} \tag{11.2}$$

当指标为正向指标时运用式（11.1），当指标为负向指标时运用式（11.2），在本书构建的指标体系中所有指标均为正向指标，因此主要使用式（11.1）。

（二）指标权重的确定方法

指标权重的确定方法主要采用变异系数法和归一化处理法（郭亚军、于兆吉，2002；田瑾，2008）。变异系数法是一种客观赋权法，客观赋权法的优点是不依靠人为的主观判断，只在原始研究数据的基础上，通过分析不同数据间错综复杂的关系并最终确定权重，能充分发挥数学理论在研究中的作用。对由变异系数法获得的数值进行归一化处理，由此可得指标权重的表达式。

$$CV_j = \frac{S_j}{\overline{X_j}} \tag{11.3}$$

$$w_j = \frac{CV_j}{\sum_{j=1}^{n} CV_j} \tag{11.4}$$

其中，CV_j 代表指标的变异系数，S_j 代表指标标准差，$\overline{X_j}$ 代表指标的平均数，w_j 代表指标的权重。

（三）金融支持强度的评价方法

借鉴联合国开发计划署（UNDP）制定的人类发展指数的计算方法，通过计算所有影响因素的几何平均数计算产业发展中的金融支持强度评价值。其表达式为：

$$F = \sqrt[3]{E_1 E_2 E_3} \tag{11.5}$$

其中，F 代表金融支持强度的评价值，E_i 代表影响因素。

四　金融支持强度评价指标体系和数据的来源

（一）金融支持强度评价指标体系

本书的金融支持强度评价指标体系由金融支持能力、金融支持效率、产融协调程度三个影响因素组成，现阶段农业高新技术产业的金融支持实施主体主要是政府和以银行为主的金融机构，因此评价指标将会选取政府和金融机构的相关统计数据。金融支持能力反映了金融支持实施主体在金融支持活动中的资本汇聚能力和资本投入能力，因此本书选定财政支出总额、存款余额和贷款余额作为该项影响因素的指标，其中财政支出总额和贷款余额反映了资本的投入能力，存款余额则是资本汇聚能力的表现。

金融支持效率反映了金融支持活动中金融支持实施主体对资本的配置效率，主要体现在相关财税和金融政策投放后所达到的经济效果，然而现实研究中无法通过统计金融政策的数量进行实证分析，比较可行的方式是通过这些政策最终体现的结果来反映金融支持效率的实际状况。因此，本书选定财政支持在固定资产投资中占比和贷款在固定资产投资中占比作为该项影响因素的指标，固定资产投资是产业发展资本总投入量最直观的指标，前者是政府财政支持政策所表现出的结果，如果政府重点扶持某项产业的发展，必然对该项产业进行政策的倾斜，财政支持在资本总投入量中所占比例自然会提升；后者则反映了金融机构相关金融政策所表现的结果，如果金融机构想重点扶持某项产业的发展，必然出台对该项产业发展有利的融资政策加大信贷投入量，贷款余额在资本总投入量中所占比例自然会提升。

产融协调程度是指金融支持实施主体与金融支持实施对象之间的协调互动状况。前文的分析指出金融支持实施主体与金融支持实施对象是存在不协调的，政府会希望用最少的财政投入量获得最大的产业发展效果，金融机构会希望尽量提高贷款所能获得的利息收入，金融实施对象倾向于用最少的成本获得尽量多的外源性资本使用权，金融支持实施主体与金融支持实施对象只有共同协商找出两者利益的平衡点，才能化解矛盾使金融支持活动顺利进行，由此本书选定财政支持在产业产值中占比和贷款在产业产值中占比作为该项影响因素的指标。前者代表了在一定产值下政府愿意进行的财政投入，后者代表了在一定产值下金融机构愿意进行的信贷投入，两者一定程度上都是金融支持实施主体与金融支持实施对象相互妥协的结果。

综合上述分析，建立金融支持强度的评价指标体系，并计算出各个指标的权重，如表11-3所示。

表11-3　　　　　　　　　　评价指标体系及其权重

影响因素	指标	权重
支持能力	财政支出总额	0.406
	存款余额	0.307
	贷款余额	0.287
支持效率	财政支持在固定资产投资中占比	0.206
	贷款在固定资产投资中占比	0.794
协调程度	财政支持在产业产值中占比	0.288
	贷款在产业产值中占比	0.712

（二）数据的来源

研究数据采用杨凌农业高新技术产业示范区2004年到2013年的季度数据，数据来源于陕西统计年鉴以及相关统计机构调研，为了表述方便，在进行本小节实证分析时只采用每年年末第四季度的数据，后文的回归分析将采用全部的36组数据进行分析。

五　金融支持强度的评价——以杨凌为例

经过一系列运算，求得金融支持强度的评价值，如表11-4和图11-9所示。在考察的时间段里，杨凌产业发展的金融支持强度基本处于0.2以下，最大值出现在2009年年末，达0.195；最小值出现在2006年，只有0.089。

表 11 - 4   金融支持强度评价值

年份	2004	2005	2006	2007	2008	2009	2010	2011	2012	2013
评价值	0.159	0.138	0.089	0.106	0.140	0.195	0.187	0.159	0.185	0.185

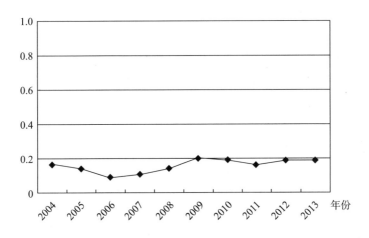

图 11 - 9 金融支持强度变化趋势

　　从金融支持强度的评价结果来看，杨凌地区农业高新技术产业的金融支持程度处于较低的水平，造成产业发展金融支持不足的原因有三方面：金融支持总量不足；金融支持政策有待完善；缺乏多元化的融资渠道。根据前文的金融支持现状分析，杨凌地区对农业高新技术产业的财政支持力度虽然不断加大，但仍难以满足产业发展的资金需求，并且支持产业发展的信贷融资不足，部分市场性融资如风险投资、债券和股权融资等融资方式只是处于起步阶段，缺乏有力政策推动新兴融资方式的发展。因此，加大资本投入，加快相关政策的制定和投放，是解决杨凌农业高新技术产业金融支持问题的有效办法。

　　虽然存在一定金融支持不足的问题，但是已有的金融支持活动已经对产业的发展产生有利的影响，探讨金融支持对农业高新技术产业发展的总体影响效应，将有助于理解金融支持对农业高新技术产业总体经济行为产生的影响作用，为进一步金融支持活动的实施提供理论与现实依据。

专栏11 金融支持高新技术农业"杨凌模式"

　　陕西杨凌农业高新技术产业示范区是国家级农业高新技术产业示范区，承担着我国干旱半干旱地区农业科技示范和产业化带动、实现现代农业可持续发展的重要国家使命。2017年7月10日，国务院总理李克强到陕西杨凌高新农业技术产业示范区调研时，对杨凌现代农业发展作出了高度评价。

　　近年来，杨凌金融业在扩大信贷投入、农村金融体制改革、农村金融服务创新等诸多关键环节和重点领域进行了积极探索和实践，"杨凌模式"在推动农业科技创新、集约化规模化农业、新型农业生产经营组织等方面发挥着越来越重要的作用。

　　杨凌作为人行西安分行拓宽支农再贷款适用范围的首批试点地区、人行杨凌支行作为首批信贷资产质押支农再贷款试点单位，及时向符合条件的金融机构发放支农再贷款。2012年10月至2017年9月，当地人民银行累计向杨凌农村商业银行发放支农再贷款19.5亿元，有力地支持了金融机构发放涉农贷款的流动性需求，支持了示范区涉农实体经济发展，为促进金融机构改善涉农金融服务、充分发挥金融支农作用、更好地服务示范区经济提供了强劲动力。此外，人行杨凌支行开通再贴现窗口，制定了《中国人民银行杨凌支行再贴现"名录制"方案》，建立了包括杨凌本香农业产业集团有限公司、陕西众兴高科生物科技有限公司等74家涉农中小企业在内的涉农企业票据贴现名录，对名录内的企业办理票据贴现业务的金融机构，可优先在人行杨凌支行申请再贴现，为杨凌示范区众多涉农企业多元化融资开辟了又一通道。截至2017年9月末，已成功开办此类再贴现业务两笔，金额65万元。

　　杨凌农业示范区还建立了以农村资产确权为基础、以农业保险（放心保）创新为配套、以设立风险补偿金为保障、以建立农村产权交易中心为后盾、鼓励金融机构积极参与的农村产权抵押贷款模式。先后印发多项制度性文件和配套措施，明确农村产权抵押范畴包括土地经营权、农村住宅房、农业设施、苗木、活体动物、农业企业股权、商标专利知识产权、应收账款等全部有形或无形资产，进一步扩大了农村抵押担保物范畴，打通了信贷支农"最后一公里"，从根本上解决了农户和涉农企业因抵押物不足形成的贷款难问题，实现了农村产权抵押物的全覆盖。

特别是 2015 年年底，杨凌区获批纳入全国农村承包土地经营权抵押贷款试点区。人民银行杨凌支行在陕西省"两权"抵押贷款试点工作小组办公室的正确领导和大力支持下，充分发挥牵头单位作用，大力协调推动政府相关部门，通过制定出台《杨凌区承包土地经营权和农业生产设施设备鉴证书管理暂行办法》《杨凌区农村承包土地经营权抵押评估及处置暂行办法》，解决了抵押难、评估难、处置难等关键环节难题，实现了农民土地资产的有效盘活，促进了现代农业产业的快速发展。

2017 年，杨凌示范区农村土地"两权"抵押贷款累计发放额 2970 万元，余额 8825 万元。此外，杨凌确权率、颁证率均达到了 100%，交易平台建设和风险补偿机制建设均位居陕西省前列。

另外，杨凌作为陕西首批订单农业贷款试点县（区）之一，积极探索"龙头企业＋超市＋农户"的路子，充分发挥农业科技创新的龙头企业在发展专业合作经济组织中的积极作用，龙头企业按照合作制原则或组织加盟形式，建立"龙头企业＋超市＋农户"的组织形式，促使龙头企业和农户成为真正的利益共同体，解决了订单农业产业链中的资金问题，保证整个订单农业产业链无缝对接，打破了长期以来制约规模化、集约化、订单化农业的资金"瓶颈"，促进了现代农业发展。截至 2017 年 9 月底，杨凌地区共发放"订单＋金融"试点项目贷款 19 笔，共计 2288 万元，支持合作社、家庭农场主、农户共计 11 户，帮助客户完成订单量 7922 万元。

为了进一步开拓农业企业多元化的融资渠道，中国银行间市场交易商协会相继核准了杨凌本香集团、中兴林产成功发行 1.7 亿元

集合票据和赛德高科、秦宝牧业、秦川牛业 3 家涉农企业发行 8100
万元的纯农业类集合票据；西部地区发行规模最大的农业企业债
券——"12 杨农债"由杨凌现代农业开发集团有限公司成功上市发
行，总发行金额达 15 亿元，期限 7 年，随后在 2014 年、2016 年连
续发行二期、三期债券，金额分别为 11 亿元和 7 亿元；杨凌本香农
业产业集团有限公司在银行间债券市场成功发行 1 亿元国内首只非
公开定向可转债务融资工具；陕西中兴林产科技股份有限公司、杨
凌秦岭山农业科技股份有限公司、陕西大唐种业股份有限公司在新
三板成功挂牌；陕西金荞实业有限公司和陕西天鑫兔业有限公司分
别在上海股权托管交易中心 Q 板和 E 板成功挂牌，并吸引了众多投
资者。截至 2017 年 6 月末，全区发行企业债券 32 亿元，发行中小
企业集合票据 2.51 亿元，有力支持了杨凌示范区经济发展。

2016 年 6 月 28 日，全国首笔"险资支农融资"项目资金在杨
凌示范区成功发放，此举首开运用保险资金解决农民融资之先河，
为进一步解决涉农企业和农户抵押物不足、贷款利率偏高等融资难、
融资贵问题开辟了一条新的通道，缓解了涉农企业和农户担保难的
困境和资金紧张局面，对促进保险市场转化、促进财政政策与货币
政策结合具有重大意义。

杨凌示范区积极建立银行与保险联动支农新机制，财政资金补
贴农户投保，农户凭保单申请贷款，贷款以保险理赔资金作担保，
实现风险共担、信息共享、优势互补；建立陕西省农业保险创新试
验区，开展农业保险创新试点，实现政策性奶牛、能繁母猪保险
100% 全覆盖，推广"农户+财政+保险+银行"的立体全方位联动
模式，"银保富"等政策性财政补贴保险品种在杨凌大面积推广，
"银保富"设施大棚保险项目参保大棚近 6000 亩。截至 2017 年 9 月
末，参保户数达 1568 户，群众缴纳保费 408 万元，省、市政府补贴
保费 273 万元，获得理赔 217 万元。通过农业保险试点撬动信贷资
金 3400 余万元，"银保富"农业保险项目也在全省范围迅速推广。

（资料来源：原文详见 http://www.financialnews.com.cn/gc/
sd/201711/t20171107_127252.html，有删减）

第十二章 农业高新技术产业发展金融支持的总体影响效应

在前文现状分析的基础上，本章将以杨凌地区的农业高新技术产业为例，结合金融支持强度的评价值进行实证分析，从产业规模和产业效率的角度探讨金融支持对农业高新技术产业的总体影响效应，阐明对农业高新技术产业进行金融支持的意义所在。

第一节 金融支持总体影响效应

金融支持总体影响效应的研究内容是金融支持如何对农业高新技术产业的总体经济行为产生影响作用的问题。它主要从能反映农业高新技术产业总体经济运行状况的经济变量入手，从宏观的角度就金融支持活动对这些经济变量的变化和相互关系所产生的影响作用进行分析。对总体影响效应的探讨是为了论证对农业高新技术产业实施金融支持活动的重要性与必要性，只有证明金融支持对农业高新技术产业发展具有总体影响效应，才有进行金融支持直接影响效应和中介影响效应的必要。

对于总体影响效应的研究，本书将从产业规模和产业效率两方面入手，运用回归分析方法结合金融支持强度的评价值，探索金融支持对产业规模和产业效率的影响效应，从实证的角度衡量金融支持对农业高新技术产业总体经济运行状况的影响状况。

第二节　金融支持对产业规模的影响效应

一　理论分析

在文献综述中已经提到，金融对推动经济与相关产业的发展具有不可估量的影响作用。国外学者的相关研究出现得最早，首先认识到金融发展与经济发展存在联系的是 Bagehot，Bagehot（1873）提出必须为工业经济的基础设施建设提供必要的资金融通；到了 20 世纪中叶以后，Hicks 和 John（1969）指出推动经济发展的并不是传统所认为的技术创新因素，而是金融体系创新所带来的融资便利。同一时期，Hugh Patrick（1966）提出了分析金融发展与经济发展关系的研究方法，随后相继有学者针对金融发展与经济发展的联系进行了深入研究（Stiglitz，1985；Beck and Levine，2002）。国内学者也做了不少工作，有的学者认为经济发展与有效的金融支持存在强烈的相关关系（程文兵，2008；陆静，2012；周立、王子明，2002）；有的学者则指出新兴经济产业需要有效金融支持作为产业发展的支撑（曾学文等，2014）；有的研究者进一步指出金融发展能防止经济波动的出现（王翔、李凌，2009）；有的学者则认为在肯定金融发展给经济增长带来正面效应的同时也要警惕金融过快增长所带来的负面效果（胡宗义等，2013；马秩群和史安娜，2012；周丽丽等，2014），有的学者提出金融发展对经济增长的促进作用存在地区差异（闫丽瑞、田祥宇，2012）

综上所述，国外的学者更倾向于认为金融发展是有助于总体经济发展的，部分国内的学者也持相同意见；但是国内部分学者在他们的研究中发现了金融发展的负面影响，从前文的金融支持强度研究得出，现阶段农业高新技术产业的金融支持仍处于较低发展水平，一定时期内不会产生金融支持过度的问题，由此本书提出研究假设：金融支持对农业高新技术产业总体经济增长是具有正向影响作用的，即金融支持对产业规模具有正向的影响效应。

二　模型构建

由美国数学家柯布（C. W. Cobb）和经济学家保罗·道格拉斯（Paul H. Douglas）共同提出的柯布—道格拉斯生产函数被广泛用于经济发展的相关研究中，其一般表达式为：

$$Y = A(t)L^{\alpha}K^{\beta}\mu \tag{12.1}$$

其中，Y 代表国内生产总值，$A(t)$ 是技术发展程度，L 是参与经济活动的劳动力，K 代表经济活动中的资本投入，μ 是随机误差。如果对式（12.1）进行简化，可以得到新的函数表达式，其中 T 代表技术水平。

$$Y = f(LKT) \tag{12.2}$$

金融支持作为经济增长的催化剂，在新兴产业发展过程中的作用也日益显现。Feder（1982）和 Mruinde（1994）对经济发展模型的研究中都把金融变量作为重要的衡量指标引入模型中，Pagano（1993）则在其首创的 Pagano 模型中设计了金融变量，并就金融因素对经济发展的影响进行实证研究。因此本书在式（12.2）的基础上，把代表金融支持水平的指标引入式子中，得到新的表达式：

$$Y = f(LKTF) \tag{12.3}$$

对式（12.3）求导，得到式（12.4）：

$$dY = \frac{\partial f}{\partial L}dL + \frac{\partial f}{\partial K}dK + \frac{\partial f}{\partial T}dT + \frac{\partial f}{\partial F}dF \tag{12.4}$$

使 β_1 代表劳动力的边际产出 $\frac{\partial f}{\partial L}$，使 β_2 代表资本的边际产出 $\frac{\partial f}{\partial K}$，使 β_3 代表技术的边际产出 $\frac{\partial f}{\partial T}$，使 β_4 代表金融支持的边际产出 $\frac{\partial f}{\partial F}$，由此得到新式子：

$$dY = \beta_1 dL + \beta_2 dK + \beta_3 dT + \beta_4 dF \tag{12.5}$$

通过式（12.5）得到最终模型的式（12.6），其中 β_0 和 μ 表示常数项和随机误差。

$$dY = \beta_0 + \beta_1 dL + \beta_2 dK + \beta_3 dT + \beta_4 dF + \mu \tag{12.6}$$

三　指标选择与数据来源

根据确定的最终模型，本书选择下列变量作为衡量模型的指标。其中，Y 代表产业规模，指标是国内生产总值；L 代表劳动力，指标是产业从业人员；K 代表资本投入，指标是固定资产投资；T 代表技术水平，指标是 R&D 经费占国内生产总值的比重；F 代表金融支持水平，指标是金融支持强度的评价值。实证分析包括以下内容，首先进行皮尔逊相关分析，确定所选择解释变量与被解释变量的相关性，然后进行单位根检验，避免出现伪回归，最后进行多元回归分析，确定变量间的作用机理。

研究数据采用杨凌农业高新技术产业示范区 2005 年到 2013 年的季度数据，数据来源于陕西统计年鉴以及相关统计机构调研，为了消除量纲对回归分析的影响，所有变量的原始数据均经过对数处理。

四 金融支持对产业规模影响效应的实证分析

（一）相关性检验

如表 12 - 1 所示，运用 SPSS 软件对被解释变量和解释变量进行相关性检验，劳动力、资本投入、技术水平、金融支持水平和国内生产总值的相关系数分别为 0.731、0.965、0.838 和 0.719，相关系数均大于 0.7，而且所有变量的相关系数均通过 1% 显著性水平下的显著性检验，说明解释变量与被解释变量之间存在较强的相关性，有必要进行回归分析做进一步研究。

表 12 - 1　　　　　　　　　　**相关性检验**

变量	相关系数	显著性（双侧）
劳动力	0.731	0.000
资本投入	0.965	0.000
技术水平	0.838	0.000
金融支持水平	0.719	0.000

（二）单位根检验

为避免伪回归的出现，故对解释变量与被解释变量做单位根检验。如表 12 - 2 所示，所有变量在 5% 置信水平下是平稳的，因此可以进行正式的回归分析。

表 12 - 2　　　　　　　　　　单位根检验

变量	ADF 值	概率	是否平稳
国内生产总值	-4.053	0.010	是
劳动力	-3.905	0.014	是
资本投入	-3.748	0.024	是
技术水平	-3.524	0.034	是
金融支持水平	-3.988	0.012	是

（三）回归分析

如表 12 - 3 所示，调整后的 R^2 值为 0.897，这说明模型具有较好的拟合优度，同时 F 值为 360.247，伴随概率为 0.000，这说明通过回归分析所建立的模型是有效的。

除技术水平是 5% 显著水平通过显著性检验外，其余的变量均在 1% 的显著水平下通过显著性检验，劳动力、资本投入、技术水平和金融支持水平的回归系数分别为 1.213、0.415、0.013 和 0.242，这说明劳动力、资本投入、技术水平和金融支持水平四个变量对经济增长均有正向的影响，劳动力每增加一个单位，国内生产总值就增长 1.213 个单位；资本投入每增加一个单位，国内生产总值就增长 0.415 个单位；技术水平每增加一个单位，国内生产总值就增长 0.013 个单位；金融支持水平每增加一个单位，国内生产总值就增长 0.242 个单位。

表 12 - 3　　　　　　　　　　回归分析结果汇总

变量	系数	标准差	T 值	显著性
常数项	-0.343 ***	0.097	-3.540	0.001
劳动力	1.213 ***	0.040	30.200	0.000
资本投入	0.415 ***	0.012	33.737	0.000
技术水平	0.013 **	0.006	2.277	0.030
金融支持水平	0.242 ***	0.038	6.401	0.000
R^2	0.912		R^2 调整	0.897
F 值	360.247		F 值概率	0.000

注：*表示回归系数的显著程度，*数量越多表示显著程度越高。

五 金融支持对产业规模影响效应的实证结果讨论

通过实证分析得出，金融支持对杨凌农业高新技术产业的产业规模具有显著、正向的影响效应，由此本书理论分析中的研究假设得到验证。金融支持对产业规模具有显著、正向的影响效应，这说明了在产业规模层面，金融支持活动能有效促进产业的发展，并且由于现阶段金融支持强度仍处于较低水平，因此不必担心因过度金融支持而对产业发展造成负面影响，可以进一步制定相应政策措施提升产业发展的金融支持水平。同时从实证结果可以看出，劳动力因素是对产业发展影响作用最大的因素，回归系数达到 1.213；技术水平因素所起正向影响作用虽然显著，但实际作用并不突出，回归系数只有 0.013，这有可能是因为现今杨凌农业高新技术产业仍属于劳动力密集型产业的范畴，技术因素对产业发展所起影响效应不大，因此应进一步加强对产业内技术创新活动的金融支持，推动产业从劳动力密集型产业向技术密集型产业转变。

第三节 金融支持对产业效率的影响效应

一 产业效率的测算

对于产业效率的测算，本书将运用数据包络分析法来实现（王宗军，1998；李美娟、陈国宏，2003）。其中模型的投入指标变量为产业从业人员数量和年末资产量，产出指标为农业高新技术产业的工业总产值，数据采用杨凌农业高新技术产业示范区 2004 年到 2013 年的季度数据，数据来源于陕西统计年鉴以及相关统计机构调研，为了表述方便，在进行本小节实证分析时只采用每年年末第四季度的数据。经过软件的运算求得产业的全要素生产效率，并绘出变化趋势图，如图 12 - 1 所示。判断产业效率高低的依据是测算值是否大于 1，从结果可以得出，杨凌农业高新技术产业的效率大于 1 和小于 1 的时间各占一半，其中最高的年份 2012 年，达 1.185；最小时是 2010 年，只有 0.848。

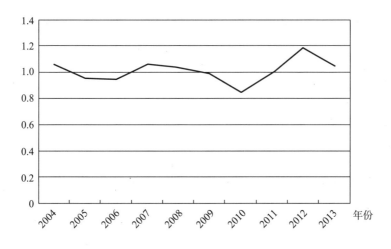

图 12 - 1　产业效率变化趋势

二　理论分析

关于金融发展与经济效率的关系，国外学者进行了大量研究，Bagehot 是最早提出金融发展对经济效率有重要影响作用的学者，他认为金融系统会自发地把资本从低效率的经济体向高效率的经济体转移，从而促进高效率经济的效率（Bagehot，1873），到了 20 世纪末，有学者认为高度发展的金融系统能改善整体经济的运行效率（Bencivenga and Smith，1991；Dow and Gorton，1997），有的学者则指出金融发展促进了资本的积累和全要素生产率的提升（Benhabib and Spiege，2000），然而其他学者提出不同的意见，他们认为金融发展能促进资本积累，但对于全要素生产率的提升没有太大作用（Bell and Peter，2001）。国内学者也进行了大量工作，有的学者认为金融发展对全要素生产率的提升存在倒 "U" 形影响，在较低的支持水平下，金融支持对经济效率的推动作用是正向显著的，但若是过度发展，则会呈现负面影响（陈东，2015）；有的学者认为由于政府对金融活动的过度干预，导致金融资本配置到低效的经济部门，金融发展对经济效率产生了负面影响（陈晓红、李大荣，2007；卓凯，2005）。总的来说，国内外学者均一致认为金融发展能对经济效率产生影响作用，但是由于经济与金融业发展水平的不同，国内外学者的意见有较大的区别，国外学者的看法较为乐观，认为金融发展对经济效率的影响作用是积极的，国内学者则认为金融发展对经济效率的影响作用是消极的，本书认为由于现阶段农业高新技术产业的金融支持仍处于较低发展水平，一定时期内金融支持过度的问题不会出现，由此可以提出研究假设：金融支持对农业高新技术产业的经济效率是具有正向影响作用的，即金融支持对产业效率具有正向的影响效应。

除金融因素外，还有其他因素对产业效率产生影响作用，第一是人力资本。Miller 和 Upadhyay（2000）、Aiyar 和 Feyrer（2002）从理论的角度论证了人力资本因素对产业效率的影响作用，颜鹏飞和王兵（2004）运用 DEA 方法，从实证的角度证明了人力资本因素对产业效率有积极的影响作用，岳书敬和刘朝明（2006）对 30 个省级区域的数据进行实证分析后也得出类似的结果，然而也有学者提出不同的意见，华萍（2005）对 29 个省级区域的面板数据进行实证后指出，以大学为代表的高等教育培养的人才对产业效率的提升有正向的影响作用，但以中小学为代表的初中级教育培养的人才对产业效率的提升有负向的影响作用，与其持有相同观点的学者还有 Vandenbussche 等（2006）和彭国华（2007）。第二是资本结构。Saibal（2009）对印度高新技术产业的数据进行分析后发现，负债率与生产效率呈负相关的关系，张军华（2011）则认为高新技术企业的负债率高是因为缺乏中长期金融资本的支持，这对企业的运营效率造成不利影响。第三是技术水平，Coe 和 Helpman（1995）认为，加强科研投入所带来的技术水平提升，能有效提高产业效率，吴延兵（2006）的研究也证实了这一观点，然而有的学者表示了不同的看法，张海洋（2005）从实证的角度指出科研投入只能促进技术进步，但其对产业效率的促进作用不明显。第四是对外贸易。Edwards（1998）认为，对外贸易带来的区域开放程度增强能促进不同区域的技术交流与进步，从而使区域生产效率得到提升，这种现象在欠发达地区尤为明显，与其有相似观点的学者还有 Cameron 等（1999）和 Yanrui（2004），但何庆元（2007）则认为因对外贸易间接带来的产业效率提升现象正逐步消失。第五是产业政策。王兵等（2008）认为，政府的环境管制政策能促进产业整体效率的提升，赵文哲（2008）指出财税改革对技术效率和产业效率的提升有正向的影响作用。

三　模型构建

通过前文的理论分析，人力资本、资本结构、技术水平、对外贸易、产业政策和金融因素均对产业效率有影响作用，由此本书将构建金融支持与产业效率的 OLS 回归模型，其表达式如式（12.7）所示。

$$IE = \beta_0 + \beta_1 Talents + \beta_2 CS + \beta_3 Technology + \beta_4 Trade + \beta_5 Policy + \beta_6 Finance + \mu \tag{12.7}$$

四　指标选择和数据来源

根据确定的最终模型，本书选择下列变量作为衡量模型的指标。其中 *IE* 代表产业效率（Industrial Efficiency），指标是全要素生产效率；*Talents* 代表人力资本结构，指标是拥有中高级职称人员占产业从业人员的比重；*CS* 代表资本结构（Capital Structure），指标是年末负债占年末资产的比重；*Technology* 代表技术水平，指标是 R&D 经费占国内生产总值的比重；*Trade* 代表对外贸易状况，指标是出口额占国内生产总值的比重；*Policy* 代表产业政策，指标是固定资产投资中国家财政支持的资金量；*Finance* 代表金融支持水平，指标是金融支持强度的评价值。实证分析包括以下内容，首先进行皮尔逊相关分析，确定所选择解释变量与被解释变量的相关性，然后进行单位根检验，避免出现伪回归，最后进行多元回归分析，确定变量间的作用机理。

研究数据采用杨凌农业高新技术产业示范区 2005 年到 2013 年的季度数据，数据来源于陕西统计年鉴以及相关统计机构调研，为了消除量纲对回归分析的影响，所有变量的原始数据均经过对数处理。

五　金融支持对产业效率影响效应的实证分析

（一）偏相关分析

由于模型中选定的解释变量总共有 6 个，总体数量较多，为避免变量间的相互作用从而对相关性检验的结果造成不利影响，故对所有变量均进行偏相关检验，当一个解释变量与被解释变量进行检验时，其余 5 个解释变量自动作为控制变量。检验结果如表 12 - 4 所示，运用 SPSS

软件对被解释变量和解释变量进行相关性检验，人力资本结构、资本结构、技术水平、对外贸易、产业政策、金融支持水平的相关系数分别为 -0.403、-0.347、0.204、-0.058、0.735 和 0.491，除了对外贸易变量，其余变量的相关系数通过 10% 显著性水平下的显著性检验，说明解释变量与被解释变量之间的相关性明显，有必要进行回归分析做进一步研究。

表 12 - 4   偏相关分析

变量	相关系数	显著性（双侧）
人力资本结构	-0.403	0.025
资本结构	-0.347	0.056
技术水平	0.204	0.073
对外贸易	-0.058	0.755
产业政策	0.735	0.000
金融支持水平	0.491	0.005

（二）单位根检验

为避免伪回归的出现，故对解释变量与被解释变量做单位根检验。如表 12 - 5 所示，所有变量在 10% 置信水平下是平稳的，因此可以进行正式的回归分析。

表 12 - 5   单位根检验

变量	ADF 值	概率	是否平稳
产业效率	-3.470	0.015	是
人力资本结构	-3.168	0.031	是
资本结构	-3.168	0.043	是
技术水平	-3.524	0.034	是
对外贸易	-3.759	0.013	是
产业政策	-2.654	0.053	是
金融支持水平	-3.989	0.012	是

（三）回归分析

如表 12 - 6 所示，调整后的 R^2 值为 0.828，这说明模型具有较好的拟合优度，同时 F 值为 121.036，伴随概率为 0.000，这说明通过回归分析所建立的模型是有效的。除变量以外，其余变量均在 10% 显著水平下通过显著性检验，人力资本结构、资本结构、技术水平、产业政策和金融支持水平的回归系数分别为 - 0.210、- 1.359、0.022、0.151 和 0.151，回归结果与相关性检验基本吻合。

回归结果显示人力资本结构和资本结构变量对产业效率均有负向的影响，人力资本结构每增加一个单位，产业效率就减少 0.210 个单位；资本结构每增加一个单位，产业效率就减少 1.359 个单位。技术水平、产业政策和金融支持水平三个变量对产业效率均有正向的影响，技术水平每增加一个单位，产业效率就增长 0.022 个单位；产业政策每增加一个单位，产业效率就增长 0.151 个单位；金融支持水平每增加一个单位，产业效率就增长 0.151 个单位。从实证结果来看，金融支持发挥着显著的正向影响作用，这说明了现阶段金融支持能有效促进产业效率的提升。

表 12 - 6　　　　　　　　　　　　回归分析结果汇总

变量	系数	标准差	T 值	显著性
常数项	- 1.210 ***	0.321	- 3.771	0.001
人力资本结构	- 0.210 **	0.088	- 2.368	0.025
资本结构	- 1.359 *	0.682	- 1.992	0.056
技术水平	0.022 *	0.020	1.101	0.073
对外贸易	- 0.007	0.024	- 0.315	0.755
产业政策	0.151 ***	0.026	5.844	0.000
金融支持水平	0.151 ***	0.050	3.037	0.005
R^2	0.858		R^2 调整	0.828
F 值	121.036		F 值概率	0.000

注：＊表示回归系数的显著程度，＊的数量越多表示显著程度越高。

六　金融支持对产业效率影响效应的实证结果讨论

实证结果显示，金融支持对杨凌农业高新技术产业的产业效率具有显著、正向的影响效应，由此本书理论分析中的研究假设得到证实。金融支持对产业效率具有显著、正向的影响效应，这说明了在产业效率层面，金融支持活动能有效促进产业效率的提升，并且由于现阶段金融支持强度仍处于较低水平，因此不必担心因过度金融支持对产业效率造成负面影响，可以进一步制定相应政策措施提升产业的金融支持水平。同时从实证结果可以看出，产业政策和金融支持水平两项因素对产业发展影响效应最大，回归系数均为0.151，由此可见科学合理的产业政策实施和金融支持能有效促进产业效率的提升。

对于其他影响因素，人力资本结构与产业的资本结构对产业的效率均有负向的影响作用。就人力资本而言，在前文的现状分析中已经了解到，杨凌近年来存在人才流失的现象，但经济却仍保持增长的趋势，造成这一现象的原因可能是杨凌农业高新技术产业发展缺乏对高新技术的依托，这点可以从技术水平变量对产业规模和产业效率均有显著影响然而作用力度不足得以证实，其中技术水平对产业规模的影响作用系数是0.013，对产业效率的作用系数是0.022，正因为人才流失导致的技术创新能力降低使新技术对产业发展的影响作用较低，当出现人才流失时，短期内因为人员薪酬支出的减少从而降低了产业的运营成本，使产业的利润率提高，呈现经济增长的表象，然而从长远来看人力资本优势的丧失会降低生产效率和最终产品的技术含量，不利于产业效率的提升。就资本结构而言，由于农业高新技术产业受到农业生产等因素的制约，产业资金的周转周期相对于非农高新技术产业而言更长，因此使一般的市场性金融资本缺乏进入该领域的积极性，企业的运营资金大多依靠自行筹措获得，因此当资本结构中负债率太高时，资金的周转速度又无法有效提高，企业就面临沉重的利息支付压力，生产成本也相应提高，对产业效率的进一步提升产生不利影响。

在回归结果中，对外贸易的影响作用不显著，这说明杨凌虽在国际上有一定知名度，但由于产业发展缺乏足够的技术水平作为依托，国际竞争力有待提高，出口产品的产值难以对产业的发展形成有力的推动作用，无法对产业效率的提升做出贡献。

本章小结

结合前文对金融支持强度的评价值，运用多元回归分析方法，从产业规模和产业效率两方面出发就农业高新技术产业发展金融支持的总体影响效应进行实证研究后得出，金融支持对产业发展规模和产业效率均具有显著、正向的影响效应。产业规模方面，金融支持强度值每增加一个单位，国内生产总值就增长 0.242 个单位；产业效率方面，金融支持强度值每增加一个单位，产业效率就增长 0.151 个单位。这说明了现阶段的金融支持对农业高新技术产业发展是具有正向的总体影响效应。由此可知，加大对农业高新技术产业的金融支持有益于产业的进一步发展，但是必须运用科学的方法，对有可能对产业发展产生影响作用的因素进行甄别，避免对影响作用不大的因素盲目投入，造成金融资本的极大浪费。

第十三章 农业高新技术产业发展金融支持的直接影响效应

在相关理论的基础上构建社会、科技、产业、农业生态、金融和产业发展绩效六个维度的潜变量结构方程模型，结合调研所得数据进行金融支持直接影响效应的实证分析，从微观的角度探讨社会、科技、产业、农业生态、金融五个维度影响因素对产业发展的直接影响效应，通过实证结果甄别出对产业发展具有显著、正向影响作用的潜变量因素，明确金融支持的实施对象。

第一节 多因素直接影响效应的理论分析

一 农业高新技术产业影响因素确定的理论依据

高新技术产业作为高新区的组成部分，两者的发展密切相关、荣辱与共。经典的三元参与理论指出高新区的主要组成要素为大学、企业和政府，在三元的结构中，大学是高新技术产业技术创新的"领头羊"，是创新性技术资源的"生产者"；企业作为高新技术产业的经济"带头人"，是科研经费的提供者与外部产品市场的开荒者，而高新技术企业集群就是本书的研究内容高新技术产业；政府作为高新技术产业的管理者起着协调各方关系作用，通过促进大学与企业的有效结合，建设高新技术产业优良的产业环境，使高新技术产业实现经济发展、科研进步、产学研协同互动的良好局面。

三元参与理论对于20世纪的高新技术产业发展有极其重要的理论

指导作用，但其理论在现今发展的新形势下显得过于简单，不能有效地反映发展的新状况，因此要在三元参与理论的基础上，对原有的三元因素进一步优化完善，并把对农业高新技术产业发展有明显促进作用的新元素加入原有理论体系中。在三元参与理论体系中，大学、企业和政府是主导高新技术产业发展的三个要素，大学提供技术，企业带动经济，政府作为大学、企业和区域内其他要素的协调者。本书在此基础上把大学、企业和政府扩展成能解释更多内容的社会、科技和产业三个维度。社会维度是政府层面要素的拓展，包含产业发展中的政策制定、基础建设、区位条件以及中介组织等因素；科技维度是大学要素的拓展，包含科研政策、科研团队建设和科研项目管理等因素；产业维度是企业要素的扩展，因为高新技术产业就是高新技术企业的集群，本书将从运营、管理、销售和资源四方面衡量产业维度。

农业高新技术产业作为高新技术产业的重要组成部分，既具有所有高新技术产业普遍存在的共性要素，同时也具备自身的特性，农业高新技术产业的发展与农业的发展紧密相连，农业因素本身就是农业高新技术产业区别于其他非农高新技术产业最大的特性，因此本书把农业维度添加到社会、科技和产业维度组成的研究体系中。

资本形成理论认为资本是生产投入的三大要素之一，早期金融复杂理论的支持者认为货币由储蓄向生产投资转变需要一定的联络机制（陈玉光，1996；傅强、刘远举，2007；杨子晖等，2009），而金融深化理论的支持者进一步指出在日常经济运行的过程中，储蓄者和投资者是不统一的，这就需要一个中介实现两者的沟通，这个中介一般指金融机构（郭翠荣、王付强，2007；毛承之，2014），结合前文分析，现阶段农业高新技术产业的金融支持实施主体主要是政府与以银行为主的金融机构，并且金融支持总体影响效应分析的结果显示，金融支持对农业高新技术产业的发展具有正向的总体影响效应，因此本书将把金融维度也纳入研究体系中，最终构成社会、科技、产业、农业生态、金融五个维度的影响因素研究体系。

（一）社会维度影响因素

社会维度是三元参与理论中政府要素的扩展。第一，政府是中央和地区产业发展政策的实施者和制定者，财政支持政策对提升产业竞争力有重要的战略意义（宾建成、陈柳钦，2006）。同时政府也是产业发展配套设施的主要建设者，基础设施的完善对产业绩效的提升有显著的正向影响作用（蒋冠宏、蒋殿春，2012），而政府机构正是财政支持政策推行和基础设施建设的保障。第二，魏心镇和王缉慈（1993）提出了高新技术产业发展的区位选择理论，该理论指出高新技术产业的发展对区域内软资源的要求相对较高。这主要分为两个方面：一方面是区位因素，包括了产业所在地的对外开放度、经济发展程度、劳动力成本以及地理环境等；另一方面是当地的基础设施建设，包括了生产和生活的各项基础设施。第三，产业集群理论和知识溢出空间局限性理论的支持者认为，高新技术产业的发展使一定区域内形成产业集群，进而催生促进产业内部信息交流和技术推广应用的各类中介服务组织、信息咨询机构、产品技术推广平台（梁琦，2004；梁琦、钱学锋，2007），而孵化器理论的支持者则认为高新技术产业内的孵化器组织有助于产业的进一步发展（Sean et al.，2004）。由此本书将从政策保障、区位因素、基础设施和社会中介组织四方面建立社会维度影响因素的指标体系。

（二）科技维度影响因素

科技维度是三元参与理论中大学要素的扩展。第一，技术的来源已经不局限于高校系科研人员，相当一部分的新技术来源于高校以外的科研机构以及企业培养的技术人员，由于单个科研人员学科知识和相关信息的限制，个体的技术研发组织形式已逐渐被团队模式的组织形式所取代，科研团队的出现使原来高校与企业泾渭分明的科研系统融合到一起，成为科研开发的全新组成单元，创新型的科研团队能有效促进高新技术产业发展绩效的提升（林晓霞，2012）。第二，郑雪宜等（2013）指出，科研项目要面向企业的发展需要，有效的项目管理能保证科研项目的质量。因此在科研项目的管理上逐步走向规范化，从项目的立项、管理和退出三方面着手，有效避免科研项目可能出现的重复立项、资金浪费以及耗时过长等问题。第三，科技政策是支持科技发展的重要手段，其对科技进步的促进作用极大并通过技术创新的作用影响产业的发展，许淑嫦（2013）通过实证研究后认为科技政策与产业发展的绩效有较高的相关性。第四，科研人员和团队领导者的素质直接决定了科技研发的耗时和成果的质量，因此相关科研人员的学历、业务水平、科学精神、经验和能力直接影响着科技的发展水平，并最终对产业发展的绩效产生影响作用，彭劲松（2013）认为，科研人力资本存量的提高有助于产业的发展，并实现发展绩效的提高。因此本书将从科技研发、项目管理、科技政策和科研人员四方面建立科技维度模型的指标体系。

（三）产业维度影响因素

产业维度来源于三元参与理论的企业要素，高新技术企业是组成高新技术产业的基本单位，高新技术企业的发展共同组成整个产业的发展。关于企业评价的影响因素，有的学者认为人力、财务、研发、创新、管理和市场都是进行企业评价需要考虑的重要影响因素（陈红川，2007；张美诚、范龙昌，2013），有的学者进一步提出经营能力与政策环境对企业发展也有重要作用（夏水春等，2006），有的学者则指出固定资产等内部资源也是影响因素（马鸿佳等，2011；王宏起和王珊珊，2007），有的学者提出企业家精神等文化因素也必须加以考虑（侯合银、王浣尘，2003；田立法，2014）。从因素设置的合理性与科学性出发，本书认为应从运营、管理、销售和资源四方面设置产业维度的影响因素，产业运营代表产业的整体运营效果；产业管理涵盖了产业内高新技术企业的管理状况、产业文化和企业家精神的塑造；产业销售反映了市场销售前景以及产品营销状况；产业资源代表了产业内人力资源、固定资产和创新环境等状况。因此，本书将从产业运营、产业管理、产业销售和产业资源来反映产业维度的发展状况。

（四）农业生态维度影响因素

农业特性是农业高新技术产业区别于其他非农高新技术产业的根本性质，农业自身发展状况与政策、从业人员、生态环境和农业经济等因素息息相关。对于政策方面，农业在不同的发展阶段需要对相关的发展支持政策作出调整（王彬、高强，2011），须把我国农业政策的影响作用顺畅地传播到实际生产中促进农业的发展（刘西涛、王炜，2012）；对于从业人员方面，造成不同区域农业生产力不平衡的主要原因是农业从业人员素质的不同（王建东、赵冬梅，2013），农业劳动力的技能与素质跟其从事工作相匹配，才能发挥出劳动力最大的生产潜能，创造最大的效益（沈琼，2015）；对于生态环境方面，农业生态环境安全能有效提高我国农业的综合生产力（邱建军等，2005），但农业生产中的生态意识淡薄,已经造成严重的环境问题,对农业和农村地区的可持续发展造成不利影响(吴铀生,2011);对于农业经济方面,农业经济增长就是农业整体发展水平提升的外在表现形式。因此,本书将从农业政策、农业劳动力素质、生态环境和农业经济四方面建立农业生态维度模型的指标体系。

(五)金融维度影响因素

根据前文的分析,金融维度的研究内容包含金融支持能力、金融支持效率、产融协调程度三个方面因素。第一,金融支持能力是指在政府和金融机构的金融支持活动中能用于投资的资本总量和实际投入的资本总量,反映了政府和金融机构的资本汇聚能力和资本投入能力。第二,金融支持效率是指在金融支持活动中政府和金融机构对资本的配置效率,这更多体现在相关金融政策投放后所达到的经济效果上。相关政策的实施决定了金融支持实施对象能否获得资本投入以及能够获得多少资本量的问题,合理的金融政策能提高资本的配置效率,资本配置效率的提高主要体现在金融服务效率的提升以及对金融风险的有效控制上。第三,产融协调程度是指金融支持实施主体与金融支持实施对象之间的协调互动状况。从金融支持实施主体的角度,政府会希望用最少的财政投入量获得最大的产业发展效果,金融机构会希望尽量提高贷款所能获得的利息收入;从金融支持实施对象的角度,金融实施对象倾向于用最少的成本获得尽量多的外源性资本使用权。要有效化解金融支持实施主体与实施对象的矛盾,必须加强两者的信息交流,通过协商把资本投入量和资本使用成本限定在双方都能接受的范围,产融协调程度正是这种金融支持实施主体与金融支持实施对象之间协调互动状况的反映。因此,本书将从金融支持能力、金融支持效率、产融协调程度三方面建立金融维度模型的指标体系。

二 农业高新技术产业发展的影响作用

为了反映农业高新技术产业的发展绩效,需要相应的模型进行衡量。产业效益是产业发展的直接结果,这里面包括了产业的可持续发展、产业的生产效益、产业发展的融资回报状况和产业集群竞争力的提升等几方面;产业发展的间接效果是带来社会效益,增长极理论认为区域内产业的发展能通过扩散的方式推动周边地区经济的发展（Boude-ville，1966；Mario，2002），促进就业水平的提升（Morrill，1970）；同时由于农业高新技术产业与自然生态环境的亲和性，其发展能改变传统农业粗放的生产方式，有效提升农业生产效率，改善生态环境；通过技术创新能有效提升产品质量，消费者对农产品和相关加工产品的满意度也会得到提高（Annette and Johannes，2013）。因此本书将从产业效益和社会效益两方面建立产业发展评价模型的指标体系。

综上所述，本书将构建社会、科技、产业、农业生态、金融五个维度影响因素的潜变量结构方程模型，结合用于衡量产业发展状况的产业发展绩效模型，从实证的角度分析社会、科技、产业、农业生态、金融五个影响因素对产业发展的直接影响作用，在实证结果的基础上，从五个维度影响因素中甄别出对产业发展产生显著、正向影响作用的潜变量因素，从而确定金融支持的实施对象。

第二节　模型构建

一　结构方程模型

结构方程模型（SEM）又被称作协方差结构模型，是现代计量分析领域的全新分析手段。结构方程模型最早被使用于 1904 年，Spearman 把该种方法用于进行心理研究，结构方程模型集中了回归分析和因素分析等多种计量分析手段，可以对一些难以用实际数据衡量的指标进行估计和验证。越来越多的学者认识到结构方程模型在研究中的优势，因此该方法被广泛应用于心理学、经济学、管理学和市场营销等学科领域。Hoyle，R. H.（1993）认为，结构方程模型不单单是一种计量分析方法，也是一套完整的研究具体问题的分析方法；Bollen 等（1995）则认为结构方程模型是综合了经济学、心理学和社会学的分析方法。总的来说，结构方程模型具备以下优点：第一，多变量的处理，使捕捉问题的角度更全面；第二，通过特定指标对难以估计的影响因素进行有效估计；第三，对因子结构以及因子间的关系进行有效估计；第四，全面地对模型的运行结果进行科学验证。

结构方程模型主要分为测量方程（Measurement Equation）和结构方程两部分。测量方程主要用于描述测量指标与潜变量之间的关系，结构方程则是用于描绘潜变量之间的关系，所谓潜变量是指难以被观测或虽能观测却没合适的方法加以评价的指标。而在结构方程中，潜变量与测量指标又有外源和内生两种性质的区分。下面给出测量方程模型和结构方程模型的公式。

（一）测量方程模型

测量方程反映的是测量指标与潜变量之间的关系，其数学公式为：

$$x = \Lambda_x \xi + \delta \tag{13.1}$$

$$y = \Lambda_y \eta + \varepsilon \tag{13.2}$$

其中，x 为外源测量指标；y 为内生测量指标；ξ 是外源潜变量；η 是内生潜变量；Λ_x 是外源测量指标与外源潜变量的估计值，即外源测量指标反映在外源潜变量上的因子负荷矩阵；Λ_y 是内生测量指标与内生潜变量的估计值，即内生测量指标反映在内生潜变量上的因子负荷矩阵；δ 是外源指标的误差项；ε 是内生指标的误差项。

（二）结构方程模型

结构方程反映的是潜变量之间的关系，其数学公式为：

$$\eta = B\eta + \Gamma\xi + \zeta \tag{13.3}$$

其中，η 是内生潜变量，ξ 是外源潜变量，B 是内生潜变量之间的关系，Γ 反映了外源潜变量对内生潜变量的影响作用，ζ 是结构方程的残差项。在式（13.3）中，应该关注的重点是 B 和 Γ 两项，同时这也是本书研究的着眼点。可用于结构方程的软件有 Lisrel、Amos 和 EQS，本书采用的软件是 Lisrel 8.70。

专栏 12　结构方程模型的特点

1. 同时处理多个因变量

结构方程分析可同时考虑并处理多个因变量。在回归分析或路径分析中，即使统计结果的图表中展示多个因变量，在计算回归系数或路径系数时，仍是对每个因变量逐一计算。所以图表看似对多个因变量同时考虑，但在计算对某一个因变量的影响或关系时，都忽略了其他因变量的存在及其影响。

2. 容许自变量和因变量含测量误差

态度、行为等变量，往往含有误差，也不能简单地用单一指标测量。结构方程分析容许自变量和因变量均含测量误差。变量也可用多个指标测量。用传统方法计算的潜变量间相关系数与用结构方程分析计算的潜变量间相关系数，可能相差很大。

3. 同时估计因子结构和因子关系

假设要了解潜变量之间的相关程度，每个潜变量都用多个指标或题目测量，一个常用的做法是对每个潜变量先用因子分析计算潜变量（即因子）与题目的关系（即因子负荷），进而得到因子得分，作为潜变量的观测值，然后再计算因子得分，作为潜变量之间的相关系数。这是两个独立的步骤。在结构方程中，这两步同时进行，即因子与题目之间的关系和因子与因子之间的关系同时考虑。

4. 容许更大弹性的测量模型

传统上，只容许每一题目（指标）从属于单一因子，但结构方程分析容许更加复杂的模型。例如，我们用英语书写的数学试题，去测量学生的数学能力，则测验得分（指标）既从属于数学因子，也从属于英语因子（因为得分也反映英语能力）。传统因子分析难以处理一个指标从属多个因子或者考虑高阶因子等有比较复杂的从属关系的模型。

5. 估计整个模型的拟合程度

在传统路径分析中，只能估计每一路径（变量间关系）的强弱。在结构方程分析中，除上述参数的估计外，还可以计算不同模型对同一个样本数据的整体拟合程度，从而判断哪一个模型更接近数据所呈现的关系。

（资料来源：程开明：《结构方程模型的特点及应用》，《统计与决策》2006 年第 10 期。）

二 建模步骤

由于本书采用的是验证性因子分析（CFA）的研究方法，预先对模型的因子个数、测量指标与因子的从属关系进行确定，因此对于不存在从属关系的测量指标与因子，本书把它们的因子负荷设定为零。具体的建模步骤参考了侯杰泰等所著的《结构方程模型及其应用》一书（侯杰泰等，2004），具体步骤如下：

（一）模型的构建

模型的构建主要包括三个部分，第一是测量指标与潜变量从属关系的确定；第二是潜变量之间相互关系的确定；第三是从研究的实际需要出发，确定是否需要对特定的因子负荷或因子相关系数进行直接的赋值。

（二）模型的拟合

模型拟合的具体内容就是使用计量软件对测量指标与潜变量的因子负荷、潜变量之间的相关系数进行拟合估计。

（三）模型评价

模型评价是对反映构建的模型是否拟合得当的一系列拟合指数进行评价后，判断是否要对模型进行修正，如果大部分拟合指数与指数的建议值相去甚远，那就有必要对所构建的模型进行重新检查。在一般的研究中，会出现少部分拟合指数与建议的标准存在小幅度的差别，如果重新检查理论模型不存在漏洞，并且数据也是真实可靠的，这种小幅度的差别是可以被允许的。本书采用的拟合指数和具体的建议值如表5-1所示。其中 x^2/df 属于基于拟合函数的指数（Fit Function），GFI 和 AGFI 属于拟合优度指数，RMR 和 RMSEA 属于近似误差指数，以上五个指数属于绝对拟合指数的范畴；剩余的 NNFI、NFI、IFI 和 CFI 则属于相对拟合指数的范畴。

表13-1　　　　　　　　结构方程模型拟合结果建议值

拟合指标	x^2/df	GFI	AGFI	NNFI	NFI	IFI	CFI	RMR	RMSEA
测量值	<5	>0.9	>0.9	>0.9	>0.9	>0.9	>0.9	<0.05	<0.08

（四）模型的修正

模型修正包括三个部分。第一，根据基础理论提出 1 个以上的先验模型；第二，重新检视测量方程模型和结构方程模型中测量指标与潜变量、潜变量与潜变量之间的关系，在此基础上重新确定新的从属关系并进行修正，重新建立新的测量方程模型和结构方程模型再次进行检验；第三，根据拟合指数的检验的结果确定是否需要再次进行修正。

第三节　指标选择和数据来源

一　指标的选择

根据前文的多因素直接影响效应理论分析，结合农业高新技术产业的实际发展状况，构建出社会、科技、产业、农业生态、金融和产业发展绩效六个维度影响因素的指标体系。具体指标如表 13 - 2 至表 13 - 7 所示。

表 13 - 2　　　　　　　　社会维度指标体系

维度	潜变量因素	指标
社会维度 （A）	政策保障（A1）	产业发展财税优惠政策的制定（A11）
		产业发展融资补贴政策的制定（A12）
		产业法律法规的制定（A13）
	区位因素（A2）	产业所在地的对外开放度（A21）
		产业内劳动力工资水平（A22）
		产业所在地的经济发展程度（A23）
		产业的地理环境（A24）
	基础设施（A3）	产业的仓储设施建设（A31）
		产业内公共服务设施建设（A32）
		产业内生产设施建设（A33）
		产品的销售网络建设（A34）
	社会中介组织 （A4）	产业相关的中介服务组织（A41）
		产业信息咨询机构（A42）
		产业内企业孵化器（A43）
		产品和技术推广平台（A44）

表 13 – 3   科技维度指标体系

维度	潜变量因素	指标
科技维度 （B）	科技研发（B1）	农业科研团队建设（B11）
		农业科研团队间信息共享程度（B12）
		农业科研团队间协同研发能力（B13）
		农业技术成果产出状况（B14）
	项目管理（B2）	农业科技研发项目的立项机制（B21）
		农业科技研发项目的管理机制（B22）
		农业科技研发项目的撤项退出机制（B23）
	科技政策（B3）	国家农业科技发展政策的实施效果（B31）
		产业所在地农业科技奖励政策的实施效果（B32）
		农业高技术人才管理政策的实施效果（B33）
	科研人员（B4）	农业科研团队成员的学历水平（B41）
		农业科研团队成员的业务水平（B42）
		农业科研团队成员的科学精神和责任心（B43）
		农业科研团队团队负责人的经验和能力（B44）

表 13 – 4   产业维度指标体系

维度	潜变量因素	指标
产业维度 （C）	产业运营（C1）	产业内企业整体负债状况（C11）
		产业内企业的盈利状况（C12）
		产业内企业现金流动状况（C13）
		产业整体发展规模（C14）
		产业链整合状况（C15）
	产业管理（C2）	产业发展的管理方法（C21）
		产业的整体运行效率（C22）
		产业文化的塑造（C23）
		产业内企业家精神的培养（C24）
	产业销售（C3）	农业高新技术产品的市场定位（C31）
		农业高新技术产品的市场前景（C32）
		农业高新技术产品的市场价值（C33）
		农业高新技术产品的营销策略（C34）
		农业高新技术产品的售后服务（C35）

续表

维度	潜变量因素	指标
产业维度 （C）	产业资源（C4）	产业内资产水平（C41）
		产业内从业人员综合素质（C42）
		产业内的创新条件（C43）
		产业内企业整体信用状况（C44）

表 13 – 5　　　　　　　　　　农业生态维度指标体系

维度	潜变量因素	指标
农业生态维度 （D）	农业政策（D1）	产业所在地农业财税政策的实施效果（D11）
		产业所在地农业发展政策的实施效果（D12）
		产业所在地农业技术推广政策的实施效果（D13）
	农业劳动力素质 （D2）	产业所在地的农业从业人员（D21）
		产业所在地对农户的技术培训（D22）
		产业所在地农户对新技术的掌握程度（D23）
		产业所在地农户对新技术的应用程度（D24）
	生态环境（D3）	产业所在地的耕地状况（D31）
		产业所在地的生态保护状况（D32）
		产业所在地的污染治理程度（D33）
	农业经济（D4）	产业所在地的农业产值水平（D41）
		产业所在地的农业机械化程度（D42）
		产业所在地的农户收入状况（D43）

表 13 – 6　　　　　　　　　　金融维度指标体系

维度	潜变量因素	指标
金融维度（E）	金融支持能力 （E1）	产业所在地金融机构的存款状况（E11）
		金融机构对产业发展的信贷融资总量（E12）
		政府对产业发展的财政支出状况（E13）
	金融支持效率 （E2）	产业内金融贷款的可获得性（E21）
		产业内财政补贴的可获得性（E22）
		金融机构对产业发展的服务效率（E23）
		产业内金融风险的控制（E24）

续表

维度	潜变量因素	指标
金融维度（E）	产融协调程度（E3）	产业内债务偿还状况（E31）
		产业内信贷融资的利率水平（E32）
		产业内信贷双方的信息沟通（E33）

表 13 - 7　　　　　　　　　产业发展绩效维度指标体系

维度	潜变量因素	指标
产业发展绩效维度（F）	产业效益（F1）	产业的可持续发展（F11）
		产业的生产效益（F12）
		产业发展的融资回报状况（F13）
		产业集群竞争力的提升（F14）
	社会效益（F2）	产业所在地就业率的提升（F21）
		产业发展对区域经济的促进作用（F22）
		产业发展对生态环境的改善（F23）
		客户对产品的满意度（F24）

二　数据的来源

本章的研究数据来源于调研数据，数据收集的步骤分成三部分：第一是调查问卷的设计；第二是调研对象的遴选；第三是实地调研并收集相关数据。

（一）调查问卷的设计

在前文理论分析以及模型指标体系的基础上，设计共 78 个题项的调查问卷，每个题项通过七点量表进行打分评价，被调查对象对题项重要性进行判别后打出相应的分数。分数越低，说明被调查对象认为题项的内容不重要；分数越高，说明被调查对象认为题项的内容具有重要意义。

（二）调研对象的遴选

调研的起止时间为 2014 年 6 月到 2015 年 3 月，调研对象主要是相关领域的专家学者和农业高新技术产业从业人员。产业从业人员的调研区域为杨凌地区农业高新技术产业内的从业人员，主要是农业高新技术企业的管理人员和基层从业人员；从调查企业的成长时间来看，既有新成立的企业，又有已经发展到一定规模的成熟企业，务求使调查能全面客观地反映农业高新技术产业的发展状况。

（三）问卷数据的获取

调研数据的获取途径主要有两个：第一，运用高校的教育和信息优势，通过电话访谈和电子邮件的方式联系校内和校外涉及相关领域的专家学者进行问卷调查；第二，运用电话访谈、预约拜访等方式对农业高新技术企业进行问卷调查，调查对象包含管理人员以及基层的员工。

问卷总共发放 310 份，回收问卷为 298 份，有效问卷为 292 份，回收率 96.13%，有效率为 94.19%。回收的有效问卷客观地反映了农业高新技术产业的发展状况。

第四节　数据的预处理和验证性因素分析

一　数据的预处理

（一）数据的描述性统计

表 13-8 至表 13-13 给出了社会、科技、产业、农业生态、金融和产业发展绩效六个维度 78 个测量指标的统计描述。首先所有变量的打分制均为 1—7 的分数，不同的变量均值具有差异性并且基本处于［3，6］的区间，同时标准差的变化幅度不大，这说明了数据具备基本的可靠性。偏度与峰度的测算值正负比例近似各占一半，且大多数测量指标的绝对值有都小于 1，说明数据与标准正态分布相比偏斜的程度不高，并且峰值与正态分布峰值的距离也不远。虽然本书的调研数据没有呈现完美的正态分布趋势，但是仍具有科学的价值，并且在实际调研中所得的数据往往难以符合严格的正态分布要求，因此本次调研数据仍符合进行结构方程模型计量分析的要求。

表 13-8   社会维度指标的统计描述

指标	极小值	极大值	均值	标准差	偏度	峰度
产业发展财税优惠政策的制定	1	7	5.06	1.417	0.673	0.298
产业发展融资补贴政策的制定	1	7	4.37	1.385	-0.122	-0.067
产业法律法规的制定	1	7	3.08	1.464	-0.15	-0.589
产业所在地的对外开放度	1	7	5.02	1.397	0.776	0.488
产业内劳动力工资水平	1	7	4.38	1.384	-0.125	-0.071
产业所在地的经济发展程度	1	7	4.52	1.386	-0.491	-0.09
产业的地理环境	1	7	3.03	1.466	0.153	0.362
产业的仓储设施建设	1	7	4.51	1.484	-0.382	0.298
产业内公共服务设施建设	1	7	3.98	1.573	0.083	-0.615
产业内生产设施建设	1	7	4.99	1.417	0.509	-0.107
产品的销售网络建设	1	7	5.37	1.352	-1.067	1.148
产业相关的中介服务组织	1	7	3.92	1.394	-0.672	0.537
产业信息咨询机构	1	7	5.37	1.352	0.933	1.025
产业内企业孵化器	1	7	4.45	1.429	0.312	-0.174
产品和技术推广平台	1	7	4.36	1.404	-0.284	-0.139

表 13-9   科技维度指标的统计描述

指标	极小值	极大值	均值	标准差	偏度	峰度
农业科研团队建设	1	7	4.46	1.439	0.227	-0.493
农业科研团队间信息共享程度	1	7	4.96	1.401	-0.583	0.176
农业科研团队间协同研发能力	1	7	5.36	1.423	0.827	0.516
农业技术成果产出状况	1	7	4.05	1.482	-0.159	-0.511
农业科技研发项目的立项机制	1	7	4.07	1.510	-0.051	-0.595
农业科技研发项目的管理机制	1	7	5.03	1.344	0.563	0.183
农业科技研发项目的撤项退出机制	1	7	4.57	1.485	-0.391	-0.316
国家农业科技发展政策的实施效果	1	7	4.64	1.418	-0.582	-0.017
产业所在地农业科技奖励政策的实施效果	1	7	4.12	1.453	0.292	0.286
农业高技术人才管理政策的实施效果	1	7	5.08	1.384	0.816	0.612

续表

指标	极小值	极大值	均值	标准差	偏度	峰度
农业科研团队成员的学历水平	1	7	4.54	1.405	-0.335	-0.227
农业科研团队成员的业务水平	1	7	5.46	1.410	-0.905	0.479
农业科研团队成员的科学精神和责任心	1	7	5.04	1.441	0.633	0.11
农业科研团队团队负责人的经验和能力	1	7	4.02	1.486	-0.156	-0.682

表 13 – 10　　　　　　　　产业维度指标的统计描述

指标	极小值	极大值	均值	标准差	偏度	峰度
产业内企业整体负债状况	1	7	4.97	1.503	0.73	0.128
产业内企业的盈利状况	1	7	3.49	1.541	-0.363	-0.459
产业内企业现金流动状况	1	7	5.43	1.485	-0.909	0.459
产业整体发展规模	1	7	4.58	1.510	0.478	-0.314
产业链整合状况	1	7	3.01	1.548	-0.118	-0.679
产业发展的管理方法	1	7	4.03	1.466	0.219	-0.448
产业的整体运行效率	1	7	3.49	1.398	0.426	0.009
产业文化的塑造	1	7	5.42	1.376	-0.871	0.487
产业内企业家精神的培养	1	7	4.94	1.442	-0.681	0.235
农业高新技术产品的市场定位	1	7	3.50	1.423	0.44	-0.086
农业高新技术产品的市场前景	1	7	5.44	1.375	-0.905	0.719
农业高新技术产品的市场价值	1	7	4.03	1.359	0.645	0.481
农业高新技术产品的营销策略	1	7	4.02	1.532	-0.087	-0.697
农业高新技术产品的售后服务	1	7	3.52	1.461	-0.261	-0.355
产业内资产水平	1	7	4.49	1.512	0.425	-0.408
产业内从业人员综合素质	1	7	5.38	1.442	-0.867	0.427
产业内的创新条件	1	7	4.45	1.593	0.34	0.555
产业内企业整体信用状况	1	7	3.88	1.507	-0.595	-0.132

表 13-11 农业生态维度指标的统计描述

指标	极小值	极大值	均值	标准差	偏度	峰度
产业所在地农业财税政策的实施效果	1	7	4.50	1.475	0.363	-0.339
产业所在地农业发展政策的实施效果	1	7	4.92	1.441	-0.563	0.048
产业所在地农业技术推广政策的实施效果	1	7	4.10	1.496	0.257	-0.418
产业所在地的农业从业人员	1	7	3.97	1.484	-0.271	-0.483
产业所在地对农户的技术培训	1	7	4.92	1.425	0.714	0.119
产业所在地农户对新技术的掌握程度	1	7	5.46	1.405	-0.906	0.452
产业所在地农户对新技术的应用程度	1	7	3.42	1.510	-0.343	-0.406
产业所在地的耕地状况	1	7	4.52	1.489	0.367	-0.331
产业所在地的生态保护状况	1	7	4.94	1.496	-0.713	0.275
产业所在地的污染治理程度	1	7	5.47	1.383	-1.033	0.935
产业所在地的农业产值水平	1	7	5.04	1.353	0.794	0.708
产业所在地的农业机械化程度	1	7	4.57	1.389	-0.41	-0.098
产业所在地的农户收入状况	1	7	3.03	1.419	0.296	-0.446

表 13-12 金融维度指标的统计描述

指标	极小值	极大值	均值	标准差	偏度	峰度
产业所在地金融机构的存款状况	1	7	4.01	1.476	-0.663	0.167
金融机构对产业发展的信贷融资总量	1	8	5.56	1.520	0.555	0.081
政府对产业发展的财政支出状况	1	7	4.56	1.485	0.504	0.074
产业内金融贷款的可获得性	1	7	5.01	1.376	-0.792	0.69
产业内财政补贴的可获得性	1	7	3.11	1.425	-0.043	-0.368
金融机构对产业发展的服务效率	1	7	5.45	1.308	0.930	0.865
产业内金融风险的控制	1	7	4.53	1.437	-0.573	0.068
产业内债务偿还状况	1	7	5.46	1.380	0.991	0.901

续表

指标	极小值	极大值	均值	标准差	偏度	峰度
产业内信贷融资的利率水平	1	7	3.53	1.432	0.324	-0.173
产业内信贷双方的信息沟通	1	7	5.02	1.429	-0.699	0.389

表 13 – 13　　　　　　　产业发展绩效指标的统计描述

指标	极小值	极大值	均值	标准差	偏度	峰度
产业的可持续发展	1	7	5.43	1.428	1.019	0.846
产业的生产效益	1	7	4.42	1.413	0.938	0.682
产业发展的融资回报状况	1	7	5.02	1.424	-0.727	0.403
产业集群竞争力的提升	1	7	4.44	1.441	1.050	0.952
产业所在地就业率的提升	1	7	5.81	1.332	-0.948	1.258
产业发展对区域经济的促进作用	1	7	4.98	1.398	0.557	-0.271
产业发展对生态环境的改善	1	7	5.80	1.334	-1.238	0.907
客户对产品的满意度	1	7	4.43	1.452	0.912	0.808

（二）数据的信度检验

运用 SPSS 软件对 78 个题项的数据进行信度检验，检验结果如表 13 – 14 所示。通过对六个维度 21 个潜变量的 Cronbach's alpha 值进行测算，均大于 0.7。信度分析证明了调查数据具有较好的一致性，数据符合进行结构方程模型分析的信度要求。

表 13 – 14　　　　　　　　信度检验

因素	信度		信度
政策保障	0.724		
区位因素	0.862		
基础设施	0.865	社会维度	0.837
社会中介组织	0.775		
科技研发	0.793		
项目管理	0.843		
科技政策	0.733	科技维度	0.840
科研人员	0.890		

因素	信度		信度
产业运营	0.774	产业维度	0.823
产业管理	0.857		
产品销售	0.765		
产业资源	0.875		
农业政策	0.745	农业生态维度	0.816
农业劳动力素质	0.831		
生态环境	0.872		
农业经济	0.752		
金融支持能力	0.757	金融维度	0.805
金融支持效率	0.849		
产融协调程度	0.737		
产业效益	0.801	产业发展绩效	0.826
社会效益	0.845		

二 验证性因素分析

验证性因素分析由两个部分组成。首先是测量指标对潜变量因素聚敛程度，这主要由平均变异萃取量（Average Variance Extracter）来进行估计；第二是潜变量因素间的区别效度检验，这主要由因素间相关系数的 95% 误差区间是否涵盖 1 进行判断。具体计算公式如下：

$$AVE = \frac{\sum \lambda_x^2}{\sum \lambda_x^2 + \sum \delta_x} \tag{13.4}$$

其中，λ_x 为测量指标标准化的因素载荷，δ_x 为测量指标的误差。

$$95\% CI = PHI \pm 1.96SE(PHI) \tag{13.5}$$

其中，PHI 是潜变量因素间的相关系数，$SE（PHI）$ 是对应相关系数的标准误差。

（一）社会维度

社会维度下包含四个因素：政策保障、区位因素、基础设施和社会中介组织。根据图 13-1，各个因素底下的测量指标的因素载荷 λ 均大于 0.50, 说明因素与指标之间具有良好的聚敛关系; 根据表 13 – 15, 除 *AGFI* 一项指标略低于 0.9 外, 其余拟合指标符合拟合的要求, 其中 $x^2/df = 2.580$, $GFI = 0.91 > 0.9$, $NNFI = 0.98 > 0.9$, $NFI = 0.97 > 0.9$, $IFI = 0.98 > 0.9$, $CFI = 0.98 > 0.9$, $RMR = 0.032 < 0.05$, $RMSEA = 0.074 < 0.08$。模型总体拟合良好, 可以接受。

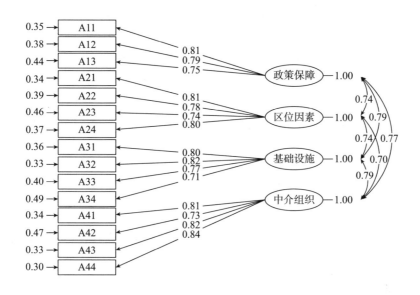

图 13 – 1   社会维度影响因素模型标准化路径系数

表 13 – 15 社会维度影响因素模型拟合结果

拟合指标	x^2/df	GFI	AGFI	NNFI	NFI	IFI	CFI	RMR	RMSEA
测量值	2.580	0.91	0.87	0.98	0.97	0.98	0.98	0.032	0.074

根据模型的标准化路径图, 可得社会维度四个因素聚敛效度和区别效度估计值, 如表 13 – 16 和表 13 – 17 所示。根据表 13 – 16, 所有因素的 *AVE* 值均高于 0.5, 分别是 0.612、0.611、0.604 和 0.641, 这说明了因素间具有良好的聚敛效度; 根据表 13 – 17, 95% *CI* – 和 95% *CI* + 的置信区间均不涵盖 1.00, 说明了因素间相关系数不为 1, 因素间具有较好的区别效度, 除政策保障和基础设施、基础设施和社会中介组织这

两对因素以外，其余的两两因素间的 AVE 均值都高于相关系数的平方，这说明总体上模型内各因素具有良好的相互区别性质。

表 13 – 16　　　　　　　社会维度影响因素模型聚敛效度检验

潜变量因素	政策保障	区位因素	基础设施	社会中介组织
AVE	0.612	0.611	0.604	0.641

表 13 – 17　　　　　　　社会维度影响因素模型区别效度检验

	相关系数	相关系数的标准误	相关系数的平方值	两两因素 AVE 均值	95% CI –	95% CI +
A1 * A2	0.74	0.04	0.548	0.611	0.662	0.818
A1 * A3	0.79	0.03	0.624	0.608	0.731	0.849
A1 * A4	0.77	0.04	0.593	0.626	0.692	0.848
A2 * A3	0.74	0.04	0.548	0.608	0.662	0.818
A2 * A4	0.70	0.04	0.490	0.626	0.622	0.778
A3 * A4	0.79	0.03	0.624	0.622	0.731	0.849

（二）科技维度

科技维度下包含四个因素：科技研发、项目管理、科技政策和科研人员。根据图 13 – 2，各个因素底下的测量指标的因素载荷 λ 均大于 0.50，说明因素与指标之间具有良好的聚敛关系；根据表 13 – 18，所有拟合指标符合拟合的要求，其中 $x^2/df = 1.432$，$GFI = 0.95 > 0.9$，$AGFI = 0.93 > 0.9$，$NNFI = 0.96 > 0.9$，$NFI = 0.95 > 0.9$，$IFI = 0.98 > 0.9$，$CFI = 0.97 > 0.9$，$RMR = 0.028 < 0.05$，$RMSEA = 0.069 < 0.08$。模型总体拟合良好，可以接受。

表 13 – 18　　　　　　　科技维度影响因素模型拟合结果

拟合指标	x^2/df	GFI	AGFI	NNFI	NFI	IFI	CFI	RMR	RMSEA
测量值	1.432	0.95	0.93	0.96	0.95	0.98	0.97	0.028	0.069

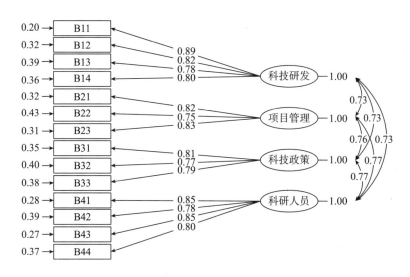

图 13 - 2　科技维度影响因素模型标准化路径系数

根据图 13 - 2，可得科技维度四个因素聚敛效度和区别效度估计值，如表 13 - 19 和表 13 - 20 所示。根据表 13 - 19，所有因素的 *AVE* 值均高于 0.5，分别是 0.681、0.645、0.624 和 0.673，这说明因素间具有良好的聚敛效度；根据表 13 - 20，95% *CI* - 和 95% *CI* + 的置信区间均不涵盖 1.00，说明因素间相关系数不为 1，因素间具有较好的区别效度，所有两两因素间的 *AVE* 均值都高于相关系数的平方，这说明模型内各因素具有良好的相互区别性质。

表 13 - 19　　　　　科技维度影响因素模型聚敛效度检验

潜变量因素	科技研发	项目管理	科技政策	科研人员
AVE	0.681	0.645	0.624	0.673

表 13 - 20　　　　　科技维度影响因素模型区别效度检验

	相关系数	相关系数的标准误	相关系数的平方值	两两因素 *AVE* 均值	95% *CI* -	95% *CI* +
B1 * B2	0.73	0.04	0.533	0.663	0.652	0.808
B1 * B3	0.73	0.04	0.533	0.652	0.652	0.808

续表

	相关系数	相关系数的标准误	相关系数的平方值	两两因素AVE均值	95%CI−	95%CI+
B1 * B4	0.73	0.03	0.533	0.677	0.672	0.789
B2 * B3	0.76	0.04	0.578	0.634	0.682	0.838
B2 * B4	0.77	0.03	0.593	0.659	0.711	0.829
B3 * B4	0.77	0.03	0.593	0.648	0.711	0.829

（三）产业维度

产业维度下包含四个因素：产业运营、产业管理、产业销售和产业资源。根据图 13 – 3，各个因素底下的测量指标的因素载荷 λ 均大于 0.50，说明因素与指标之间具有良好的聚敛关系；根据表 13 – 21，所有拟合指标符合拟合的要求，其中 $x^2/df = 1.556$，$GFI = 0.93 > 0.9$，$AGFI = 0.91 > 0.9$，$NNFI = 0.97 > 0.9$，$NFI = 0.97 > 0.9$，$IFI = 0.98 > 0.9$，$CFI = 0.97 > 0.9$，$RMR = 0.032 < 0.05$，$RMSEA = 0.064 < 0.08$。模型总体拟合良好，可以接受。

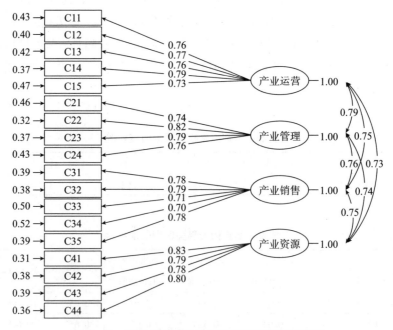

图 13 – 3 产业维度影响因素模型标准化路径系数

表 13 - 21　　　　　　产业维度影响因素模型拟合结果

拟合指标	x^2/df	GFI	AGFI	NNFI	NFI	IFI	CFI	RMR	RMSEA
测量值	1.556	0.93	0.91	0.97	0.97	0.98	0.97	0.032	0.064

　　根据图 13 - 3，可得产业维度四个因素聚敛效度和区别效度估计值，如表 13 - 22 和表 13 - 23 所示。根据表 13 - 22，所有因素的 AVE 值均高于 0.5，分别是 0.582、0.605、0.565 和 0.640，这说明了因素间具有良好的聚敛效度；根据表 5 - 23，95% CI - 和 95% CI + 的置信区间均不涵盖 1.00，说明了因素间相关系数不为 1，因素间具有较好的区别效度，除产业运营和产业管理两项因素以外，其余两两因素间的 AVE 均值都高于相关系数的平方，这说明从总体来说模型内各因素具有良好的相互区别性质。

表 13 - 22　　　　　　产业维度影响因素模型聚敛效度检验

潜变量因素	产业运营	产业管理	产品销售	产业资源
AVE	0.582	0.605	0.565	0.640

表 13 - 23　　　　　　产业维度影响因素模型区别效度检验

	相关系数	相关系数的标准误	相关系数的平方值	两两因素 AVE 均值	95% CI -	95% CI +
D1 * D2	0.79	0.03	0.624	0.593	0.731	0.849
D1 * D3	0.75	0.03	0.563	0.573	0.691	0.809
D1 * D4	0.73	0.04	0.533	0.611	0.652	0.808
D2 * D3	0.76	0.04	0.578	0.585	0.682	0.838
D2 * D4	0.74	0.04	0.548	0.623	0.662	0.818
D3 * D4	0.75	0.03	0.563	0.603	0.691	0.809

（四）农业生态维度

　　农业生态维度下包含四个因素：农业政策、农业劳动力素质、生态环境和农业经济。根据图 13 - 4，各个因素底下的测量指标的因素载荷 λ 均大于 0.50，说明因素与指标之间具有良好的聚敛关系；根据

表 13 –24，所有拟合指标符合拟合的要求，其中 $x^2/df = 1.930$，$GFI = 0.94 > 0.9$，$AGFI = 0.91 > 0.9$，$NNFI = 0.96 > 0.9$，$NFI = 0.95 > 0.9$，$IFI = 0.99 > 0.9$，$CFI = 0.98 > 0.9$，$RMR = 0.039 < 0.05$，$RMSEA = 0.077 < 0.08$。模型总体拟合良好，可以接受。

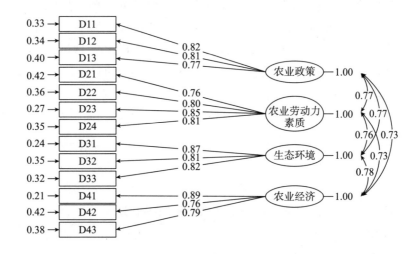

图 13 – 4　农业生态维度影响因素模型标准化路径系数

表 13 – 24　农业生态维度影响因素模型拟合结果

拟合指标	x^2/df	GFI	AGFI	NNFI	NFI	IFI	CFI	RMR	RMSEA
测量值	1.930	0.94	0.91	0.96	0.95	0.99	0.98	0.039	0.077

根据图 13 – 4，可得农业生态维度四个因素聚敛效度和区别效度估计值，如表 13 – 25 和表 13 – 26 所示。根据表 13 – 25，所有因素的 *AVE* 值均高于 0.5，分别是 0.642、0.650、0.696 和 0.664，这说明因素间具有良好的聚敛效度；根据表 5 – 26，95% *CI* – 和 95% *CI* + 的置信区间均不涵盖 1.00，说明因素间相关系数不为 1，因素间具有较好的区别效度，所有两两因素间的 *AVE* 均值都高于相关系数的平方，这说明模型内各因素具有良好的相互区别性质。

表 13 - 25　　　　　农业生态维度影响因素模型聚敛效度检验

潜变量因素	农业政策	农业劳动力素质	生态环境	农业经济
AVE	0.642	0.650	0.696	0.664

表 13 - 26　　　　　农业生态维度影响因素模型区别效度检验

	相关系数	相关系数的标准误	相关系数的平方值	两两因素 AVE 均值	95% CI -	95% CI +
C1 * C2	0.77	0.03	0.593	0.646	0.711	0.829
C1 * C3	0.77	0.03	0.593	0.669	0.711	0.829
C1 * C4	0.73	0.04	0.533	0.653	0.652	0.808
C2 * C3	0.76	0.03	0.578	0.673	0.701	0.819
C2 * C4	0.73	0.04	0.533	0.657	0.652	0.808
C3 * C4	0.78	0.03	0.608	0.680	0.721	0.839

（五）金融维度

金融维度下包含三个因素：金融支持能力、金融支持效率、产融协调程度。根据图 13 - 5，各个因素底下的测量指标的因素载荷 λ 均大于 0.50，说明因素与指标之间具有良好的聚敛关系；根据表 13 - 27，所有拟合指标符合拟合的要求，其中 $x^2/df = 1.525$，$GFI = 0.95 > 0.9$，$AGFI = 0.94 > 0.9$，$NNFI = 0.98 > 0.9$，$NFI = 0.97 > 0.9$，$IFI = 0.99 > 0.9$，$CFI = 0.98 > 0.9$，$RMR = 0.038 < 0.05$，$RMSEA = 0.062 < 0.08$。模型总体拟合良好，可以接受。

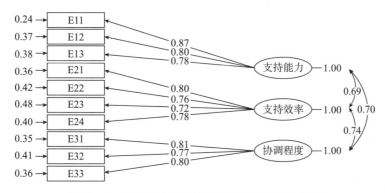

图 13 - 5　金融维度影响因素模型标准化路径系数

表 13 - 27   金融维度影响因素模型拟合结果

拟合指标	x^2/df	GFI	AGFI	NNFI	NFI	IFI	CFI	RMR	RMSEA
测量值	1.525	0.95	0.94	0.98	0.97	0.99	0.98	0.038	0.062

　　根据图 13 - 5，可得金融维度三个因素聚敛效度和区别效度估计值，如表 13 - 28 和表 13 - 29 所示。根据表 13 - 28，所有因素的 AVE 值均高于 0.5，分别是 0.669、0.585 和 0.628，这说明因素间具有良好的聚敛效度；根据表 13 - 29，95% CI - 和 95% CI + 的置信区间均不涵盖 1.00，说明因素间相关系数不为 1，所有两两因素间的 AVE 均值都高于相关系数的平方，这说明从总体来说模型内各因素具有良好的相互区别性质。

表 13 - 28   金融维度影响因素模型聚敛效度检验

潜变量因素	金融支持能力	金融支持效率	产融协调程度
AVE	0.669	0.585	0.628

表 13 - 29   金融维度影响因素模型区别效度检验

	相关系数	相关系数的标准误	相关系数的平方值	两两因素 AVE 均值	95% CI -	95% CI +
E1 * E2	0.69	0.04	0.4761	0.627469	0.6116	0.7684
E1 * E3	0.7	0.04	0.49	0.648633	0.6216	0.7784
E2 * E3	0.74	0.04	0.5476	0.60662	0.6616	0.8184

（六）产业发展绩效维度

　　产业发展绩效维度下包含两个因素：产业效益和社会效益。根据图 13 - 6，各个因素底下的测量指标的因素载荷 λ 均大于 0.50，说明因素与指标之间具有良好的聚敛关系；根据表 13 - 30，所有拟合指标符合拟合的要求，其中 $x^2/df = 1.599$，$GFI = 0.93 > 0.9$，$AGFI = 0.92 > 0.9$，$NNFI = 0.98 > 0.9$，$NFI = 0.96 > 0.9$，$IFI = 0.99 > 0.9$，$CFI = 0.98 > 0.9$，$RMR = 0.046 < 0.05$，$RMSEA = 0.065 < 0.08$。模型总体拟

合良好，可以接受。

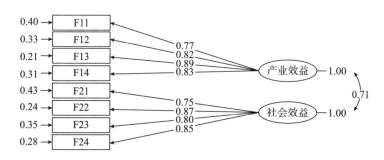

图 13 - 6　产业发展绩效维度影响因素模型标准化路径系数

表 13 - 30　　　　　产业发展绩效影响因素模型拟合结果

拟合指标	x^2/df	GFI	AGFI	NNFI	NFI	IFI	CFI	RMR	RMSEA
测量值	1.599	0.93	0.92	0.98	0.96	0.99	0.98	0.046	0.065

　　根据图 13 - 6，可得产业发展绩效维度两个因素聚敛效度和区别效度估计值，如表 13 - 31 和表 13 - 32 所示。根据表 13 - 31，所有因素的 *AVE* 值均高于0.5，分别是 0.687 和 0.674，这说明因素间具有良好的聚敛效度；根据表 5 - 32，95% *CI* - 和 95% *CI* + 的置信区间均不涵盖1.00，说明因素间相关系数不为1，所有两两因素间的 *AVE* 均值都高于相关系数的平方，这说明从总体来说模型内各因素具有良好的相互区别性质。

表 13 - 31　　　产业发展绩效维度影响因素模型聚敛效度检验

潜变量因素	产业效益	社会效益
AVE	0.687	0.674

表 13 - 32　　　产业发展绩效维度影响因素模型区别效度检验

	相关系数	相关系数的标准误	相关系数的平方值	两两因素 *AVE* 均值	95% *CI* -	95% *CI* +
F1 * F2	0.71	0.04	0.504	0.680	0.632	0.788

第五节　多因素直接影响效应的实证分析

在多因素直接影响效应的实证分析中，通过构建社会、科技、产业、农业生态、金融五个维度影响因素的潜变量结构方程模型，结合用于衡量产业发展状况的产业发展绩效模型，从实证的角度分析社会、科技、产业、农业生态、金融五个影响因素对产业发展的直接影响作用，在实证结果的基础上，从五个维度影响因素中甄别出对产业发展产生显著、正向影响作用的潜变量因素，从而确定金融支持的实施对象。

一　社会维度

根据表 13 – 33，除了 $AGFI$ 一项指标，所有拟合指标符合拟合的要求，其中 $x^2/df = 1.795$，$GFI = 0.91 > 0.9$，$NNFI = 0.97 > 0.9$，$NFI = 0.96 > 0.9$，$IFI = 0.99 > 0.9$，$CFI = 0.98 > 0.9$，$RMR = 0.035 < 0.05$，$RMSEA = 0.052 < 0.08$。模型总体拟合良好，可以接受。

表 13 – 33　　　　　　　社会维度影响因素模型拟合结果

拟合指标	x^2/df	GFI	$AGFI$	$NNFI$	NFI	IFI	CFI	RMR	$RMSEA$
测量值	1.795	0.91	0.87	0.97	0.96	0.99	0.98	0.035	0.052

根据图 13 – 7，政策保障、区位因素、基础设施和社会中介组织四个影响因素均对产业效益和社会效益有正向的影响作用。然而，根据图 13 – 8，政策保障和社会中介组织对产业效益和社会效益的影响均没有通过显著性检验，其中政策保障对产业效益和社会效益的 t 值分别为 1.79 和 1.16，社会中介组织对产业效益和社会效益的 t 值分别为 1.90 和 0.65，其绝对值均少于 1.96。区位因素和基础设施对产业效益和社会效益的影响通过了显著性检验，其中区位因素对产业效益和社会效益的 t 值分别为 3.05 和 3.42，基础设施对产业效益和社会效益的 t 值分别为 2.78 和 3.42，其绝对值均大于 1.96，区位因素和基础设施对农业

高新技术产业发展绩效的产业效益和社会效益有显著、正向的影响作用。

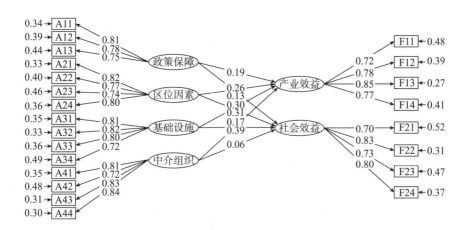

图 13 – 7　社会维度与产业发展绩效维度关系模型标准化路径系数

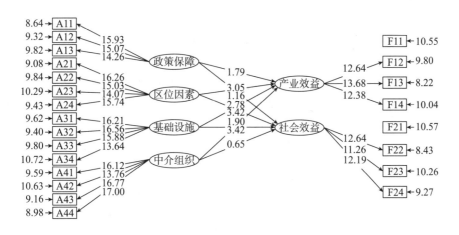

图 13 – 8　社会维度与产业发展绩效维度关系模型显著性检验

二　科技维度

根据表 13 – 34，所有拟合指标符合拟合的要求，其中 $x^2/df = 1.294$，$GFI = 0.93 > 0.9$，$AGFI = 0.91 > 0.9$，$NNFI = 0.95 > 0.9$，$NFI = 0.94 > 0.9$，$IFI = 0.96 > 0.9$，$CFI = 0.95 > 0.9$，$RMR = 0.033 < 0.05$，

$RMSEA = 0.072 < 0.08$。模型总体拟合良好，可以接受。

表 13 - 34　　　　　　　　科技维度影响因素模型拟合结果

拟合指标	x^2/df	GFI	AGFI	NNFI	NFI	IFI	CFI	RMR	RMSEA
测量值	1.294	0.93	0.91	0.95	0.94	0.96	0.95	0.033	0.072

根据图 13 - 9，科技研发、项目管理、科技政策和科研人员四个影响因素均对产业效益和社会效益有正向的影响作用。然而，根据图13 - 10，项目管理对产业效益和社会效益的影响均没有通过显著性检验，科技政策对产业效益的影响没有通过显著性检验。其中项目管理对产业效益和社会效益的 t 值分别为 1.45 和 0.77，科技政策对产业效益的 t 值为 1.31，其绝对值少于 1.96；科技研发和科研人员对产业效益和社会效益的影响通过了显著性检验，科技政策对社会效益的影响通过了显著性检验。其中科技研发对产业效益和社会效益的 t 值分别为 3.06 和 2.25，科研人员对产业效益和社会效益的 t 值分别为 2.93 和 3.95，科技政策对社会效益的 t 值为 2.38，其绝对值均大于 1.96，科技研发和科研人员因素对农业高新技术产业发展绩效的产业效益和社会效益有显著、正向的影响作用，科技政策因素对农业高新技术产业发展绩效的社会效益有显著、正向的影响作用。

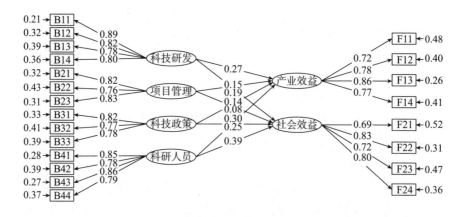

图 13 - 9　科技维度与产业发展绩效维度关系模型标准化路径系数

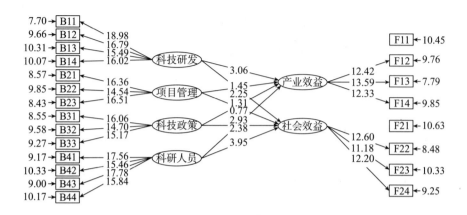

图 13 - 10　科技维度与产业发展绩效维度关系模型显著性检验

三　产业维度

根据表 13 - 35，所有拟合指标符合拟合的要求，其中 $x^2/df =$ 1. 845，$GFI = 0.91 > 0.9$，$AGFI = 0.90 > 0.9$，$NNFI = 0.96 > 0.9$，$NFI = 0.94 > 0.9$，$IFI = 0.97 > 0.9$，$CFI = 0.96 > 0.9$，$RMR = 0.044 < 0.05$，$RMSEA = 0.066 < 0.08$。模型总体拟合良好，可以接受。

表 13 - 35　　　　　产业发展绩效维度影响因素模型拟合结果

拟合指标	x^2/df	GFI	AGFI	NNFI	NFI	IFI	CFI	RMR	RMSEA
测量值	1. 845	0. 91	0. 90	0. 96	0. 94	0. 97	0. 96	0. 044	0. 066

根据图 13 - 11，产业运营、产业管理、产品销售和产业资源四个影响因素均对产业效益和社会效益有正向的影响作用。然而，根据图 13 - 12，产业运营对产业效益的影响没有通过显著性检验，其 t 值为 0. 84，小于 1. 96；产业管理对产业效益和社会效益的影响没有通过显著性检验，其 t 值分别为 1. 13 和 1. 23，小于 1. 96；产品营销对社会效益的影响没有通过显著性检验，其 t 值为 1. 58，小于 1. 96。产业运营对社会效益的影响通过显著性检验，其 t 值为 2. 89，大于 1. 96；产业销售对产业效益的影响通过显著性检验，其 t 值为 4. 88，大于 1. 96；产业资源对产业效益和社会效益的影响通过显著性检验，其 t 值分别为

2.73 和 3.54，大于 1.96。产品销售和产业资源因素对农业高新技术产业发展绩效的产业效益有显著、正向的影响作用，产业运营和产业资源因素对农业高新技术产业发展绩效的社会效益有显著、正向的影响作用。

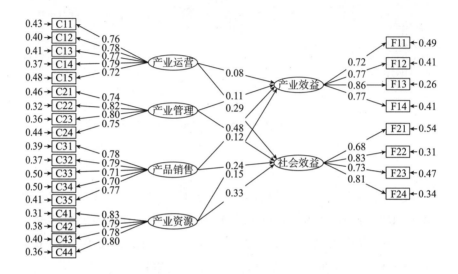

图 13-11　产业维度与产业发展绩效维度关系模型标准化路径系数

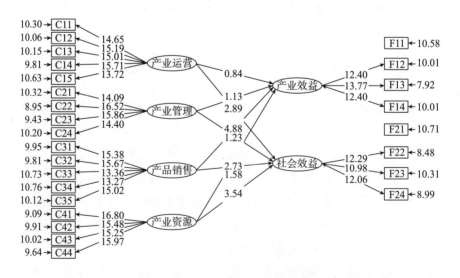

图 13-12　产业维度与产业发展绩效维度关系模型显著性检验

四　农业生态维度

根据表 13 - 36，所有拟合指标符合拟合的要求，其中 $x^2/df =$ 1.538，$GFI = 0.92 > 0.9$，$AGFI = 0.90 > 0.9$，$NNFI = 0.95 > 0.9$，$NFI = 0.95 > 0.9$，$IFI = 0.98 > 0.9$，$CFI = 0.97 > 0.9$，$RMR = 0.032 < 0.05$，$RMSEA = 0.064 < 0.08$。模型总体拟合良好，可以接受。

表 13 - 36　　　　　　农业生态维度影响因素模型拟合结果

拟合指标	x^2/df	GFI	AGFI	NNFI	NFI	IFI	CFI	RMR	RMSEA
测量值	1.538	0.92	0.90	0.95	0.95	0.98	0.97	0.032	0.064

根据图 13 - 13，农业政策、劳动力、生态环境和农业经济四个影响因素均对产业效益和社会效益有正向的影响作用。然而，根据图 13 - 14，农业政策对产业效益的影响没有通过显著性检验，其 t 值为 1.38，小于 1.96；农业劳动力素质对社会效益的影响没有通过显著性检验，其 t 值为 1.44，小于 1.96；生态环境对产业效益的影响没有通过显著性检验，其 t 值为 1.65，小于 1.96；农业经济对社会效益的影响没有通过显著性检验，其 t 值为 1.77，小于 1.96。农业政策对社会效益的影响通过显著性检验，其 t 值为 2.70，大于 1.96；农业劳动力素质对产业效益的影响通过显著性检验，其 t 值为 3.09，大于 1.96；

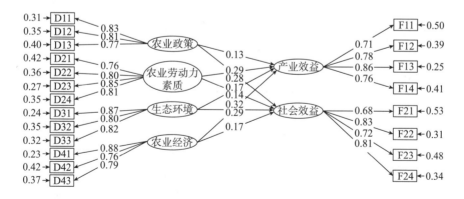

图 13 - 13　农业生态维度与产业发展绩效维度关系模型标准化路径系数

生态环境对社会效益的影响通过显著性检验，其 t 值为 2.71，大于 1.96；农业经济对产业效益的影响通过显著性检验，其 t 值为 3.34，大于 1.96。农业劳动力素质和农业经济因素对农业高新技术产业发展绩效的产业效益有显著、正向的影响作用，农业政策和生态环境因素对农业高新技术产业发展绩效的社会效益有显著、正向的影响作用。

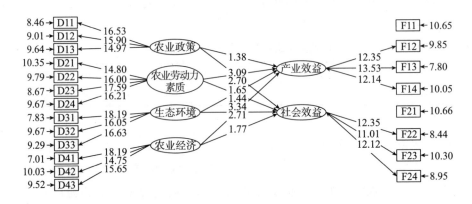

图 13-14　农业生态维度与产业发展绩效维度关系模型显著性检验

五　金融维度

根据表 13-37，所有拟合指标符合拟合的要求，其中 $x^2/df =$ 1.921，$GFI = 0.93 > 0.9$，$AGFI = 0.92 > 0.9$，$NNFI = 0.96 > 0.9$，$NFI = 0.94 > 0.9$，$IFI = 0.99 > 0.9$，$CFI = 0.97 > 0.9$，$RMR = 0.043 < 0.05$，$RMSEA = 0.073 < 0.08$。模型总体拟合良好，可以接受。

表 13-37　　　　　　　金融维度影响因素模型拟合结果

拟合指标	x^2/df	GFI	AGFI	NNFI	NFI	IFI	CFI	RMR	RMSEA
测量值	1.921	0.93	0.92	0.96	0.94	0.99	0.97	0.043	0.073

根据图 13-15，金融支持能力、金融支持效率、产融协调程度三个影响因素均对产业效益和社会效益有正向的影响作用。根据图 13-16，金融支持能力对产业效益和社会效益的影响通过显著性检验，其 t

值分别为 2.70 和 2.98，均大于 1.96；金融支持效率对产业效益和社会效益的影响通过显著性检验，其 t 值分别为 2.04 和 4.54，均大于 1.96；产融协调程度对产业效益和社会效益的影响通过显著性检验，其 t 值分别为 5.92 和 2.34，大于 1.96。金融支持能力、金融支持效率、产融协调程度因素对农业高新技术产业发展绩效的产业效益和社会效益有显著、正向的影响作用。同时，对比社会、科技、产业和农业生态四项因素，金融维度因素的标准化路径系数值普遍高于其余四个因素，因此可以得出金融因素对产业发展的影响程度要优于其余四项影响因素。

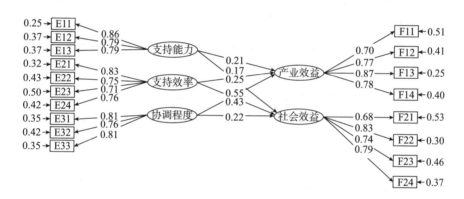

图 13－15　金融维度与产业发展绩效维度关系模型标准化路径系数

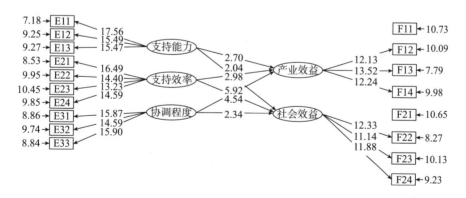

图 13－16　金融维度与产业发展绩效维度关系模型显著性检验

第六节　多因素直接影响效应的实证结果讨论

一　社会维度的分析

社会维度因素的实证结果可以得出，政策保障、区位因素、基础设施和社会中介组织均对产业效益和社会效益产生影响作用。其中，政策保障和社会中介组织所起作用较少，在 t 值检验时不显著，因此在进一步的研究中把这两项因素剔除，对于具有较强影响作用的区位因素和基础设施这两项因素，它们是现阶段对农业高新技术产业发展有显著、正向直接影响效应的因素，加强对这两项因素的金融支持，将对产业发展有较大推动作用，尤其是基础设施因素，对资本投入的依赖性大，要加强产业所在区域基础设施的投资，产业基地的选址要有一定农业基础，区域经济发展与对外开放程度较好的地域，良好的农业基础能为生产提供稳定的原材料，一定的经济发展水平和对外开放能使农户更易接受新的技术，为农业高新技术和相关设施的推广提供便利。

二　科技维度的分析

从科技维度的实证结果来看，项目管理因素的影响效应不显著，因此在进一步的研究中把该项因素剔除。在产业效益方面，科技研发和科研人员两项因素的影响作用显著，这体现了农业高新技术产业和一般的高新技术产业一样，其产业效益与新的技术紧密相连，随着新的科研组织形式的出现以及高学历人才的加盟，大大提升了新技术的研发速度，这种进步最终反映在产业效益上。

在社会效益方面，科技研发、科技政策和科研人员三项因素共同对社会效益起显著的影响作用，科技研发和科研人员两项因素有利于提高产业效益兴旺地方经济，可以促进就业降低失业率，同时通过相关科技政策的宣传和推广，可以提升人们对农业、生态、环保相关知识的了解，使其在生产与生活中减少对环境的破坏，改善周边地区的生态环境，加强对无公害食品和绿色食品的认识，为相关高技术产品打开销路，提升人们的生活水平。

三　产业维度的分析

从产业维度的实证结果来看，产业管理因素虽然起到一定的影响作用，但并不显著，因此在进一步的研究中把该项因素剔除。在产业效益方面，产品销售和产业资源两项因素的影响作用显著，这是因为对于由众多企业组成的产业组织来说，产品销售是维系其生存和发展的决定性因素，因此对产品销售有直接影响的市场定位和前景的准确判断，营销策略的正确制定以及售后服务的完善，会对产业的效益有显著的影响；产业内资产水平反映了产业的发展规模，从业人员素质、创新环境、企业信用与企业的经济效益紧密相连，从业人员良好的服务能提升企业的形象，企业内创新环境能促进新技术的研发提升企业的竞争力，优良的企业信用能提升企业融资效率。

在社会效益方面，产业运营和产业资源两项因素的影响作用显著，这是因为良性的产业运营能降低产业发展中风险，避免因产业发展动荡出现的大面积裁员起到稳定就业的作用，同时健康的产业运营能推动产业规模的扩大起到增长极作用，推动高新区周边地区经济的发展；产业资源对社会效益的作用主要体现在良好的创新环境和从业人员素质能提升产品和服务的质量，提升消费者对产品和服务的满意程度。

四　农业生态维度的分析

从农业生态维度的实证结果可以看出，农业生态维度的四个因素所起影响作用有一定程度的针对性。在产业效益方面，农业劳动力素质和农业经济两项因素的影响作用显著，这是因为农业劳动力素质决定了农业高新技术在农业生产的应用程度，新技术的使用能有效提高农产品的质量，为农业高新技术企业的生产提供优质的原材料；同时产业所在地的农业机械化程度的提高也能保证农业高新技术产业原材料供应的数量和质量，因此农业劳动力素质和农业经济因素均对产业的效益产生影响。

对于社会效益方面，农业政策和生态环境两项因素的影响作用显著，通过相关农业财税政策和发展政策的实施能降低农业生产的成本，通过新型节能减排农业技术的推广可以减少生产过程中污染物的产生，降低对生态环境的破坏；良好的产地生态环境，能提升消费者对农产品及其加工品的满意程度，因此农业政策和生态环境因素均对产业的社会效益产生影响。

五 金融维度的分析

在金融维度上，金融支持体系的三项因素：金融支持能力、金融支持效率、产融协调程度均对产业效益和社会效益有显著、正向的影响作用。金融工具作为经济发展的催化器和润滑剂，能有效推动经济增长和减少经济摩擦。在产业效益方面，产融协调程度所起作用较大，这是因为及时的债务偿还、合理的贷款利率、畅通的信息沟通能降低企业获得和使用金融资本的成本，使企业的资金流动加快，提升企业的资本使用效率，实现产业效益的提升。在社会效益方面，金融支持效率所起作用较大，这是因为符合产业发展需要的金融服务和对风险的控制，能减少产业发展出现波动的可能性，降低企业的资金风险，使产业的发展能平稳推动区域经济的增长，减少因经济波动造成的失业问题。

综上所述，社会、科技、产业、农业生态和金融五个维度因素均对农业高新技术产业的发展有不同程度的促进作用。相比较而言金融因素所发挥的影响作用较为全面，金融维度所属的三个潜变量因素均对产业效益和社会效益有显著、正向的影响效应；同时，从影响的程度上考虑，金融因素实证结果中的标准化路径系数值普遍高于其余四个影响因素，由此可知在农业高新技术产业发展的过程中，金融因素对产业发展的直接影响效应最大。根据实证结果，剔除了对农业高新技术产业发展不具有显著、正向直接影响效应的潜变量因素，明确了对社会、科技、产业和农业生态维度因素进行金融支持的实施对象，为金融支持中介影响作用的研究奠定理论基础。

本章小结

实证分析包括金融在内的多个影响因素对产业发展绩效的直接影响效应后发现，社会、科技、产业、农业生态和金融五个维度的各项因素均对农业高新技术产业发展的产业效益和社会效益有不同程度的正向影响作用，通过显著性检验后得出：在社会维度，区位因素与基础设施两项因素对产业效益和社会效益具有显著的影响效应；在科技维度，科技研发和科研人员两项因素对产业效益有显著的影响效应，科技研发、科技政策和科研人员三项因素对社会效益有显著的影响效应；在产业维度，产品销售与产业资源两项因素对产业效益有显著的影响效应，产业运营和产业资源两项因素对社会效益有显著的影响效应；在农业生态维度，农业劳动力素质与农业经济两项因素对产业效益有显著的影响效应，农业政策和生态环境两项因素对社会效益有显著的影响效应；在金融维度，金融支持能力、金融支持效率与产融协调程度三项因素对产业效益和社会效益均有显著的影响效应，同时金融因素实证结果中的标准化路径系数值普遍高于社会、科技、产业和农业生态四项影响因素的同类数值，由此可知在农业高新技术产业发展的过程中，金融因素对产业发展的直接影响效应最大。

根据实证结果，剔除了对农业高新技术产业发展不具有显著、正向直接影响效应的潜变量因素，指明了对社会、科技、产业和农业生态维度影响因素进行金融支持的实施对象，为后文金融支持中介影响作用的研究提供依据。

第十四章　农业高新技术产业发展金融支持的中介影响效应

本章在直接影响效应结论的基础上，结合社会、科技、产业和农业生态四个维度的因素，研究农业高新技术产业发展金融支持的中介影响效应，根据实证结果甄别出主导中介影响效应的金融维度潜变量因素，并得出金融支持对社会、科技、产业和农业生态四个维度影响因素中介影响效应的大小，明确金融支持的实施方法。

第一节　金融支持中介影响效应的理论分析

一　金融支持对农业高新技术产业的中介影响效应

（一）中介影响效应的类别

金融支持对农业高新技术产业发展的中介影响效应是直接影响效应的相对概念，其与直接影响效应最大的区别是存在对农业高新技术产业有显著、正向直接影响作用的第三方影响因素参与到金融支持活动的实施过程。其类别主要有两种：

第一，第三方影响因素作为中介因素，金融支持实施主体通过金融支持活动促进第三方影响因素的发展，通过该项因素的快速发展对农业高新技术产业产生更多有利的直接影响作用，最终达到推动农业高新技术产业发展的目的。

第二，金融支持实施主体作为中介变量，金融支持实施主体对第三方影响因素的有益影响作用进行转换，并通过金融支持活动把这部分转换的有利影响用于促进农业高新技术产业的发展。

（二）中介影响效应的特征

区别于直接影响效应，金融支持对农业高新技术产业的中介影响效应具有以下特征：首先，整个金融支持活动的实施过程必须有对农业高新技术产业有直接影响作用的第三方影响因素参与才能完成。其次，在整个金融支持活动的实施过程中中介因素不是固定的。最后，金融支持中介影响效应是其两种不同类别影响效应的总体效应，不同的第三方影响因素决定了不同类别影响效应的出现，有的第三方影响因素会使两种类别影响效应同时出现，此时的金融支持中介影响效应就是两种影响效应的叠加；有的第三方影响因素只会使其中一种影响效应出现，此时的金融支持中介影响作用就只能代表这一种影响效应。

（三）中介影响效应的表现形式

本书构建的金融维度指标体系包括了金融支持能力、金融支持效率、产融协调程度三个潜变量影响因素。首先，金融支持能力是指在政府和金融机构的金融支持活动中能用于投资的资本总量和实际投入的资本总量，反映了政府和金融机构的资本汇聚能力和资本投入能力。其次，金融支持效率是指在金融支持活动中政府和金融机构对资本的配置效率，这更多体现在相关金融政策投放后所达到的经济效果。最后，产融协调程度是指金融支持实施主体与金融支持实施对象之间的协调互动状况。据此可以认为对金融支持对象进行金融支持活动时，金融支持能力、金融支持效率和产融协调程度所起到的作用是不同的，因此三者中介影响效应的表现形式也有所不同，其中，金融支持能力代表了资本投入的力度，金融支持效率代表了政策投放效果，产融协调程度代表了金融支持活动中金融支持实施主体与金融支持实施对象的协调性。

二　金融支持对社会维度影响因素的中介影响效应

前文实证结果表明，社会维度的区位因素与基础设施两项因素对产业效益和社会效益具有显著、正向的影响效应。对于区位因素，有学者认为区位因素对金融集聚具有积极影响作用（陈祖华，2010；吕晓蔚，2007；刘刚、黄炎，2013），因区位因素导致的金融集聚会促进经济发展（徐长生、周志鹏，2014）。对于基础设施，有学者则指出现今城镇基础设施建设投融资主体单一，对基础设施建设进行金融支持的实施主体仍然是政府（石亚东、李传永，2010），基础设施建设需要多元化的投融资主体（何燎原，2012；张霓，2005），而基础设施的完善能有效推动经济发展（王任飞、王进杰，2007；魏下海，2010）。由此本书认为金融支持对社会维度影响因素存在以下中介影响效应：

第一，金融因素可以分别作为区位因素与产业效益、区位因素与社会效益的中介因素，通过对区位因素有利影响作用进行转换从而促进产业效益和社会效益的提升，金融支持对区位因素与产业效益、区位因素与社会效益都具有中介影响效应。

第二，基础设施可以分别作为金融因素与产业效益、金融因素与社会效益的中介因素，金融因素可以促进基础设施因素发展，基础设施因素的发展对农业高新技术产业产生更多有利的直接影响作用，最终达到推动产业效益和社会效益提升的目的，金融支持对基础设施与产业效益、基础设施与社会效益具有中介影响效应。

三 金融支持对科技维度影响因素的中介影响效应

科技维度影响因素对产业发展的直接影响效应主要有以下潜变量因素。在产业效益方面，科技研发和科研人员两项因素对产业效益有显著、正向的影响效应；在社会效益方面，科技研发、科技政策和科研人员三项因素对社会效益有显著、正向的影响效应。有学者指出金融支持对技术创新具有促进作用（龚晓菊，2009；时丹丹，2011），而针对技术创新所进行的金融支持的实施对象一般就是科研人员以及他们从事的科研工作，并且通过技术的进步可以有效推动经济发展（赵树宽等，2012）；部分学者认为通过知识产权证券化等新式融资方式，可以促进高新技术成果转化，是高新技术产业的重要融资方式（郭淑娟、昝东海，2010；史蕾、路正南，2009；杨亚西，2006）。科技政策的实施可以加快高级人才的引进和落实技术成果的奖励措施，在一定程度上推动产业发展，而人才引进费用和成果奖励发放都需要政府以及金融机构的支持才能实施，由此可以认为科技政策的作用可以通过金融因素的转换对产业发展产生影响，但是在影响程度上会稍逊于科技研发和科研人员两项因素。由此本书认为金融支持对科技维度影响因素存在以下中介影响效应：

第一，金融因素可以分别作为科技研发与产业效益、科技研发与社会效益的中介因素，通过对科技研发因素有利影响作用进行转换从而促进产业效益和社会效益的提升；同时，科技研发可以分别作为金融因素与产业效益、金融因素与社会效益的中介因素，金融因素可以促进科技研发因素发展，科技研发因素的发展对农业高新技术产业产生更多有利的直接影响作用，最终达到推动产业效益和社会效益的提升的目的，由于是双重影响效应的叠加，因此金融支持对科技研发与产业效益、科技研发与社会效益都具有中介影响效应。

第二，金融因素可以分别作为科研人员与产业效益、科研人员与社会效益的中介因素，通过对科研人员因素有利影响作用进行转换从而促进产业效益和社会效益的提升；同时，科研人员因素可以分别作为金融因素与产业效益、金融因素与社会效益的中介因素，金融因素可以促进科研人员因素发展，科研人员因素的发展对农业高新技术产业产生更多有利的直接影响作用，最终达到推动产业效益和社会效益的提升的目的，由于是双重影响效应的叠加，金融支持对科研人员与产业效益、科研人员与社会效益都具有中介影响效应。

第三，金融因素可以作为科技政策与社会效益的中介因素，通过对科技政策因素有利影响作用进行转换从而促进社会效益的提升，金融支持对科技政策与社会效益具有中介影响效应。

四　金融支持对产业维度影响因素的中介影响效应

产业维度影响因素对产业发展的直接影响效应主要有以下潜变量因素。在产业效益方面，产品销售与产业资源两项因素对产业效益有显著、正向的影响效应；在社会效益方面，产业运营和产业资源两项因素对社会效益有显著、正向的影响效应。产业维度影响因素反映的是农业高新技术产业的现实状况，因此金融支持对产业维度影响因素的中介影响效应，其实质就是金融支持对产业发展的直接影响效应。在前文实证结果得出，金融支持对产业发展具有显著、正向的直接影响效应，对中介影响效应的研究目的是解决如何对产业自身进行金融支持的问题。由此，本书认为金融支持对产业维度影响因素存在以下中介影响效应：

第一，产业资源可以分别作为金融因素与产业效益、金融因素与社会效益的中介因素，金融因素可以促进产业资源因素发展，产业资源因素的发展对农业高新技术产业产生更多有利的直接影响作用，最终达到推动产业效益和社会效益提升的目的，金融支持对产业资源与产业效益、产业资源与社会效益具有中介影响效应。

第二，产品销售可以分别作为金融因素与产业效益的中介因素，金融因素可以促进产品销售因素发展，产品销售因素的发展对农业高新技术产业产生更多有利的直接影响作用，最终达到推动产业效益提升的目的，金融支持对产品销售与产业效益具有中介影响效应。

第三，产业运营可以分别作为金融因素与社会效益的中介因素，金融因素可以促进产业运营因素发展，产业运营因素的发展对农业高新技术产业产生更多有利的直接影响作用，最终达到推动社会效益提升的目的，金融支持对产业运营与社会效益具有中介影响效应。

五 金融支持对农业生态维度影响因素的中介影响效应

农业生态维度影响因素对产业发展的直接影响效应主要有以下潜变量因素。在产业效益方面，农业劳动力素质与农业经济两项因素对产业效益有显著、正向的影响效应；在社会效益方面，农业政策和生态环境两项因素对社会效益有显著、正向的影响效应。农业劳动力素质的提高来源于对农户的技能培训，有学者认为农民培训顺利开展的关键是稳定可靠的资金支持，政府是农民培训资金的主要来源（叶敏、陈建兰，2007）。农业经济的发展促进税收和储蓄的增长，被政府与金融机构分别以征税和贷款的方式转化为资本投入产业发展中。农业政策的推行和落实要以政府与金融部门的资金支持作为基础，而通过投入资金加大对污染的治理力度，保持生态平衡，可以有效提高农业原材料的质量，提升消费者对农业高新技术产品的满意度。由此本书认为金融支持对农业生态维度影响因素存在以下中介影响效应：

第一，农业劳动力素质可以分别作为金融因素与产业效益的中介因素，金融因素可以促进农业劳动力素质因素发展，农业劳动力素质因素的发展对农业高新技术产业产生更多有利的直接影响作用，最终达到推动产业效益提升的目的，金融支持对农业劳动力素质与产业效益具有中介影响效应。

第二，金融因素可以作为农业经济与产业效益的中介因素，通过对农业经济因素有利影响作用进行转换从而促进产业效益的提升，金融支持对农业经济与产业效益具有中介影响效应。

第三，金融因素可以作为农业政策与社会效益的中介因素，通过对农业政策因素有利影响作用进行转换从而促进社会效益的提升，金融支持对农业政策与社会效益具有中介影响效应。

第四，生态环境可以分别作为金融因素与社会效益的中介因素，金融因素可以促进生态环境因素发展，生态环境因素的发展对农业高新技术产业产生更多有利的直接影响作用，最终达到推动社会效益提升的目的，金融支持对生态环境与社会效益具有中介影响效应。

由此在前文实证结果的基础上，本章将结合金融维度的指标体系，运用结构方程的中介作用模型分析金融支持在社会、科技、产业、农业生态维度与产业发展绩效的相互关系中的中介影响效应，中介影响效应的研究要达到两个目的：第一，甄别出主导中介影响效应的金融维度潜变量因素；第二，通过中介效应与总体效应的比值评价金融支持对社会、科技、产业和农业生态四个维度影响因素中介影响效应的大小。

第二节　模型构建

一　中介效应模型

假设所有的变量都已被中心化，当变量 x 能对变量 y 产生显著的影响作用，同时变量 x 能通过另一个变量 M 对变量 y 产生影响作用也成立时，就把变量 M 称作 x 和 y 之间的中介变量。具体的描述公式和关系图如式（14.1）至式（14.3）、图 14 - 1 所示：

$$y = cx + e_1 \tag{14.1}$$

$$M = ax + e_2 \tag{14.2}$$

$$y = c'x + bM + e_3 \tag{14.3}$$

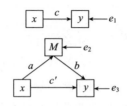

图 14-1 中介变量关系

本书经过对不同学者提出的中介变量检验方法进行细致对比后，采用温忠麟等提出的中介效应检验步骤，如图 14-2 所示。

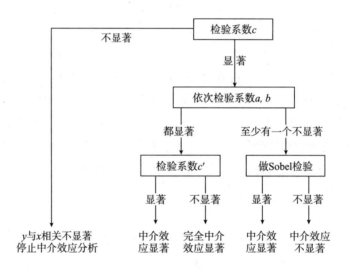

图 14-2 中介效应检验程序

（一）检验直接回归系数

对变量 x 和变量 y 的相关系数 c 进行显著性检验，检验通过则继续进行中介检验，检验不通过则停止中介效应的检验。此处检验就是第五章中社会、科技、产业、农业生态和金融五个维度因素对产业发展绩效直接影响效应的显著性分析，只有通过显著性分析的因素才能进行金融支持的中介影响效应分析。

（二）检验间接回归系数

对变量 x 和变量 M 的相关系数 a、变量 M 和变量 y 的相关系数 b 进行显著性检验。如果相关系数 a 和相关系数 b 均显著，则检验变量 x 和变量 y 新的相关系数 c' 是否显著，c' 显著则判定为中介效应显著，c' 不显著则判定为完全中介效应显著；如果相关系数 a 和相关系数 b 至少有一个值不显著，则要进行 Sobel 检验，Sobel 检验通过则可以判定为中介效应显著，Sobel 检验不通过则可以判定为中介效应不显著，停止检验。

（三）Sobel 检验

Sobel 的检验公式为：

$$S_{ab} = \sqrt{a^2 S_b^2 + b^2 S_a^2} \tag{14.4}$$

$$Z = ab/S_{ab} \tag{14.5}$$

其中，S_a 和 S_b 分别是相关系数 a 和 b 的标准误。本书采用 0.97 作为 Sobel 的检验的临界值，其对应的显著性水平为 0.05。

二　指标选取

本章实证分析使用的指标体系以及数据沿用第五章确定的社会、科技、产业、农业生态、金融和产业发展绩效六个维度的测量方程模型指标体系和相关的调研数据。

第三节　金融支持中介影响效应的实证分析

在金融支持中介影响效应的实证分析中，以产业发展绩效模型衡量产业发展的状况，运用结构方程的中介作用模型，结合社会、科技、产业和农业生态四个维度的因素，实证分析金融因素对农业高新技术产业发展的中介影响效应，借此探索金融因素对产业发展有利因素的"动员能力"。

一　社会维度

根据表 14 - 1，除了 GFI 和 AGFI，其余拟合指标符合拟合的要求，其中 $x^2/df = 1.604$，$NNFI = 0.96 > 0.9$，$NFI = 0.93 > 0.9$，$IFI = 0.98 > 0.9$，$CFI = 0.97 > 0.9$，$RMR = 0.036 < 0.05$，$RMSEA = 0.061 < 0.08$。模型总体拟合良好，可以接受。

表 14 - 1　　　　　　　　　社会维度实证分析模型拟合结果

拟合指标	x^2/df	GFI	AGFI	NNFI	NFI	IFI	CFI	RMR	RMSEA
测量值	1.604	0.89	0.87	0.96	0.93	0.98	0.97	0.036	0.061

根据图 14 - 3 和图 14 - 4，金融支持效率对区位因素与社会效益有完全中介效应；产融协调程度对区位因素与产业效益有完全中介效应；金融支持效率对基础设施与社会效益有中介效应；产融协调程度对基础设施与产业效益有完全中介效应。其余组合通过 Soble 检验后，金融支持效率对区位因素与产业效益的检验值为 0.697，小于 0.97，无法通过检验，中介效应不显著；产融协调程度对区位因素与社会效益的检验值为 0.593，小于 0.97，无法通过检验，中介效应不显著；金融支持效率对基础设施与产业效益的检验值为 0.496，小于 0.97，无法通过检验，中介效应不显著；产融协调程度对基础设施与社会效益的检验值为 0.879，小于 0.97，无法通过检验，中介效应不显著；其他组合均通过 Soble 检验，可计算组合的中介效应，如表 14 - 2 所示。

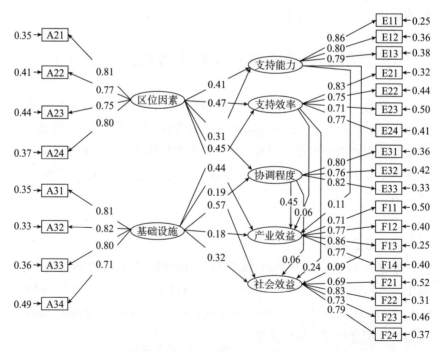

图 14 - 3　金融维度对社会维度影响效应模型标准化路径系数

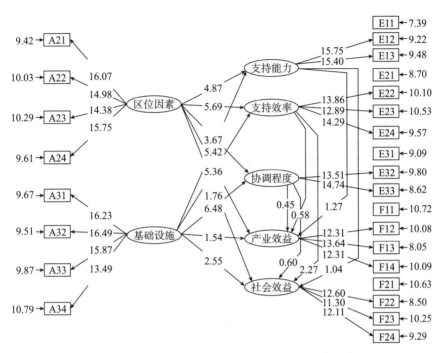

图 14-4 金融维度对社会维度影响效应模型显著性检验

表 14-2　　　　金融维度对社会维度影响效应模型中介效应

潜变量	中介变量	绩效	中介系数 a 显著与否	中介系数 b 显著与否	直接系数 显著与否	Soble 检验	中介类型	中介效应
区位因素	支持能力	产业效益	是	否	是	1.328	中介效应	0.045
区位因素	支持能力	社会效益	是	否	否	0.981	中介效应	0.037
区位因素	支持效率	产业效益	是	否	是	0.697	中介效应不显著	0
区位因素	支持效率	社会效益	是	是	否		完全中介效应	0.113
区位因素	协调程度	产业效益	是	是	是		中介效应显著	0.140
区位因素	协调程度	社会效益	是	否	否	0.593	中介效应不显著	0
基础设施	支持能力	产业效益	是	否	否	1.337	中介效应	0.051
基础设施	支持能力	社会效益	是	否	否	0.985	中介效应	0.041
基础设施	支持效率	产业效益	是	否	否	0.496	中介效应不显著	0
基础设施	支持效率	社会效益	是	是	是		中介效应	0.103
基础设施	协调程度	产业效益	是	是	否		完全中介效应	0.257
基础设施	协调程度	社会效益	是	否	是	0.879	中介效应不显著	0

根据表 14-2 的中介效应计算值，结合直接效应的相关系数，可得表 14-3 和表 14-4。在产业效益方面，区位因素既可通过金融维度的因素对产业效益产生影响作用，又可直接作用于产业效益，其中中介效应占总效应的 30.0%；基础设施对产业效益有一定影响作用但不显著，主要通过金融支持能力、产融协调程度的两项因素才能对产业效益产生影响作用，其中金融支持能力占总中介效应的 16.5%，产融协调程度占总中介效应的 83.5%。在社会效益方面，区位因素对社会效益有一定影响作用但不显著，主要通过金融支持能力和金融支持效率两项因素才能对社会效益产生影响作用，其中金融支持能力占总中介效应的 24.6%，金融支持效率占总中介效应的 75.4%；基础设施既可通过金融维度的因素对社会效益产生影响作用，又可直接作用于社会效益，其中中介效应占总效应的 31.1%。

表 14-3 产业效益角度中介效应

产业效益	中介效应			直接效应	总效应	中介效应百分比			总体中介作用百分比（%）
	支持能力	支持效率	协调程度			支持能力（%）	支持效率（%）	协调程度（%）	
区位因素	0.045	0	0.140	0.440	0.625	7.2	0	22.3	30.0
基础设施	0.051	0	0.257	0	0.307	16.5	0	83.5	100
社会维度	0.096	0	0.396	0.440	0.932	10.3	0	42.5	52.8

表 14-4 社会效益角度中介效应

社会效益	中介效应			直接效应	总效应	中介效应百分比			体中介作用百分比（%）
	支持能力	支持效率	协调程度			支持能力（%）	支持效率（%）	协调程度（%）	
区位因素	0.037	0.113	0	0	0.150	24.6	75.4	0	100
基础设施	0.041	0.103	0	0.320	0.465	8.9	22.2	0	31.1
社会维度	0.078	0.216	0	0.320	0.614	12.8	35.2	0	47.9

从总体来说，社会维度因素对产业效益的影响作用有 52.8% 需要金融维度的因素来实现，对社会效益的影响作用有 47.9% 需要金融维

度的因素来实现。

二　科技维度

根据表 14 – 5，除了 $AGFI$，其余拟合指标符合拟合的要求，其中 $x^2/df = 1.445$，$GFI = 0.90 > 0.9$，$NNFI = 0.94 > 0.9$，$NFI = 0.93 > 0.9$，$IFI = 0.96 > 0.9$，$CFI = 0.95 > 0.9$，$RMR = 0.045 < 0.05$，$RMSEA = 0.076 < 0.08$。模型总体拟合良好，可以接受。

表 14 – 5　　　　　　科技维度影响因素模型拟合结果

拟合指标	x^2/df	GFI	AGFI	NNFI	NFI	IFI	CFI	RMR	RMSEA
测量值	1.445	0.90	0.89	0.94	0.93	0.96	0.95	0.045	0.076

根据图 14 – 5 和图 14 – 6，金融支持能力对科技研发与产业效益有完全中介效应；金融支持效率对科技研发与社会效益有完全中介效应；

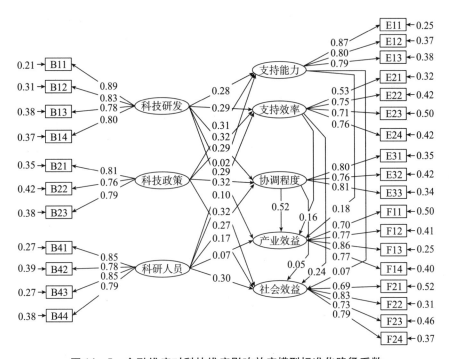

图 14 – 5　金融维度对科技维度影响效应模型标准化路径系数

产融协调程度对科技研发与产业效益有完全中介效应；金融支持效率对科技政策与社会效益有完全中介效应；金融支持能力对科研人员与产业效益有完全中介效应；金融支持效率对科研人员与社会效益有中介效应；产融协调程度对科研人员与产业效益有中介效应；其余组合通过Soble检验后，金融支持能力对科技研发与社会效益的检验值为0.859，小于0.97，无法通过检验，中介效应不显著；产融协调程度对科技研发与社会效益的检验值为0.450，小于0.97，无法通过检验，中介效应不显著；金融支持能力对科技政策与社会效益的检验值为0.654，小于0.97，无法通过检验，中介效应不显著；产融协调程度对科技政策与社会效益的检验值为0.547，小于0.97，无法通过检验，中介效应不显著；金融支持能力对科研人员与社会效益的检验值为0.956，小于0.97，无法通过检验，中介效应不显著；产融协调程度对科研人员与社会效益的检验值为0.596，小于0.97，无法通过检验，中介效应不显著；其他组合均通过Soble检验，可计算组合的中介效应，如表14-6所示。

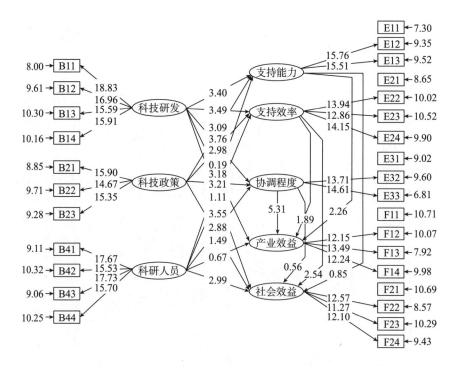

图14-6 金融维度对科技维度影响效应模型显著性检验

表 14 - 6　　　　　　　　金融维度对科技维度影响效应模型中介效应

潜变量	中介变量	绩效	中介系数 a 显著与否	中介系数 b 显著与否	直接系数 显著与否	Soble 检验	中介类型	中介效应
科技研发	支持能力	产业效益	是	是	否		完全中介效应	0.050
科技研发	支持能力	社会效益	是	否	否	0.859	中介效应不显著	0
科技研发	支持效率	产业效益	是	否	否	1.675	中介效应	0.049
科技研发	支持效率	社会效益	是	是	否		完全中介效应	0.070
科技研发	协调程度	产业效益	是	是	否		完全中介效应	0.166
科技研发	协调程度	社会效益	是	否	否	0.450	中介效应不显著	0
科技政策	支持能力	社会效益	是	否	否	0.654	中介效应不显著	0
科技政策	支持效率	社会效益	是	是	否		完全中介效应	0.070
科技政策	协调程度	社会效益	是	否	否	0.547	中介效应不显著	0
科研人员	支持能力	产业效益	是	是	否		完全中介效应	0.052
科研人员	支持能力	社会效益	是	否	是	0.956	中介效应不显著	0
科研人员	支持效率	产业效益	是	否	否	1.668	中介效应	0.054
科研人员	支持效率	社会效益	是	是	是		中介效应	0.077
科研人员	协调程度	产业效益	是	是	否		完全中介效应	0.140
科研人员	协调程度	社会效益	是	否	是	0.596	中介效应不显著	0

根据表 14 - 6 的中介效应计算值，结合直接效应的相关系数，可得表 14 - 7 和表 14 - 8。在产业效益方面，科技研发因素对产业效益有一定影响作用但不显著，主要通过金融维度的三项因素才能对产业效益产生影响作用，其中金融支持能力占总中介效应的 18.9%，金融支持效率占总中介效应的 18.5%，产融协调程度占总中介效应的 62.5%。科研人员对产业效益有一定影响作用但不显著，主要通过金融维度的三项因素才能对产业效益产生影响作用，其中金融支持能力占总中介效应的 21.1%，金融支持效率占总中介效应的 22.0%，产融协调程度占总中介效应的 56.8%。在社会效益方面，科技研发和科技政策对社会效益有一定影响作用但不显著，主要通过金融支持效率才能对社会效益产生影响作用；科研人员既可通过金融支持效率对社会效益产生影响作用，又可直接作用于社会效益，其中中介效应占总效应的 20.4%。

从总体来说，科技维度因素对产业效益的影响作用有 100% 需要金融维度的因素来实现，对社会效益的影响作用有41.9%需要金融维度的因素来实现。

表 14 - 7 　　　　　　　　产业效益角度中介效应

产业效益	中介效应			直接效应	总效应	中介效应百分比			总体中介作用百分比（%）
	支持能力	支持效率	协调程度			支持能力（%）	支持效率（%）	协调程度（%）	
科技研发	0.050	0.049	0.166	0	0.266	18.9	18.5	62.5	100
科研人员	0.052	0.054	0.140	0	0.247	21.1	22.0	56.8	100
科技维度	0.103	0.104	0.307	0	0.513	20.0	20.2	59.8	100

表 14 - 8 　　　　　　　　社会效益角度中介效应

社会效益	中介效应			直接效应	总效应	中介效应百分比			总体中介作用百分比（%）
	支持能力	支持效率	协调程度			支持能力	支持效率（%）	协调程度	
科技研发	0	0.070	0	0	0.070	0	100	0	100
科技政策	0	0.070	0	0	0.070	0	100	0	100
科研人员	0	0.077	0	0.3	0.377	0	20.4	0	20.4
科技维度	0	0.216	0	0.3	0.516	0	41.9	0	41.9

三　产业维度

根据表 14 - 9，所有拟合指标符合拟合的要求，其中 $x^2/df = 1.451$，$GFI = 0.92 > 0.9$，$AGFI = 0.90 > 0.9$，$NNFI = 0.97 > 0.9$，$NFI = 0.96 > 0.9$，$IFI = 0.98 > 0.9$，$CFI = 0.97 > 0.9$，$RMR = 0.044 < 0.05$，$RMSEA = 0.079 < 0.08$。模型总体拟合良好，可以接受。

表 14 - 9 　　　　　　产业维度影响因素模型拟合结果

拟合指标	x^2/df	GFI	AGFI	NNFI	NFI	IFI	CFI	RMR	RMSEA
测量值	1.451	0.92	0.90	0.97	0.96	0.98	0.97	0.044	0.079

　　根据图 14 - 7 和图 14 - 8，除了产业运营与社会效益、产业资源与社会效益金融支持能力对其余组合均存在中介效应。其中，金融支持效率对产业运营与社会效益有完全中介效应；产融协调程度对产业运营与社会效益有完全中介效应；其他的组合均为中介效应。

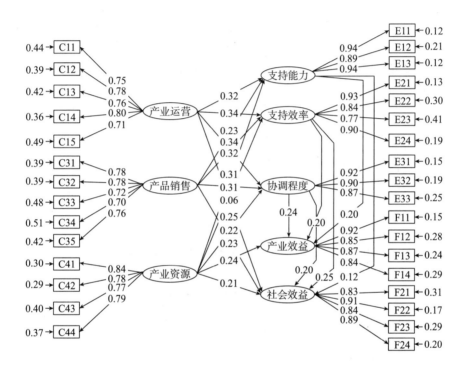

图 14 - 7　金融维度对产业维度影响效应模型标准化路径系数

　　通过 Soble 检验后，金融支持能力对产业运营与社会效益、金融支持能力对产业资源与社会效益这两个组合均通过 Soble 检验，可计算组合的中介效应，如表 14 - 10 所示。

　　根据表 14 - 10 的中介效应计算值，结合直接效应的相关系数，可得表 14 - 11 和表 14 - 12。在产业效益方面，产品营销因素既可通过金融维度的三项因素对产业效益产生影响作用，又可直接作用于产业效益，其中中介效应占总效应的 45.6%；产业资源同样既可通过金融维度的三项因素对产业效益产生影响作用，又可直接作用于产业效益，其中中介效应占总效应的 41.1%。在社会效益方面，产业运营对社会效

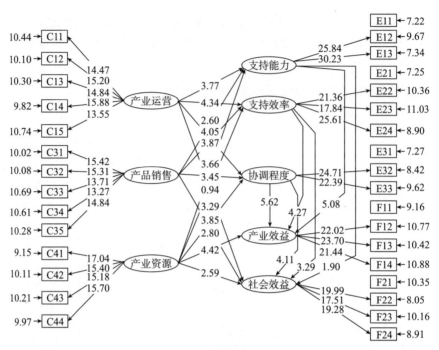

图 14 – 8　金融维度对产业维度影响效应模型显著性检验

表 14 –10　　　　　金融维度对产业维度影响效应模型中介效应

潜变量	中介变量	绩效	中介系数 a 显著与否	中介系数 b 显著与否	直接系数 显著与否	Soble 检验	中介类型	中介效应
产业运营	支持能力	社会效益	是	否	否	1.743	中介效应	0.038
产业运营	支持效率	社会效益	是	是	否		完全中介效应	0.085
产业运营	协调程度	社会效益	是	是	否		完全中介效应	0.095
产品销售	支持能力	产业效益	是	是	是		中介效应	0.046
产品销售	支持效率	产业效益	是	是	是		中介效应	0.064
产品销售	协调程度	产业效益	是	是	是		中介效应	0.074
产业资源	支持能力	产业效益	是	是	是		中介效应	0.062
产业资源	支持能力	社会效益	是	否	是	1.777	中介效应	0.037
产业资源	支持效率	产业效益	是	是	是		中介效应	0.05
产业资源	支持效率	社会效益	是	是	是		中介效应	0.063
产业资源	协调程度	产业效益	是	是	是		中介效应	0.055
产业资源	协调程度	社会效益	是	是	是		中介效应	0.064

益有一定影响作用但不显著，主要通过金融维度的三项因素才能对社会效益产生影响作用，其中金融支持能力占总中介效应的 17.6%，金融支持效率占总中介效应的 38.9%，产融协调程度占总中介效应的 43.5%；产业资源既可通过金融维度的三项因素对社会效益产生影响作用，又可直接作用于社会效益，其中中介效应占总效应的 43.9%。

从总体来说，产业维度因素对产业效益的影响作用有 43.3% 需要金融维度的因素来实现，对社会效益的影响作用有 64.6% 需要金融维度的因素来实现。

表 14 – 11　　　　　　　　产业效益角度中介效应

产业效益	中介效应			直接效应	总效应	中介效应百分比			总体中介作用百分比（%）
	支持能力	支持效率	协调程度			支持能力（%）	支持效率（%）	协调程度（%）	
产品销售	0.046	0.064	0.074	0.22	0.404	11.4	15.8	18.4	45.6
产业资源	0.062	0.05	0.055	0.24	0.407	15.2	12.3	13.6	41.1
产业维度	0.108	0.114	0.130	0.46	0.812	13.3	14.0	16.0	43.3

表 14 – 12　　　　　　　　社会效益角度中介效应

社会效益	中介效应			直接效应	总效应	中介效应百分比			总体中介作用百分比（%）
	支持能力	支持效率	协调程度			支持能力（%）	支持效率（%）	协调程度（%）	
产业运营	0.038	0.085	0.095	0	0.219	17.6	38.9	43.5	100
产业资源	0.037	0.063	0.064	0.21	0.374	9.9	16.7	17.2	43.9
产业维度	0.076	0.148	0.160	0.21	0.593	12.8	24.9	26.9	64.6

四　农业生态维度

根据表 14 – 13，除了 AGFI，其余拟合指标符合拟合的要求，其中 $x^2/df = 1.447$，$GFI = 0.91 > 0.9$，$NNFI = 0.95 > 0.9$，$NFI = 0.94 > 0.9$，$IFI = 0.99 > 0.9$，$CFI = 0.97 > 0.9$，$RMR = 0.043 < 0.05$，$RMSEA = 0.069 < 0.08$。模型总体拟合良好，可以接受。

表 14 –13   农业生态维度影响因素模型拟合结果

拟合指标	x^2/df	GFI	AGFI	NNFI	NFI	IFI	CFI	RMR	RMSEA
测量值	1.447	0.91	0.88	0.95	0.94	0.99	0.97	0.043	0.069

根据图 14 –9 和图 14 –10，产融协调程度对农业劳动力素质与产业效益有中介效应；金融支持效率对生态环境与社会效益有完全中介效应；产融协调程度对农业经济与产业效益有完全中介效应；其余组合通过 Soble 检验后，产融协调程度对农业政策与社会效益的检验值为 0.874，小于 0.97，无法通过检验，中介效应不显著；金融支持效率对农业劳动力素质与产业效益的检验值为 0.757，小于 0.97，无法通过检验，中介效应不显著；产融协调程度对生态环境与社会效益的检验值为 0.917，小于 0.97，无法通过检验，中介效应不显著；金融支持效率对农业经济与产业效益的检验值为 0.557，小于 0.97，无法通过检验，中

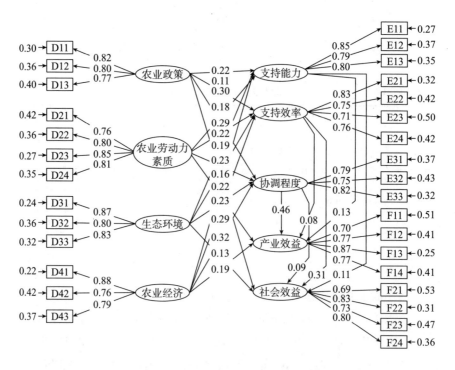

图 14 –9   金融维度对农业生态维度影响效应模型标准化路径系数

介效应不显著。其他组合均通过 Soble 检验，可计算组合的中介效应，如表 14 – 14 所示。

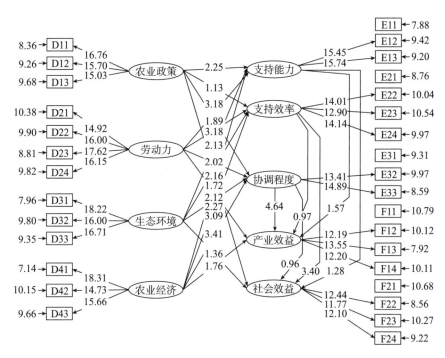

图 14 – 10　金融维度对农业生态维度影响效应模型显著性检验

表 14 – 14　　金融维度对农业生态维度影响效应模型中介效应

潜变量	中介变量	绩效	中介系数 a 显著与否	中介系数 b 显著与否	直接系数 显著与否	Soble 检验	中介类型	中介效应
农业政策	支持能力	社会效益	是	否	是	1.068	中介效应	0.024
农业政策	支持效率	社会效益	否	是	是	1.051	中介效应	0.035
农业政策	协调程度	社会效益	否	否	是	0.874	中介效应不显著	0
农业劳动力素质	支持能力	产业效益	是	否	是	1.461	中介效应	0.039
农业劳动力素质	支持效率	产业效益	是	否	是	0.757	中介效应不显著	0
农业劳动力素质	协调程度	产业效益	是	是	是		中介效应	0.087

续表

潜变量	中介变量	绩效	中介系数 *a* 显著与否	中介系数 *b* 显著与否	直接系数 显著与否	Soble 检验	中介类型	中介效应
生态环境	支持能力	社会效益	是	否	否	1.068	中介效应	0.024
生态环境	支持效率	社会效益	是	是	否		完全中介效应	0.074
生态环境	协调程度	社会效益	是	否	否	0.917	中介效应不显著	0
农业经济	支持能力	产业效益	否	否	否	1.199	中介效应	0.021
农业经济	支持效率	产业效益	是	否	否	0.557	中介效应不显著	0
农业经济	协调程度	产业效益	是	是	否		完全中介效应	0.147

根据表 14 - 14 的中介效应计算值，结合直接效应的相关系数，可得表 14 - 15 和表 14 - 16。在产业效益方面，农业劳动力素质既可通过金融支持能力、产融协调程度两项因素对产业效益产生影响作用，又可直接作用于产业效益，其中中介效应占总效应的 35.5%；农业经济因素对产业效益有一定影响作用但不显著，主要通过金融支持能力、产融协调程度两项因素才能对产业效益产生影响作用，其中金融支持能力占总中介效应的 12.4%，产融协调程度占总中介效应的 87.6%。在社会效益方面，农业政策既可通过金融支持能力和金融支持效率对社会效益产生影响作用，又可直接作用于社会效益，其中中介效应占总效应的 21.3%；生态环境对社会效益有一定影响作用但不显著，主要通过金融支持能力和金融支持效率两项因素才能对社会效益产生影响作用，其中金融支持能力占总中介效应的 24.7%，金融支持效率占总中介效应的 75.3%。

表 14 - 15　　　　　　　　　产业效益角度中介效应

产业效益	中介效应			直接 效应	总效应	中介效应百分比			总体中介 作用百分比 (%)
	支持能力	支持效率	协调程度			支持能力 (%)	支持效率 (%)	协调程度 (%)	
农业劳动 力素质	0.039	0	0.087	0.23	0.356	10.9	0	24.5	35.5
农业经济	0.021	0	0.147	0	0.168	12.4	0	87.6	100

续表

产业效益	中介效应			直接效应	总效应	中介效应百分比			总体中介作用百分比（%）
	支持能力	支持效率	协调程度			支持能力（%）	支持效率	协调程度（%）	
农业生态维度	0.060	0	0.235	0.23	0.524	11.4	0	44.7	56.1

表 14-16　　　　　　　　　　社会效益角度中介效应

社会效益	中介效应			直接效应	总效应	中介效应百分比			总体中介作用百分比（%）
	支持能力	支持效率	协调程度			支持能力（%）	支持效率（%）	协调程度	
农业政策	0.024	0.035	0	0.22	0.279	8.7	12.6	0	21.3
生态环境	0.024	0.074	0	0.098	24.7	75.3	0	100	
农业生态维度	0.048	0.109	0	0.22	0.377	12.8	28.8	0	41.7

从总体来说，农业生态维度因素对产业效益的影响作用有 56.1% 需要金融维度的因素来实现，对社会效益的影响作用有 41.7% 需要金融维度的因素来实现。

第四节　金融支持中介影响效应的实证结果讨论

一　社会维度的分析

在产业效益方面，区位因素既可通过金融维度的因素对产业效益产生影响作用，又可直接作用于产业效益，其中金融中介影响作用主要通过金融支持能力、产融协调程度两项因素来实现。从表 14-3 得出，金融支持能力的中介效应百分比是 7.2%，产融协调程度的中介效应百分比是 22.3%，由此可见金融支持对区位因素的中介影响效应以资本投入、加强产融双方协调性两种表现形式进行，其中以加强产融双方协调性表现形式为主；区位因素对产业效益的影响作用有 30.0% 需要金融部门的转换来实现。

基础设施对产业效益有一定影响作用但不显著，主要通过金融支持能力、产融协调程度两项因素才能对产业效益产生影响作用，从表14-3得出，金融支持能力的中介效应百分比是 16.5%，产融协调程度的中介效应百分比是 83.5%，由此可见金融支持对基础设施的中介影响效应以资本投入、加强产融双方协调性两种表现形式进行，其中以加强产融双方协调性表现形式为主；基础设施对产业效益的影响作用 100% 需要金融部门的支持才能实现。

在社会效益方面，区位因素对社会效益有一定影响作用但不显著，主要通过金融支持能力和金融支持效率两项因素才能对社会效益产生影响作用，从表 14-4 得出，金融支持能力的中介效应百分比是 24.6%，金融支持效率的中介效应百分比是 75.4%，由此可见金融支持对区位因素的中介影响效应以资本投入、政策投放两种表现形式进行，其中以政策投放表现形式为主；区位因素对社会效益的影响作用 100% 需要金融部门的转换来实现。

基础设施既可通过金融维度的因素对社会效益产生影响作用，又可直接作用于社会效益，从表 14-4 得出，金融支持能力的中介效应百分比是 8.9%，金融支持效率的中介效应百分比是 22.2%，由此可见金融支持对基础设施的中介影响效应以资本投入、政策投放两种表现形式进行，其中以政策投放表现形式为主；基础设施对社会效益的影响作用有 31.1% 需要金融部门的支持才能实现。

总的来说，社会维度因素对产业效益的影响作用有 52.8% 需要金融维度的因素来实现，对社会效益的影响作用有 47.9% 需要金融维度的因素来实现。

二 科技维度的分析

在产业效益方面，科技研发因素对产业效益有一定影响作用但不显著，主要通过金融维度的三项因素对产业效益产生影响作用，从表 14-7 得出，金融支持能力的中介效应百分比是 18.9%，金融支持效率的中介效应百分比是 18.5%，产融协调程度的中介效应百分比是 62.5%，由此可见金融支持对科技研发因素的中介影响效应以资本投入、政策投放、加强产融双方协调性三种表现形式进行，其中以加强产融双方协调性表现形式为主；科技研发因素对产业效益的影响作用100%需要金融部门的支持和转换才能实现。

科研人员因素对产业效益有一定影响作用但不显著，主要通过金融维度的三项因素对产业效益产生影响作用，从表14－7得出，金融支持能力的中介效应百分比是21.1%，金融支持效率的中介效应百分比是22.0%，产融协调程度的中介效应百分比是56.8%，由此可见金融支持对科研人员因素的中介影响效应以资本投入、政策投放、加强产融双方协调性三种表现形式进行，其中以加强产融双方协调性表现形式为主；科研人员因素对产业效益的影响作用100%需要金融部门的支持和转换才能实现。

在社会效益方面，科技研发对社会效益有一定影响作用但不显著，主要通过金融支持效率才能对社会效益产生影响作用；从表14－8得出，金融支持效率的中介效应百分比是100%，由此可见金融支持对科技研发的中介影响效应主要政策投放一种表现形式进行；科技研发因素对社会效益的影响作用100%需要金融部门的支持和转换来实现。

科研人员既可通过金融支持效率对社会效益产生影响作用，又可直接作用于社会效益，从表14－8得出，金融支持效率的中介效应百分比是20.4%，由此可见金融支持对科研人员因素的中介影响效应主要政策投放一种表现形式进行；科研人员因素对社会效益的影响作用有20.4%需要金融部门的支持和转换来实现。

科技政策对社会效益有一定影响作用但不显著，主要通过金融支持效率才能对社会效益产生影响作用；从表14－8得出，金融支持效率的中介效应百分比是100%，由此可见金融支持对科技政策因素的中介影响效应主要政策投放一种表现形式进行；科技政策因素对社会效益的影响作用100%需要金融部门的转换来实现。

就总体而言，科技维度因素对产业效益的影响作用100%需要金融维度的因素来实现，对社会效益的影响作用有41.9%需要金融维度的因素来实现。

三 产业维度的分析

在产业效益方面，产品销售既可通过金融维度的三项因素对产业效益产生影响作用，又可直接作用于产业效益，从表 14-11 得出，金融支持能力的中介效应百分比是 11.4%，金融支持效率的中介效应百分比是 15.8%，产融协调程度的中介效应百分比是 18.4%，由此可见金融支持对产品销售因素的中介影响效应以资本投入、政策投放、加强产融双方协调性三种表现形式进行，三种表现形式所起作用差别不大；产品销售因素对产业效益的影响作用 45.6% 需要金融部门的支持才能实现。

产业资源同样既可通过金融维度的三项因素对产业效益产生影响作用，又可直接作用于产业效益，从表 14-11 得出，金融支持能力的中介效应百分比是 15.2%，金融支持效率的中介效应百分比是 12.3%，产融协调程度的中介效应百分比是 13.6%，由此可见金融支持对产业资源因素的中介影响效应主要以资本投入、政策投放、加强产融双方协调性三种表现形式进行，三种表现形式所起作用差别不大；产业资源因素对产业效益的影响作用 41.1% 需要金融部门的支持才能实现。

在社会效益方面，产业运营对社会效益有一定影响作用但不显著，主要通过金融维度的三项因素才能对社会效益产生影响作用，从表 14-12 得出，金融支持能力的中介效应百分比是 17.6%，金融支持效率的中介效应百分比是 38.9%，产融协调程度的中介效应百分比是 43.5%，由此可见金融支持对产业运营因素的中介影响效应以资本投入、政策投放、加强产融双方协调性三种表现形式进行，其中以政策投放、加强产融双方协调性两种表现形式为主，产业运营因素对社会效益的影响作用 100% 需要金融部门的支持才能实现。

产业资源既可通过金融维度的三项因素对社会效益产生影响作用，又可直接作用于社会效益，从表 14-12 得出，金融支持能力的中介效应百分比是 9.9%，金融支持效率的中介效应百分比是 16.7%，产融协调程度的中介效应百分比是 17.2%，由此可见金融支持对产业资源因素的中介影响效应以资本投入、政策投放、加强产融双方协调性三种表现形式进行，其中以政策投放、加强产融双方协调性两种表现形式为主，产业资源因素对社会效益的影响作用有 43.9% 需要金融部门的支持才能实现。

从总体来说，产业维度因素对产业效益的影响作用有 43.3% 需要金融维度的因素来实现，对社会效益的影响作用有 64.6% 需要金融维度的因素来实现。

四　农业生态维度的分析

在产业效益方面，农业劳动力素质既可通过金融支持能力、产融协调程度两项因素对产业效益产生影响作用，又可直接作用于产业效益，从表 14 - 15 得出，金融支持能力的中介效应百分比是 10.9%，产融协调程度的中介效应百分比是 24.5%，由此可见金融支持对农业劳动力素质因素的中介影响效应以资本投入、加强产融双方协调性两种表现形式进行，主要以加强产融双方协调性表现形式为主；农业劳动力素质因素对产业效益的影响作用有 35.5% 需要金融部门的支持来实现。

农业经济因素对产业效益有一定影响作用但不显著，主要通过金融支持能力、产融协调程度两项因素才能对产业效益产生影响作用，从表 14 - 15 得出，金融支持能力的中介效应百分比是 12.4%，产融协调程度的中介效应百分比是 87.6%。由此可见金融支持对农业经济因素的中介影响效应以资本投入、加强产融双方协调性两种表现形式进行，其中以加强产融双方协调性表现形式为主；农业经济因素对产业效益的影响作用 100% 需要金融部门的转换来实现。

在社会效益方面，农业政策既可通过金融支持能力和金融支持效率对社会效益产生影响作用，又可直接作用于社会效益，从表 14 - 16 得出，金融支持能力的中介效应百分比是 8.7%，金融支持效率的中介效应百分比是 12.6%，由此可见金融支持对农业政策因素的中介影响效应以资本投入、政策投放两种表现形式进行，其中以政策投放表现形式为主；农业政策对社会效益的影响作用有 21.3% 需要金融部门的转换才能实现。

生态环境对社会效益有一定影响作用但不显著，主要通过金融支持能力和金融支持效率对社会效益产生影响作用，从表 14 - 16 得出，金融支持能力的中介效应百分比是 24.7%，金融支持效率的中介效应百分比是 75.3%，由此可见金融支持对生态环境的中介影响效应以资本投入、政策投放两种表现形式进行，其中以政策投放表现形式为主；生态环境对社会效益的影响作用 100% 需要金融部门的转换才能实现。

从总体来说，农业生态维度因素对产业效益的影响作用有 56.1% 需要金融维度的因素来实现，对社会效益的影响作用有 41.7% 需要金融维度的因素来实现。

本章小结

在本章的金融支持中介影响效应研究中，社会、科技、产业和农业生态四个维度的潜变量因素受到金融维度因素不同程度的中介影响效应。就影响的广度而言，金融支持能力因素对 14 个潜变量因素产生作用，金融支持效率因素对 13 个潜变量因素发生作用，产融协调程度因素对 10 个潜变量因素有影响作用；就影响的深度而言，金融支持能力因素对 1 个潜变量因素产生最强中介影响效应，金融支持效率因素对 7 个潜变量因素产生最强中介影响效应，产融协调程度因素对 9 个潜变量因素产生最强中介影响效应。因此可以认为在金融支持活动中，金融支持能力因素的影响范围最广，产融协调程度因素的影响最为深入。

社会维度因素对产业效益的影响作用有 52.8% 需要金融维度的因素来实现，对社会效益的影响作用有 47.9% 需要金融维度的因素来实现。对于产业效益，对区位因素和基础设施因素的金融支持活动应主要以加强产融双方协调性的形式进行；对于社会效益，对区位因素和基础设施因素的金融支持活动应主要以政策投放的形式进行。

科技维度因素对产业效益的影响作用 100% 需要金融维度的因素来实现，对社会效益的影响作用有 41.9% 需要金融维度的因素来实现。对于产业效益，对科技研发和科研人员因素的金融支持活动应主要以加强产融双方协调性的形式进行；对于社会效益，对科技研发、科研人员和科技政策因素的金融支持活动应主要以政策投放的形式进行。

产业维度因素对产业效益的影响作用有 43.3% 需要金融维度的因素来实现，对社会效益的影响作用有 64.6% 需要金融维度的因素来实现。对于产业效益，对产品销售和产业资源因素的金融支持活动主要以资本投入、政策投放、加强产融双方协调性三种表现形式进行；对于社会效益，对产业运营和产业资源因素的金融支持活动主要以政策投放、加强产融双方协调性两种表现形式进行。

农业生态维度因素对产业效益的影响作用有 56.1% 需要金融维度的因素来实现，对社会效益的影响作用有 41.7% 需要金融维度的因素来实现。对于产业效益，对农业劳动力素质和农业经济因素的金融支持活动主要以加强产融双方协调性表现形式进行；对于社会效益，对农业政策和生态环境因素的金融支持活动主要以政策投放表现形式进行。

第十五章　提升金融支持效应的措施

本章根据前文研究结果总结出结论，并提出政策建议。

第一节　结论

金融是推动经济发展重要因素，金融支持问题一直是学术界的研究热点。本书以经济学和管理学等学科为理论背景，在系统分析已有的研究成果和理论后，对"为何要进行金融支持""金融支持对象是什么""如何进行金融支持"等一系列农业高新技术产业发展的金融支持问题做出分析和解答。文章从总体影响效应、直接影响效应和中介影响效应三个方面进行研究，首先，对农业高新技术产业的金融支持现状进行总结，并对金融支持强度进行评价，用于衡量农业高新技术产业的金融支持状况，结合金融支持的评价值，从产业规模和产业效率两方面出发就金融支持对农业高新技术产业发展的总体影响效应进行实证研究，阐明对农业高新技术产业进行金融支持的意义所在。其次，在三元参与理论的基础上构建社会、科技、产业、农业生态、金融和产业发展绩效六个维度的测量方程模型，从社会、科技、产业、农业生态和金融五个维度影响因素出发，就多个影响因素对农业高新技术产业发展的直接影响效应进行实证研究，通过实证结果甄别出对产业发展具有显著、正向影响作用的潜变量因素，明确金融支持的实施对象。最后，在直接影响效应实证结果的基础上，从社会、科技、产业和农业生态四个角度出发，分析金融支持对农业高新技术产业发展的中介影响效应，根据实证结果甄别出主导中介影响效应的金融维度潜变量因素，并得出金融支持对社会、科技、产业和农业生态四个维度影响因素中介影响效应的大小，明确金融支持的实施方法。最终得到以下结论：

（1）根据金融支持强度的评价值，杨凌地区农业高新技术产业的金融支持处于较低的发展水平，在考察的时间段里，杨凌产业发展的金融支持强度基本处于0.2以下，最大值出现在2009年年末，达0.195；最小值出现在2006年，只有0.089。

（2）结合金融支持强度的评价值，运用多元回归分析方法，从产业规模和产业效率两方面出发就金融支持对农业高新技术发展的总体影响效应进行实证研究后得出，金融支持对产业发展规模和产业效率均具有显著、正向的影响作用。产业规模方面，金融支持强度值每增加一个单位，国内生产总值就增长0.242个单位；产业效率方面，金融支持强度值每增加一个单位，产业效率就增长0.151个单位。

（3）实证分析包括金融在内的多个影响因素对产业发展绩效的直接影响效应后发现，社会、科技、产业、农业生态和金融五个维度的各项因素均对农业高新技术产业发展的产业效益和社会效益有不同程度的正向影响作用，通过显著性检验后得出：在社会维度，区位因素与基础设施两项因素对产业效益和社会效益具有显著的影响效应；在科技维度，科技研发和科研人员两项因素对产业效益有显著的影响效应，科技研发、科技政策和科研人员三项因素对社会效益有显著的影响效应；在产业维度，产品销售与产业资源两项因素对产业效益有显著的影响效应，产业运营和产业资源两项因素对社会效益有显著的影响效应；在农业生态维度，农业劳动力素质与农业经济两项因素对产业效益有显著的影响效应，农业政策和生态环境两项因素对社会效益有显著的影响效应；在金融维度，金融支持能力、金融支持效率与产融协调程度三项因素对产业效益和社会效益均有显著的影响效应，同时金融因素实证结果中的标准化路径系数值普遍高于社会、科技、产业和农业生态四项影响因素的同类数值，由此可知在农业高新技术产业发展的过程中，金融因素对产业发展的直接影响效应最大。

（4）社会、科技、产业和农业生态四个维度的潜变量因素受到金融维度因素不同程度的中介影响效应。就影响的广度而言，金融支持能力因素对14个潜变量因素产生作用，金融支持效率因素对13个潜变量因素发生作用，产融协调程度因素对 10 个潜变量因素有影响作用；就影响的深度而言，金融支持能力因素对 1 个潜变量因素产生最强中介影响效应，金融支持效率因素对 7 个潜变量因素产生最强中介影响效应，产融协调程度因素对 9 个潜变量因素产生最强中介影响效应。因此，可以认为在金融支持活动中，金融支持能力因素的影响范围最广，产融协调程度因素的影响最为深入。

社会维度因素对产业效益的影响作用有 52.8% 需要金融维度的因素来实现，对社会效益的影响作用有 47.9% 需要金融维度的因素来实现。对于产业效益，对区位因素和基础设施因素的金融支持活动应主要以加强产融双方协调性的形式进行；对于社会效益，对区位因素和基础设施因素的金融支持活动应主要以政策投放的形式进行。

科技维度因素对产业效益的影响作用 100% 需要金融维度的因素来实现，对社会效益的影响作用有 41.9% 需要金融维度的因素来实现。对于产业效益，对科技研发和科研人员因素的金融支持活动应主要以加强产融双方协调性的形式进行；对于社会效益，对科技研发、科研人员和科技政策因素的金融支持活动应主要以政策投放的形式进行。

产业维度因素对产业效益的影响作用有 43.3% 需要金融维度的因素来实现，对社会效益的影响作用有 64.6% 需要金融维度的因素来实现。对于产业效益，对产品销售和产业资源因素的金融支持活动主要以资本投入、政策投放、加强产融双方协调性三种表现形式进行；对于社会效益，对产业运营和产业资源因素的金融支持活动主要以政策投放、加强产融双方协调性两种表现形式进行。

农业生态维度因素对产业效益的影响作用有 56.1% 需要金融维度的因素来实现，对社会效益的影响作用有 41.7% 需要金融维度的因素来实现。对于产业效益，对农业劳动力素质和农业经济因素的金融支持活动主要以加强产融双方协调性表现形式进行；对于社会效益，对农业政策和生态环境因素的金融支持活动主要以政策投放表现形式进行。

第二节　推动农业高新技术产业发展的金融措施

农业高新技术产业对我国实现农业现代化具有重要意义，发展农业高新技术产业需要足够的外源性资本投入，即金融支持。研究表明，从宏观的角度出发，金融支持对农业高新技术产业发展具有显著、正向的总体影响效应，从微观的角度来看，金融支持不但具有最强烈的直接影响效应，而且具有中介影响效应。然而现阶段农业高新技术产业发展缺乏足够的金融支持，为了推动农业高新技术产业的进一步发展，必须尽快完善相关的金融政策措施。

一　加大产业发展的金融支持强度

在本书的研究中，信贷融资是农业高新技术产业发展金融支持的重要组成部分，是财政支持的重要补充，然而由于农业的弱质性，传统的金融模式无法有效引导资本投入农业高新技术产业的发展，因此有必要对传统金融模式进行创新。

（一）协调产业发展与金融支持的关系

农业高新技术企业发展的不同阶段均需要持续性的资本投入，因此，产业的发展离不开金融部门的有力支持。然而在企业发展的不同阶段，金融部门所要承担的风险以及企业所需资金都有极大差别，因此金融部门制定信贷政策时不能一概而论，要根据企业不同的发展状况制定相应的政策。当企业处于创业的初期，对资金的需求极大却没有足够的质押物，此时金融机构可更多地考虑企业自有知识产权的数量、质量以及相应的价值，开发知识产权质押的金融产品为企业的发展提供资金，同时适当考虑产业发展的一般规律，适当延长还款期并且给予灵活的利率调整安排，在企业发展初期给予低利率，随着企业的发展逐步提高企业的利率水平；当所面对的客户是发展较为成熟的农业高新技术企业时，金融机构可以为企业制订合理的理财计划，引导企业合理使用自有资金，提高企业自有资金的利用率。

（二）实现金融机构的多元化和专业化

第一，在现有金融机构内部进行管理创新，建设面向产业发展的专业金融运营团队，提升金融机构实施金融支持的专业化程度。第二，由政府牵头，整合地方金融资源，建设地方性商业银行和金融贷款担保组织，提升金融服务质量和金融服务效率。第三，开发知识产权质押融资服务，为拥有高新技术成果的创业者扫除创业的资金障碍；完善融资质押和担保的方式，开发多元化的信贷产品，借鉴"团购"的营销模式，尝试"联保联贷"的新方式，为规模小、质押物不足的中小高新技术企业的融资问题寻找出路。

（三）制定促进产业发展的财税政策

优惠的税收政策，是政府对产业发展实施财政支持的重要手段，其具体的方式可以总结为以下两点。第一，把对企业所得税的优惠政策改为对企业流转税的优惠。在产业发展的初始阶段，企业的产品技术含量偏低，产品销售收入不高，因此企业所得税优惠对于增加企业收入所起的作用有限，企业的流转税主要包括增值税、消费税、营业税和关税等几项，农业高新技术企业为了进行开拓市场和购买相关设备等经济活动都要缴纳不菲的流转税，因此加大对企业流转税的优惠，更能在经济上给予企业实惠。第二，制定针对企业科研创新活动收入的税收优惠政策。农业高新技术成果普遍存在成果转化率低的问题，通过相关税收优惠政策的制定，降低对成果转化过程中的课税金额，促进农业高新技术成果的转化，从而提高产业的技术水平，推动农业高新技术产业的发展。

（四）加强机制创新，合理控制金融风险

农业高新技术产业具有比非农类型的高新技术产业更高的风险，因此实施产业发展的金融支持必须有相应的机制作为后盾，预防可能风险的发生，减少发生风险损失，从预防风险的角度出发着手金融信贷的贷款管理机制构建。首先，金融机构对贷款的管理要遵循市场经济的规律，建立规范的贷款管理机制，贷款前要仔细调查企业的发展状况并作出科学的企业评估；贷款后要关注企业的资金使用情况，及时发现企业的不当资金使用行为，尽量避免道德风险的出现；一旦发现企业出现严重的违规行为，或者经营状况极度恶化，要有相应退出机制使损失降到最低。其次，除相应的退出机制外，要减少因风险所带来的损失还有其他相应的策略，商业性保险就是其中重要的手段之一保险业对农业高新技术产业发展的介入，可以降低产业发展过程中的不确定性，从而提高银行部门对产业发展的预期，坚定其实施金融支持的信心，提高金融机构的贷款意愿；保险业的介入虽然一定程度取走了部分产业利润，但也平衡了产业风险，有效保障了产业的顺利发展。

二　构建科研创新的金融支持体系

科研创新是农业高新技术产业的核心内容，通过产业内科研创新金融支持体系的构建，能有效推动农业高新技术产业的发展。

（一）发挥财政支持的引导作用

通过加大政府的财政投入，吸引更多社会资本对产业科研创新的介入；通过财税优惠政策的投放，吸引外资、风险投资以及商业银行的金融资本投入科技创新活动中，提高产业的技术水平；重视金融政策与科技政策的衔接，积极投放金融政策强化金融资本对产业科研创新的推动作用，设立支持科研创新活动的财政专项支持基金，加大对科研创新活动的支持力度。

（二）推动风险投资的建设

农业高新技术产业风险投资支持体系构建可以从三方面着手。第一，政府要扶持风险投资的发展，具体扶持方式是提供税收优惠政策，给予税收方面的优惠或者减免。第二，要构建并完善风险投资的法律体系，为风险投资的发展提供制度和法律保障。第三，要拓展风险投资的融资渠道，现阶段我国风险投资存在资金来源单一、资金规模偏小等问题，要有效推动风险投资的发展必须开拓新的风险投资资金来源，比如通过法律法规的健全，允许国内商业金融机构进入风险投资领域。

（三）设立农业人才基金项目

出于对就业率的考虑，越来越多的高等院校把更多的资源投放到社会热门的专业建设中，但却漠视了部分事关国计民生但又缺乏关注度的专业，这其中就有涉农的专业。为了扭转社会对农业高新技术人才的认识，填补农业人才培养的空白，设立农业人才基金就是一个较好的方法。农业高新技术人才基金项目的设立可以加强农业学科建设，改善农业人才科研、就业与创业的条件，促进我国农业领域的人才培养，满足农业高新技术产业发展的人才需求。

（四）探索知识产权证券化的融资模式

知识产权证券化是知识与资本的有机结合，其实质是以产权未来的许可使用费作担保发行金融证券的一种新型融资方式。通过发挥杠杆融资作用，知识产权证券化能有效降低融资成本和分担风险，使产权的原始所有者实现产权价值与金融资本的转换，为产业创新后的成果转化提供了便捷的通道。同时作为一种新型的融资模式，产权证券化提高了资本市场的运行效率，填补了资本市场的资金缺口，为农业高新技术产业的发展带来了积极影响。

三　完善基础设施建设的融资体系

政府作为公共部门，是产业基础设施的主要建设者，然而政府的财政支持有限，无法满足所有基础设施的资金需求。因此，政府在实施财政支持以外，要积极引导市场性金融资本参与到产业基础设施建设、经营以及维护等一系列活动中。

（一）制定基础设施建设的财政补贴政策

农业高新技术产业的基础设施的效益为整个产业所享用，是标准的公共物品，因此，其主要金融支持实施主体必然是政府。然而通过制定合理的财政补贴政策，也能吸引市场性金融资本进入相关投资领域，比如通过对建设成本较高的基础设施项目实施财政贴息、价格补贴和直接投资补贴政策，减少政府以外私人部门进行项目建设的实际投资，从而吸引民间资本对基础设施项目的投资。

（二）完善基础设施经营的税收优惠政策

完善相关的税收优惠政策，对产业基础设施的经营企业所取得的收入与利润进行税收优惠甚至减免，提高相关企业经营产业基础设施项目的积极性。比如对相关基础设施经营企业的营业收入、销售收入以及利润进行营业税、增值税以及所得税的优惠甚至减免，为企业的日常经营创造更大的利润空间。

（三）提供基础设施项目融资的政府担保

基础设施建设所需的资金巨大，投资回收时间较长，投资者会因未来的不确定性面临极大的投资风险，巨大的投资风险会对收益产生不利影响，从而降低民间投资者对基础设施项目的投资积极性。从风险分担的角度出发，由政府提供担保承担部分非投资者主观意愿所造成的收益损失，可以有效吸引更多市场性金融资本进入基础设施的投资领域。

（四）采取基础设施供给的政府采购政策

基础设施供给的政府采购模式是指由不同企业进行基础设施的建造

与经营，政府对整个建造和经营的过程进行监督。该项政策的实施有利于大规模产业基础设施建造，能有效弥补基础设施建设项目财政投入的不足，充分发挥杠杆作用实现财政投入的分期支付，有效降低政府的支付压力。并且通过对建造与经营企业的引入，引导市场性金融资本投向基础设施，拓宽了基础设施建设的资金来源。

四　加快农业生态建设金融支持体系建设

要做好农业生态建设金融支持体系建设的工作，单靠政府财政支持或者市场性金融资本的投入是无法实现的。必须把两种手段综合运用，使两者有机结合，构建出政府与市场共同合作、财政支持与市场融资相互协调的投融资体系，才能实现园区农业生态的良性发展。

（一）设立固定的农业生态补偿专项财政资金

园区的生态环境的维护需要长期、大量的资金支持，由于这部分资金使用过程中不可避免的低回报性和低效性，以及农业生态与生俱来的外部经济特点，只能依赖财政资金的支持，因此应设立稳定的财政资金来源作为保证。资金的来源可以分为以下五种：第一，把资源性税收中的一定比例财政收入专项用于实施绿色生态补偿。第二，除重点扶持项目外，对园区内部分农业资源实施有偿使用。第三，从园区土地出让金中提取一定比例用于农业生态的专项资金。第四，明确环境产权界定，对园区企业征收一定的环境税收，对重点扶持企业可以适当减少该项税负，对从事环保类型业务企业可以免予征收该项税赋。第五，由政府牵头，设立政府性质的农业生态补偿基金，按照专项资金的相关规定进行管理，全额用于园区农业生态建设方面工作的支出。

（二）拓展农业生态补偿的资金来源

在日益发展的国民经济中，资本市场是实施融资的重要场所。除政府主导的财政投入以外，可以利用国债、彩票、环保债券等方式筹措用于农业生态补偿的资金。同时通过完善农业生态补偿的法律法规，改善园区的营商环境，创造良好的园区条件吸引国内外的资金进驻园区进行农业生态建设。对于有意从事环保领域的企业，因给予税收和政策的支持；对于园区内有意进行节能减排升级改造的企业，政府应设立专项的财政拨款加以扶持，也可以使用税收减免、低息贷款等政策降低企业的改造成本，提高企业参与园区生态建设的积极性。

（三）调动市场性资本参与园区农业生态建设

采取政府牵头、政策引导等方式，充分调动市场性金融资本进入园区农业生态建设领域。主要的方式有以下三种：第一，鼓励效益好的企业以捐赠形式参与园区农业生态建设，并以政府机构宣传的形式对行善举的企业加以褒扬，树立企业参与环保、乐善好施的正面形象。第二，通过财政补贴的形式调动企业参与园区生态建设的积极性。第三，由政府牵头，设立专项奖励资金，对一定时期内在农业生态建设上有突出贡献的企业给予物质奖励，贡献的形式可以是多样的，除企业捐献的资金与实物外，在农业生态相关高新技术上取得突破的企业，也应纳入奖励的候选名单。

参考文献

[1] 阿尔弗雷德·韦伯：《工业区位论》，商务印书馆 1997 年版。

[2] 安胜利：《大型 EPC 工程总承包项目的协同管理研究》，硕士学位论文，天津大学，2007 年。

[3] 巴绍东、钟书华、李宜昌：《科技工业园发展理论述评》，《软科学》1996 年第 2 期。

[4] 巴曙松：《中国高新技术产业发展中的金融支持》，《城市金融论坛》2000 年第 1 期。

[5] 白列湖：《管理协同机制研究》，硕士学位论文，湖北科技大学，2005 年。

[6] 白列湖：《协同论与管理协同理论》，《甘肃社会科学》2005 年第 11 期。

[7] 白钦先、剑眉：《论政策性金融与商业性金融的相互关系》，《上海金融》2005 年第 1 期。

[8] 宾建成、陈柳钦：《论我国高新技术产业发展的政策支持体系建设》，《工业技术经济》2006 年第 1 期。

[9] 布德维尔：《区域经济规划问题》，爱丁堡大学出版社 1966 年版。

[10] 蔡红艳、阎庆民：《产业结构调整与金融发展——来自中国的跨行业调查研究》，《管理世界》2004 年第 10 期。

[11] 才华：《基于自组织理论的黑龙江省城市系统演化发展研究》，博士学位论文，哈尔滨工程大学，2006 年。

[12] 曹文华：《我国大学科技园软环境评价体系问题研究》，硕士学位论文，重庆大学贸易与行政学院，2007 年。

[13] 曹洋:《国家级高新技术产业园区技术创新网络研究》,博士学位论文,天津大学,2008 年。

[14] 陈东:《中国混合所有制经济效率提升与金融发展"阈值效应"》,《山西财经大学学报》2015 年第 2 期。

[15] 陈飞:《基于自组织理论的电信产业系统演化发展研究》,博士学位论文,北京邮电大学,2009 年。

[16] 陈鸿宇:《区域经济学新论》,广东经济出版社 1998 年版。

[17] 陈纪忠:《走向"三螺旋"时代:论产学研合作的新趋势》,《现代交际》2010 年第 7 期。

[18] 陈丽:《基于共同价值的多维度组织协同机理与方法研究》,硕士学位论文,天津大学,2009 年。

[19] 陈柳钦:《知识产权、知识产权证券化与高新技术产业发展》,《学习与实践》2008 年第 12 期。

[20] 陈柳钦:《高新技术产业发展的金融支持研究》,《当代经济管理》2008 年第 5 期。

[21] 陈红川:《高新技术企业核心竞争力评价体系的研究》,《广东社会科学》2007 年第 4 期。

[22] 陈鸿宇:《区域经济学新论》,广东经济出版社 1998 年版。

[23] 陈青洲:《科技园区管理研究——东西方管理融合发展的探索》,博士学位论文,复旦大学,2007 年。

[24] 陈晓红、李大荣:《中国金融抑制与经济效率的实证研究》,《华东经济管理》2007 年第 9 期。

[25] 陈玉光:《我国居民高储蓄及其向投资转化机制研究》,《中国社会科学》1996 年第 5 期。

[26] 陈祖华:《金融中心形成的区位、集聚与制度探析》,《学术交流》2010 年第 5 期。

[27] 程宝元:《战略视角下的适应性企业管理熵研究》,硕士学位论文,哈尔滨工程大学,2008 年。

[28] 程开明:《结构方程模型的特点及应用》,《统计与决策》2006 年第 10 期。

[29] 程文兵:《农业产业化与金融支持关联问题研究——基于江西省

九江市农村金融支持农业产业化的实证》，《金融与经济》2008年第10期。

[30] 戴卫：《以产业联盟促进中关村创新集群的发展》，《中国高新区》2007年第3期。

[31] 党兴华、赵晓洁：《基于平衡计分卡的公共财政支持科技产业绩效评价指标体系研究》，《科学学与科学技术管理》2007年第3期。

[32] 邓平：《中国科技创新的金融支持研究》，博士学位论文，武汉理工大学，2009年。

[33] 丁军：《环境产业金融支持的框架构建分析——基于环境产业"资本形成—投资效率—金融运行"的逻辑》，《南京农业大学学报》2006年第1期。

[34] 丁堃：《产学研合作的动力机制分析》，《科学管理研究》2000年第6期。

[35] 丁铭华：《基于自组织的企业集团资源协同管理研究》，博士学位论文，同济大学，2008年。

[36] 窦欣：《基于层级增长极网络化发展模式的西部区域城市化研究》，硕士学位论文，西安电子科技大学，2009年。

[37] 杜军：《基于耗散结构理论的企业战略决策研究》，硕士学位论文，哈尔滨工程大学，2007年。

[38] 杜俊涛、陈迅、雷森、王亚娜：《增长极理论的模型化研究》，《重庆大学学报》2002年第4期。

[39] 段秀云：《企业信息系统柔性多维度分析与评价》，硕士学位论文，大连理工大学，2008年。

[40] 范方志：《"增长极"理论的国际实践及其对贵州经济发展的启示》，《贵州财经学院学报》2008年第8期。

[41] 方一平、曾勇、李仕明：《我国高新区经济发展规模数学模拟与区域差异比较研究》，《宁夏工程技术》2005年第1期。

[42] 费洪平：《中国区域经济发展》，科学出版社1998年版。

[43] 傅强、刘远举：《信贷市场、资本市场与我国的储蓄投资转化率》，《金融论坛》2007年第3期。

［44］傅进：《江苏产业结构优化与升级的金融对策研究》，《经济与金融》2004 年第 3 期。

［45］傅艳：《产融资本结合缘何热点多》，《经济日报》2003 年 6 月 18 日。

［46］高囡囡、刘婷：《综合评价的合理性问题》，《东北大学学报》（自然科学版）2013 年第 30 期。

［47］弋亚群、刘益、李垣：《组织资源的协同机制及其效应分析》，《经济管理》2003 年第 16 期。

［48］耿战修：《解读〈国家大学科技园认定和管理办法〉》，http：//most. gov. cn，2007 年 4 月 17 日。

［49］龚晓菊：《基于中小企业技术自主创新的财政金融支持体系构建》，《商业时代》2009 年第 4 期。

［50］顾保国：《企业集团协同经济研究》，博士学位论文，复旦大学，2003 年。

［51］顾朝林：《中国高技术产业与园区》，中信出版社 1998 年版。

［52］郭翠荣、王付强：《金融中介的储蓄投资转化机制研究》，《江苏商论》2007 年第 8 期。

［53］郭淑娟、昝东海：《高新技术产业知识产权证券化融资探析》，《科学学与科学技术管理》2010 年第 4 期。

［54］郭亚军、于兆吉：《综合评价的合理性问题》，《东北大学学报》（自然科学版）2002 年第 9 期。

［55］郭彦君、柴华奇、卢青：《采用 FAHP 方法的国家高新区技术创新能力评价研究》，《现代制造工程》2009 年第 4 期。

［56］郭治安：《协同学入门》，四川人民出版社 1988 年版。

［57］H. 哈肯：《协同学引论——物理学、化学和生物学中的非平衡相变和自组织》，原子能出版社 1984 年版。

［58］H. 哈肯：《高等协同学》，科学出版社 1987 年版。

［59］H. 哈肯：《协同学》，科学出版社 1989 年版。

［60］H. 哈肯：《协同学——自然成功的奥秘》，科学普及出版社 1998 年版。

［61］韩斌：《企业战略联盟自组织演化机制研究》，博士学位论文，哈

尔滨工程大学，2008 年。

[62] 韩冬梅、戴铁军：《基于耗散结构理论的生态工业园发展研究》，《中国市场》2009 年第 11 期。

[63] 韩孝成：《中关村科技园区发展机制研究》，硕士学位论文，中共中央党校，2003 年。

[64] 何建南：《哈肯大脑协同学及其认知意义》，《五邑大学学报》（社会科学版）2006 年第 5 期。

[65] 何燎原：《城市基础设施融资组合模式研究》，《财经研究》2012 年第 23 期。

[66] 何庆元：《对外开放与 TFP 增长：基于中国升级面板数据的经验研究》，《经济学》（季刊）2007 年第 4 期。

[67] 侯合银、王浣尘：《高新技术创业企业可持续发展能力评价研究》，《系统工程理论与实践》2003 年第 8 期。

[68] 侯杰泰、温忠麟、成子娟：《结构方程模型及其应用》，教育科学出版社 2004 年版。

[69] 胡宗义、刘亦文、袁亮：《金融均衡发展对经济可持续增长的实证研究》，《中国软科学》2013 年第 7 期。

[70] 胡树华、李荣：《产业联盟中的企业集成创新研究》，《工业技术经济》2008 年第 3 期。

[71] 胡育波：《企业管理协同效应实现过程的研究》，硕士学位论文，武汉科技大学，2007 年。

[72] 华萍：《不同教育水品对全要素生产率增长的影响——来自中国省份的实证研究》，《经济学》（季刊）2005 年第 1 期。

[73] 黄明哲、黄明儒：《多指标综合评价的多元统计分析》，《工业技术经济》1990 年第 5 期。

[74] 黄锡富：《增长极理论与广西北部湾经济区建设的思考》，《广西师范学院学报》（哲学社会科学版）2009 年第 1 期。

[75] 蒋冠宏、蒋殿春：《基础设施、基础设施依赖与产业增长——基于中国省区行业数据检验》，《南方经济》2012 年第 11 期。

[76] 蒋瑛、李文星：《西部地区高新技术产业发展的财政支持》，《经济理论与经济管理》2001 年第 7 期。

[77] 蒋玉洁、徐荣贞：《自主创新型企业的金融支持体系研究》，《经济问题探索》2007 年第 11 期。

[78] 江宏飞、周伟：《"增长极"理论视角下我国纺织业竞争力的培育》，《纺织科技进展》2007 年第 1 期。

[79] 江永真：《民营科技园区系统分析》，《民营科技》2001 年第 2 期。

[80] 金玲：《基于自组织理论的建筑业系统演化发展研究》，博士学位论文，哈尔滨工业大学，2007 年。

[81] 景俊海：《科技工业园发展的五元驱动理论》，《科技日报》2001 年 5 月 31 日。

[82] 康书生、杨军、刘猛：《河北省高新技术产业发展的金融支持》，《河北大学成人教育学院学报》2006 年第 1 期。

[83] 李彬：《管理系统的协同机理及方法研究》，硕士学位论文，天津大学，2008 年。

[84] 李海婴、周和荣：《敏捷企业协同机理研究》，《中国科技论坛》2004 年第 5 期。

[85] 李良琼、沈玉志：《基于物元法的阜新产业集群金融支持评价》，《辽宁工程技术大学学报》（社会科学版）2014 年第 3 期。

[86] 李美娟、陈国宏：《数据包络分析法（DEA）的研究与应用》，《中国工程科学》2003 年第 7 期。

[87] 李文庆、卢钊、崔惠民：《政府财政支持高新技术发展的理论与对策研究》，《中国行政管理》2012 年第 5 期。

[88] 李文石、赵树宽：《增长极理论的发展历程及其对我国区域经济发展的指导意义》，《商场现代化》2008 年第 8 期。

[89] 李夏琴：《适应性企业战略协同机制及其运行研究》，硕士学位论文，哈尔滨工程大学，2008 年。

[90] 李勇、郑垂勇、杨国才：《基于耗散结构论的企业集群生态化研究》，《科技管理研究》2007 年第 6 期。

[91] 梁继民、杨万海、蔡西尧：《决策融合的模糊积分方法》，《西安电子科技大学学报》1998 年第 2 期。

[92] 梁琦：《高技术产业集聚的新理论解释》，《广东社会科学》2004

年第 2 期。

[93] 梁琦、钱学锋：《外部性与集聚：一个文献综述》，《世界经济》2007 年第 2 期。

[94] 林晓霞：《引进创新科研团队对战略性新兴产业的影响分析——以广东为例》，《科技管理研究》2012 年第 12 期。

[95] 刘翠：《构建金融支持农业发展绩效四维评价指标体系——基于 31 个省市数据的经验分析》，《西部金融》2013 年第 10 期。

[96] 刘刚、黄炎：《区位因素比较偏好与生产性服务业集聚》，《系统管理科学》2013 年第 2 期。

[97] 刘贵生：《加快金融创新步伐，支持高新技术产业发展》，《西部金融》2007 年第 10 期。

[98] 刘健钧：《中国政策性创业投资基金运作模式探讨》，《中国创业投资与高科技》2004 年第 10 期。

[99] 刘军：《我国高新技术开发区建设的比较研究》，《西北民族学院学报》2002 年第 2 期。

[100] 刘璠：《第四方物流企业协同运作研究》，博士学位论文，武汉理工大学，2009 年。

[101] 刘世锦：《为产业升级和发展创造有利的金融环境》，《上海金融》1996 年第 4 期。

[102] 刘世锦：《产业集聚及其对经济发展的意义》，《改革》2003 年第 3 期。

[103] 刘西涛、王炜：《中国发展现代农业的政策激励机理与影响途径研究》，《学术交流》2012 年第 11 期。

[104] 刘岩：《城市再生资源协同管理研究》，博士学位论文，大连理工大学，2009 年。

[105] 卢晨：《制造企业协同管理模式机理研究》，硕士学位论文，哈尔滨理工大学，2008 年。

[106] 卢振礼：《我国高新技术产业的融资优化模式研究》，《经济技术协作信息》2005 年第 12 期。

[107] 陆静：《金融发展与经济增长关系的理论与实证研究——基于中国省级面板数据的协整分析》，《中国管理科学》2012 年第

1 期。

[108] 罗伯特·S. 卡普兰、戴维·P. 诺顿：《组织协同：运用平衡计分卡创造企业合力》，商务印书馆 2006 年版。

[109] 罗美娟：《证券市场推动产业成长的机理分析》，《思想战线》2001 年第 1 期。

[110] 罗永泰、李志勇：《基于模糊积分的医疗顾客感知价值综合评价》，《决策科学与评价——中国系统工程学会决策科学专业委员会第八届学术年会论文集》2009 年第 10 期。

[111] 罗正英、彭磊：《增长极与区域经济增长的外向带动》，《江南大学学报》2003 年第 4 期。

[112] 吕晓蔚：《全球金融中心的分类和区位布局》，《特区经济》2007 年第 7 期。

[113] 马晓霞：《高新技术产业金融支持体系研究》，《科技进步与对策》2006 年第 9 期。

[114] 马扬、张玉璐、王荣：《科研组织的管理熵问题初探》，《科学学与科学技术管理》2004 年第 2 期。

[115] 马秩群、史安娜：《金融发展对中国经济增长质量的影响研究——基于 VAR 模型的实证分析》，《国际金融研究》2012 年第 11 期。

[116] 马永斌、王孙禺：《浅谈大学、政府和企业三者间的关系研究》，《清华大学教育研究》2007 年第 5 期。

[117] 毛承之：《从投资、消费、储蓄增长规律实证中国经济增长发展趋势》，《铜仁学院学报》2014 年第 2 期。

[118] 孟琦：《战略联盟竞争优势获取的协同机制研究》，博士学位论文，哈尔滨工程大学，2007 年。

[119] 孟雪梅：《论支撑知识创新的信息资源保障体系建设》，《情报资料工作》2005 年第 3 期。

[120] 莫负春：《三区联动发展研究报告》，《上海市人民政府发展研究中心委托课题》2007 年。

[121] 潘开灵：《管理协同理论及其应用》，经济管理出版社 2006 年版。

［122］潘开灵、白列湖：《管理协同机制研究》，《系统科学学报》2006年第1期。

［123］佩鲁：《略论增长极的概念》，《应用经济学》，1955年。

［124］彭国华：《我国地区全要素生产率与人力资本构成》，《中国工业经济》2007年第2期。

［125］彭劲松：《产业升级中的人力资源优化配置——以广东省为例》，《改革与战略》2013年第5期。

［126］钱冈：《基于集群式发展观与动态能力观的高新区竞争力研究》，博士学位论文，上海交通大学，2007年。

［127］邱建军、张士功、李哲敏、任天志：《农业生态环境安全与生态农业发展》，《中国农业资源与区划》2005年第6期。

［128］屈越：《金融支持农村城镇化建设评价体系的构建》，《中国市场》2015年第21期。

［129］权进民、姚兰、史本山：《基于DEA的国家高新区可持续发展能力评价》，《软科学》2008年第1期。

［130］任军：《增长极理论的演进及其对我国区域经济协调发展的启示》，《内蒙古民族大学学报》2005年第2期。

［131］闫钊：《适应性企业战略协同机制研究》，硕士学位论文，哈尔滨工程大学，2007年。

［132］沈能：《技术创新的金融安排研究》，博士学位论文，大连理工大学，2008年。

［133］沈琼：《农业从业人员与农业生产的匹配性分析》，《农村经济》2015年第1期。

［134］沈小峰、胡岗、姜璐：《耗散结构论》，上海人民出版社1987年版。

［135］时丹丹：《金融体系对企业技术创新支持作用的实证分析》，《财经论坛》2011年第20期。

［136］史蕾、路正南：《高新技术产业知识产权证券化融资研究》，《科技管理研究》2009年第7期。

［137］石亚东、李传永：《我国城市基础设施投融资体制改革的难点分析》，《中央财经大学学报》2010年第7期。

［138］ 施祖麟：《区域经济发展：理论与实证》，社会科学文献出版社 2007 年版。

［139］ 宋凤轩、李林：《财政支持高新技术产业发展的实证分析与对策建议》，《河北大学学报》（哲学社会科学版）2013 年第 6 期。

［140］ 苏廷鳌：《增长极反馈系统模型》，《内蒙古大学学报》1999 年第 6 期。

［141］ 孙健夫、马卫红、崔学贤、杨巧英：《支持高新技术产业发展的公共财政政策研究》，《河北大学学报》（哲学社会科学版）2004 年第 115 期。

［142］ 孙金花：《区域中小企业技术创新测度与评价研究》，硕士学位论文，哈尔滨理工大学，2004 年。

［143］ 孙晓梅、郑志：《探索发展模式　搭建创新平台　全面促进科技园快速发展》，《中国科技产业》2008 年第 12 期。

［144］ 田瑾：《多指标综合评价分析方法综述》，《时代金融》2008 年第 2 期。

［145］ 田立法：《人力资源管理系统影响企业绩效的复杂性机理——基于高新技术企业的实证研究》，《中国管理科学》2014 年第 12 期。

［146］ 万伟平：《区域创新系统的科技创新政策研究》，硕士学位论文，重庆大学，2007 年。

［147］ 王彬、高强：《我国农业政策制定的基础和作用的研究综述》，《中小企业管理与科技》2011 年。

［148］ 王芳：《农业科技园区成长机理研究》，硕士学位论文，西北农林科技大学，2008 年。

［149］ 王芳、张笑莉：《平衡计分卡：一种新的经营业绩评价方法》，《中南财经大学学报》2001 年第 4 期。

［150］ 王晖、陈丽、陈垦、薛漫清、梁庆：《多指标综合评价方法及权重系数的选择》，《广东药学院学报》2007 年第 5 期。

［151］ 王兵、吴延瑞、颜鹏飞：《环境管制与全要素生产效率增长：APEC 的实证研究》，《经济研究》2008 年第 5 期。

［152］ 王宏起、王珊珊：《高新技术企业集群综合优势评价指标体系研

究》,《科学学与科学技术管理》2007 年第 11 期。

[153] 王建东、赵冬梅:《区域农业从业人员生产力评价研究》,《农村经济》2013 年第 11 期。

[154] 汪军召:《信贷资本逐利模式与实体经济关系分析》,《经济视角》2012 年第 3 期。

[155] 王任飞、王进杰:《基础设施与中国经济增长:基于 VAR 方法的研究》,《世界经济》2007 年第 3 期。

[156] 王仁祥、邓平:《创新型城市建设中金融支持度的评价与指标体系设计》,《海南金融》2008 年第 2 期。

[157] 王伟光:《美国金融危机的本质和原因——重读〈资本论〉和〈帝国主义论〉》,《马克思主义研究》2009 年第 2 期。

[158] 王翔、李凌:《中国的金融发展、经济波动于经济增长:一项基于面板数据的研究》,《上海经济研究》2009 年第 2 期。

[159] 王晓红、王雪峰、翟爱梅、冯英浚:《一种基于 DEA 和多指标综合评价的大学科研绩效评价方法》,《中国软科学》2004 年第 8 期。

[160] 王新红:《影响我国高新技术企业融资能力的因素分析》,《特区经济》2007 年第 10 期。

[161] 王永龙:《中国农村金融资源配置机制及其效率分析》,《中国经济问题》2006 年第 6 期。

[162] 王宗军:《综合评价的方法、问题及其研究趋势》,《管理科学学报》1998 年第 1 期。

[163] 魏下海:《基础设施、空间溢出与区域经济增长》,《经济评论》2010 年第 4 期。

[164] 魏心镇、王缉慈:《新的产业空间——高科技产业开发区的发展与布局》,北京大学出版社 1993 年版。

[165] 温洪涛、任传鹏:《企业绩效评价指标的无量纲化方法的改进》,《经济问题》2011 年第 6 期。

[166] 伍海华、张旭:《经济增长·产业结构·金融发展》,《经济理论和经济管理》2001 年第 5 期。

[167] 吴季松:《21 世纪社会的新细胞——科技工业园》,上海科技教

育出版社 1995 年版。

[168] 吴林海：《中国科技园区域创新能力研究》，博士学位论文，南京农业大学，2000 年。

[169] 吴彤：《自组织方法论研究》，清华大学出版社 2001 年版。

[170] 吴延兵：《R&D 与生产率——基于中国制造业的实证研究》，《经济研究》2006 年第 11 期。

[171] 吴铀生：《农业生态环境建设是实现农业发展方式转变的基础》，《农村经济》2011 年第 2 期。

[172] 夏光：《校区、园区与社区"三区联动"自主技术创新的模式、机制及实证研究》，博士学位论文，上海交通大学，2007 年。

[173] 夏光、屠梅曾：《"三区联动"的内涵、机制剖析及理论演进脉络》，《科学学与科学技术管理》2007 年第 9 期。

[174] 夏水春、夏世斌、王芳：《基于 AHP 方法的高新技术企业可持续发展评价》，《商场现代化》2006 年第 469 期。

[175] 夏禹龙、刘吉等：《梯度理论和区域经济》，《研究与建议》1982 年第 8 期。

[176] 谢国忠、杨松华：《高科技园区发展理论探讨》，《中外企业文化》（清华管理评论）2000 年第 8 期。

[177] 熊彼特：《经济发展理论》，商务印书馆 1997 年版。

[178] 徐爱萍：《智力资本的三维协同机理与绩效评价研究》，博士学位论文，武汉理工大学，2009 年。

[179] 徐长生、周志鹏：《金融要素区位分布、空间效应与经济增长》，《北京工商大学学报》（社会科学版）2014 年第 4 期。

[180] 徐嘉祺、贾金荣：《基于 Thurstone 因子分析的我国高新区绩效评价研究》，《求索》2013 年第 11 期。

[181] 徐嘉祺、贾金荣：《关于小规模高新区的比较分析》，《统计与决策》2013 年第 23 期。

[182] 徐亚清：《创新能力培养的协同分析与实证研究》，博士学位论文，河北工业大学，2009 年。

[183] 徐亚清：《研究生创新能力培养的协同分析与实证研究》，博士学位论文，河北工业大学，2009 年。

［184］徐雨森：《企业研发联盟三维协同机制研究》，博士学位论文，大连理工大学，2006 年。

［185］许庆瑞、谢章：《企业创新协同及其演化模型研究》，《科学学研究》2004 年第 3 期。

［186］许淑嫦：《产业技术政策与产业绩效的相关度研究》，博士学位论文，武汉大学，2013 年。

［187］［英］亚当·斯密：《国民财富的性质和原因的研究》，商务印书馆 1981 年版。

［188］闫丽瑞、田祥宇：《金融发展与经济增长的区域差异研究——基于我国省级面板数据的实证检验》，《宏观经济研究》2012 年第 3 期。

［189］严瑞芳、黄明：《湖南省金融支持高新技术产业发展的实证分析——基于时间序列数据的模型研究》，《湖南社会科学》2014 年第 5 期。

［190］阎颐：《大物流工程项目类制造系统供应链协同及评价研究》，博士学位论文，天津大学，2007 年。

［191］颜鹏飞、王兵：《技术效率、技术进步与生产效率增长：基于 DEA 的实证分析》，《经济研究》2004 年第 12 期。

［192］颜泽贤：《耗散结构与系统演化》，福建人民出版社 1987 年版。

［193］杨琳、李建伟：《金融结构转变与实体经济结构升级》，《财贸经济》2002 年第 3 期。

［194］杨孝海：《从增长极理论看洪雅经济现象》，《乡镇经济》2008 年第 3 期。

［195］杨亚西：《知识产权证券化：知识产权融资的有效途径》，《上海金融》2006 年第 10 期。

［196］杨子晖、鲁晓东、温雪莲：《储蓄—投资相关性及影响因素的国际研究——基于发展中国家的面板协整分析》，《国际金融研究》2009 年第 10 期。

［197］姚芳：《高校集聚地区发展模式研究》，硕士学位论文，复旦大学，2008 年。

［198］姚士谋、汤茂林、陈爽、陈雯：《区域与城市发展论》，中国科

学技术大学出版社 2004 年版。

[199] 叶敏、陈建兰：《农民培训的资金来源与调控政策的完善——以湖南临澧县为个案》，《湖南农业大学学报》（社会科学版）2007 年第 1 期。

[200] 尹晗、李陆：《黑龙江省科技中介机构调查分析报告》，《中国科技信息》2010 年第 6 期。

[201] 伊·普里高津：《从存在到演化》，上海科学技术出版社 1986 年版。

[202] 伊·普里高津：《从混沌到有序》，上海世纪出版集团 2005 年版。

[203] 虞晓芬、傅玳：《多指标综合评价方法综述》，《统计与决策》2004 年第 11 期。

[204] 岳书敬、刘朝明：《人力资本与区域全要素生产率分析》，《经济研究》2006 年第 4 期。

[205] 曾德明、骆建栋、覃荔荔：《基于耗散结构理论的高新技术产业集群开放性研究》，《科技进步与对策》2009 年第 6 期。

[206] 曾硕勋、杨永、施韶亭：《基于 DEA 三阶段模型的中国高新技术产业效率研究》，《企业经济》2013 年第 1 期。

[207] 曾卫明：《高校科技创新团队自组织演化研究》，博士学位论文，哈尔滨工程大学，2008 年。

[208] 曾学文、刘永强、满明俊、沈启浪：《中国绿色金融发展程度的测度分析》，《中国延安干部学院学报》2014 年第 6 期。

[209] 詹正华：《中小企业未来技术创新路径选择》，《企业经济》2004 年第 5 期。

[210] 张国安：《基于增长极理论的武汉——中国光谷发展研究》，《经济研究》2007 年第 1 期。

[211] 张海洋：《R&D 两面性、外资活动与中国工业生产率增长》，《经济研究》2005 年第 5 期。

[212] 张景安：《风险投资是自主创新的发动机》，《中国科技产业》2008 年第 9 期。

[213] 张景顺、王树进：《我国农业高新技术产业化的问题与对策探

讨》，《农业技术经济》2002 年第 4 期。

[214] 张娟：《基于任务复杂性的企业网络组织协同动机关联研究》，硕士学位论文，天津财经大学，2006 年。

[215] 张军华：《资本结构、资产结构与企业绩效——基于创业板高新技术中小企业的实证研究》，《财会通讯》2011 年第 12 期。

[216] 张立军：《产融结合实现的条件分析》，《财经科学》2002 年第 2 期。

[217] 张美诚、范龙昌：《农业高新技术企业综合发展能力评价研究》，《求索》2013 年第 3 期。

[218] 张目、王伟强：《科技园区开发与建设策略》，《统计与决策》2005 年第 2 期。

[219] 张霓：《辽宁城市基础设施建设融资创新》，《辽宁大学学报》（哲学社会科学版）2005 年第 2 期。

[220] 张兆国、陈天骥、余伦：《平衡计分卡：一种革命性的企业经营业绩评价方法》，《中国软科学》2002 年第 5 期。

[221] 张铁男、程宝元、张亚娟：《基于耗散结构的企业管理熵 Brusselator 模型研究》，《管理工程学报》2010 年第 3 期。

[222] 张永红：《增长极理论与我国区域经济发展的三大阶段》，《湖南工业大学学报》2008 年第 6 期。

[223] 张玉喜：《我国产业政策的金融支持体系研究》，博士学位论文，哈尔滨工程大学，2006 年。

[224] 张哲：《基于产业集群理论的企业协同创新系统研究》，博士学位论文，天津大学，2008 年。

[225] 张忠德：《高新区发展理论探析》，《西安邮电学院学报》2004 年第 4 期。

[226] 张忠德：《高新科技园区创新系统运行机制研究》，《科技管理研究》2009 年第 6 期。

[227] 赵树宽、余海晴、姜红：《财政分权与前沿技术进步、技术效率关系研究》，《管理世界》2012 年第 7 期。

[228] 赵文哲：《技术标准、技术创新与经济增长关系研究——理论模型及实证分析》，《科学学研究》2008 年第 9 期。

[229] 赵玉林、李晓霞：《国外高技术产业投融资体系中的政府行为分析》，《中国软科学》2000 年第 5 期。

[230] 郑婧渊：《我国高科技产业发展的金融支持研究》，《科学管理研究》2009 年第 5 期。

[231] 郑雪宜、陈菁、吕建秋、刘长威、刘零、全锋：《基于产业转型升级的高校横向科研项目发展的 SWOT 分析》，《农业科技管理》2013 年第 5 期。

[232] 钟书华：《科技园区管理》，科学出版社 2004 年版。

[233] 周骏一、罗瑞雪：《增长极理论在乐山市旅游发展规划与开发中的应用》，《乐山师范学院学报》2007 年第 3 期。

[234] 周立、王子明：《中国各地区金融发展与经济增长实证分析：1978—2000》，《金融研究》2002 年第 10 期。

[235] 周丽丽、杨刚强、江洪：《中国金融发展速度与经济增长可持续性——基于区域差异的视角》，《中国软科学》2014 年第 2 期。

[236] 周三多：《管理学——原理与方法》（第三版），复旦大学出版社 1999 年版。

[237] 朱传宝：《中小企业区域产业集群协同管理研究》，博士学位论文，天津大学，2007 年。

[238] 卓凯：《金融深化与经济效率负相关：基于信贷配置扭曲的解释》，《财经理论与实践》2005 年第 133 期。

[239] 左健民：《产学研合作的动力机制研究》，《学海》2002 年第 6 期。

[240] Adam B. Jaffemanuel Trajtenberg, Michael S. Fogarrty, "Knowledge Spillovers and Patent Citations: Evidence from a Survey of Inventors", *American Economic Review*, Vol. 90, No. 2, 2000.

[241] Aiyar, S. , J. Feyrer, "A Contribution to the Empirics of Total Factor Productivity", *IMF and Dartmouth College*, 2002.

[242] Alistair Nolan, "Public Policy on Business Incubators: An OECD Perspective", *International Journal of Entrepreneur – ship and Innovation Management*, Vol. 3, No. 1/2, 2003.

[243] Andrew Ryder, "Growth Pole Policy in Poland and the Lenin Steel

works", *Geoforum*, No. 21, 1990.

[244] Ángela Rocío Vásquez – Urriago, Andrés Barge – Gil, Aurelia Modrego Rico, Evita Paraskevopoulou, "The Impact of Science and Technology Parks on Firms' Product Innovation: Empirical Evidence from Spain", *Journal of Evolutionary Economics*, 2014.

[245] Anne Bollingtoft, John P. Ulhoi, "The Networked Business Incubator – leveraging Entrepreneurial Agency?", *Journal of Business Venturing*, Vol. 20, No. 2, 2005.

[246] Annette Schminke, Johannes Van Biesebroeck, "Using Export Market Performance to Evaluate regional Preferential Policies in China", *Review of World Economics*, Vol. 149, No. 2, 2013.

[247] Arrow, K. J., "The Economic Implications of Learning by Doing", *Review of Economic Studies*, Vol. 29, 1962.

[248] Bagehot, *W. Lombard Street*, *Homewood*, Illinois: Irwin, 1873.

[249] Bagehot, *W. Lombard Street*, *A Descrip of the Money Mark*, London: Henry. S. King & Co., 1873.

[250] Beck, T., Levin, R., "Stock Markets, Banks and Growth: Panel Evidence", *NBER Working Paper Series No. 9082, Cambridge Mass.: National Bureau of Economic Research*, 2002.

[251] Bencivenga, V. R., B. D. Smith, "Financial Interm ediation and Endogenous Growth", *Review of Economic in Studies*, Vol. 58, 1991.

[252] Benhabib, J., M. M. Spiegel, "The Role of Financial Development in Growth and Investment", *Jounal of Economic in Growth*, Vol. 5, 2000.

[253] Bennis Wai Yip So, "Reassessment of the State Role in the Development of High – tech Industry: A Case Study of Taiwan's Hsinchu Science Park", *East Asia*, Vol. 23, No. 2, 2006.

[254] Bernard Kahane, Tzvi Raz, "Innovation Projects in Israeli Incubators: Categorization and Analysis", *European Journal of Innovation Management*, Vol. 18, No. 1, 2005.

[255] Bollen, K. A. , Long, S. L. , *Testing Structural Equation Modeling*, Newbury, UK: Sage Publication, 1995.

[256] Buckley, P. , *The Future of the Multinational Enterprise*, London: Macmillan, 1976.

[257] Burgelman, R. A. , Christensen, C. M. , Wheelwright, S. C. , "Strategic Management of Technology and Innovation", *New York: McGraw Hill Higher Education*, 2003.

[258] Byung – Joo Kang, "A Study on the Establishing Development Model for Research Parks", *The Journal of Technology Transfer*, Vol. 29, No. 2, 2004.

[259] Cai – ping Chen, Yong – jian Ding, "City Economical Function and Industrial Development: Case Study along the Railway Line in North Xinjiang in China", *Journal of Urban Planning and Development*, No. 12, 2008.

[260] Cameron, G. C. , "Growth Areas, Growth Centers and Regional Conversion", *Scottish Journal of Political Economy*, No. 17, 1970.

[261] Camero, G. , Proudman, J. , Redding, S. J. , "Openness and Its Association with Productivity Growth in UK Manufacturing Industry", *Bank of England Working Paper*, 1999.

[262] Casetti, E. , Semple, R. K. , "Concerning the Testing of Spatial Diffusion Hypotheses", *Geographical Analysis*, No. 1, 1969.

[263] Clive Bell, Peter, I. , "Rousseau. Post – Independence India: A Case of Finance – Led Industrialization?", *Journal of Development Economics*, Vol. 65, 2001.

[264] Coe, D. T. , Helpman, E. , "International R&D Spillovers", *European Economic Review*, Vol. 39, No. 5, 1995.

[265] Conroy, M. E. , "Rejection of 'Growth Center' Policy in Latin American Regional Development Planning", *Land Economics*, No. 49, 1973.

[266] C. Vedovello, M. Godinho, "Business Incubators as a Technological Infrastructure for Supporting Small Innovative Firms Activities",

International Journal of Entrepreneurship and Innovation Management, Vol. 3, No. 1/2, 2003.

[267] Darwent, D. F., "Growth Poles and Growth Centres in Regional Planning: A Review", *Environment and Planning*, No. 1, 1969.

[268] David Huffman, John M. Quigley, "The Role of the University in Attracting High – tech Entrepreneurship: A Silicon Valley Tale", *The Annals of Regional Science*, Vol. 36, No. 3, 2002.

[269] Deog – Seong Oh, "Business Incubation Strategy of High – tech Venture Firms in a Science Park", *Technopolis*, 2014.

[270] Donald S. Siegel, Paul Westhead, Mike Wright, "Science Parks and the Performance of New Technology – based Firms: A Review of Recent U. K. Evidence and an Agenda for Future Research", *Small Business Economics*, Vol. 20, No. 2, 2003.

[271] Dong – Ho Shin, "An Alternative Approach to Developing Science Parks: A Case Study from Korea", *Papers in Regional Science*, Vol. 80, No. 1, 2001.

[272] Dow, J, G. Gorton, "Stock Market Efficiency and Economic Efficiency: Is There a Connection?", *Journal of Finance*, Vol. 52, No. 3, 1997.

[273] M. Parhi, "Dynamics of Inter – firm Linkages in Indian Auto Component Industry: A Social Network Analysis", The Druid Winter Conference, 2005.

[274] Eaton, Jonathan, Samuel Kortum, "International Patenting and Technology Diffusion: Theory and Measurement", *Intenational Economic Review*, Vol. 40, 1999.

[275] Edward J. Feser, "Introduction to Regional Industry Cluster Regional Industry Cluster Analysis", *Department of City & Regional Planning, Chapel Hill University of North Carolina*, 2001.

[276] Edwards, S., "Openness, Productivity and Growth: What do We Really Know", *Economic Journal*, Vol. 108, No. 447, 1998.

[277] Edwin Mansfield, "Intra – firm Rate of Diffusion of an Innovation",

The Review of Economics and Statistics, Vol. 45, 1963.

[278] Elena Giaretta, "The Trust 'Builders' in the Technology Transfer Relationships: An Italian Science Park Experience", *The Journal of Technology Transfer*, 2013.

[279] Elias G. Carayannis, Maximilian von Zedtwit, "Architecting GloCal (Global – Local), Real – Virtual Incubator Networks (G – RVINs) as Catalysts and Accelerators of Entrepreneurship in Transitioning and Developing Economies: Lessons Learned and Best Practices from Current Development and Business Incubation Practices", *Technovation*, Vol. 25, No. 2, 2005.

[280] Feder Gershon, "On Exports and Economic Growth", *Journal of Development Economics*, No. 12, 1982.

[281] Fisman, Love, "The Economics of Development: A Survey", *Quarterty Journal of Economics*, Vol. 99, No. 37, 2003.

[282] F. Perroux, "Economic Space: Theory and Application", *Quarterty Journal of Economics*, Vol. 64, No. 2, 1950.

[283] Frank T. Rothaermel, Marie Thursby, "University – incubator Firm Knowledge Flows: Assessing Their Impact on Incubator Firm Performance", *Research Policy*, Vol. 34, No. 3, 2005.

[284] Freixas, X., Rochet, J. C., "Microeconomics of Banking", *Masachusetts Institute of Technology*, 1997.

[285] Gans, J. S., S. Stern, "The Product Market and the Market for 'Ideas': Commercialization Strategies for Technology Entrepreneurs", *Research Policy*, Vol. 32, 2003.

[286] Geetha Vaidyanathan, "Technology Parks in a Developing Country: the Case of India", *The Journal of Technology Transfer*, Vol. 33, No. 3, 2008.

[287] Goldsmith, *Financial Structure and Development*, New Haven, CT: Yale University Press, 1969.

[288] Hagerstrand, T., *The Propagation of Innovation Waves*, Lund Studies in Geography, B., 1952.

[289] Hellmann, T., K. Murdock, Stiglitz, J., *Financial Restrain: Towards a New Paradigm*, The Journal of Oxford University Press, 1997.

[290] Hendry, C., Drown, J., "Organizational Networking in UK Biotechnology Clusters", *British Journal of Management*, Vol. 17, No. 1, 2006.

[291] Hicks, John, *A Theory of Economic History*, Oxford: Clarendon Press, 1969.

[292] Hirschman, *The Strategy of Eeonomic DeveloPment*, New Heaven: yale University press, 1958.

[293] Hoover, E. M., "An Introduction to Regional Economics", *New York: Alfred A. Knopf*, 1971.

[294] Hoyle, R. H., *Structural Equation Modeling: Concepts, Issues and Applications*, Thousand Oaks, CA: Sage, 1993.

[295] Hugh, T., Patrick, "Financial Development and Economic Growth in Underdevelop Countries", *Economic Development and Cultural Change*, Vol. 14, No. 2, 1966.

[296] Isabel Díez – Vial, Marta Fernández – Olmos, "Knowledge Spillovers in Science and Technology Parks: How Can Firms Benefit Most?", *The Journal of Technology Transfer*, 2014.

[297] Jaffe, Adam, "Reinventing Public R & D: Patent Policy and the Commercialization of National Laboratory Technologies", *The Rand Journal of Economics*, Vol. 32, No. 1, 2001.

[298] Jaffe, A., M. Trajtenberg and R. Henderson, "Geographic Localization of Knowledge Spillovers as Evidence by Patent Citations", *Quarterly Journal of Economics*, Vol. 108, 1993.

[299] Joanna Kinsey, "The Application of Growth Pole Theory in the Aire Métropolitaine Marsellaise", *Geoforum*, No. 9, 1978.

[300] John A. Kuehn & Lloydd Bender, "An Empirical Identification of Growth Center", *Land Economics*, No. 20, 2002.

[301] John B. Parr, "Growth – pole Strategies in Regional Economic Plan-

ning: A Retrospective View. Part 1. Origins and Advocacy", *Urban Studies*, No. 1, 1999.

[302] John Chnat, *"The New Theory of Financial Intermediation"*, Kevin Dowd and Mervyn K. Lewis: *Current Issues in Financial and Monetary Economics*, The Macmillan Press Ltd. , 1990.

[303] J. R. Boudeville, *Problems of Regional Development*, Edinburgh: Edinburgh University Press, 1966.

[304] J. R. G Meyer – Stamer, *Understanding the Determinants of Vibrant Business Development: the Systemic Competitiveness Perspective*, http://www. mesopartner. com, 2003 – 10 – 15.

[305] P. Meyer – Stamer J. , *New Di – mensions in Local Enterprise Co – operation and Development: From Clusters to Industrial Districts*, http://www. meyer – stamer. de/local. html, 2008 – 09 – 25.

[306] Krugman, P. R. , "Increasing Returns and Economic Geography", *Journal of Political Economy*, No. 99, 1991.

[307] Levine, Ross, "Financial Development and Economic Growth: Views and Agenda", *Journal of Economic Literature*, Vol. 3592, 1997.

[308] Levine, Ross, Zervos, S. , "Stock Markets, Banks, and Economic Growth", *Journal of American Economic Review*, Vol. 88, 1998.

[309] Lois Peters, Mark Rice, Malavika Sundararjan, "The Role of Incubators in the Entrepreneurial Process", *Journal of Technology Transfer*, Vol. 29, No. 1, 2004.

[310] Malcolm Parry, "The Surrey Research Park: A Case Study of Strategic Planning for Economic Development", *Technopolis*, 2014.

[311] Mansfield, E. , "Technical Change and the Rete of Innovation", *Econometrical*, No. 29, 1961.

[312] Mariagrazia Squicciarini, "Science Parks' Tenants Versus Out – of – Park Firms: Who Innovates More? A Duration Model", *The Journal of Technology Transfer*, Vol. 33, 2008.

[313] Mario A. Maggioni, "The Development of High – tech Clusters. Insti-

tutions and Systems in the Geography of Innovation Economics of Science", *Technology and Innovation*, Vol. 25, 2002.

[314] Mark P. Rice, "Co – production of Business Assistance in Business Incubators: An Exploratory Study", *Public Administration Quarterly*, Vol. 17, No. 2, 2002.

[315] Marshall, A., *Principles of Economics*, London : Macmillan, 1890.

[316] Massimo G. Colombo, Marco Delmastro, "How Effective are Technology Incubators? Evidence from Italy", *Research Policy*, Vol. 31, No. 7, 2002.

[317] Maximilian von Zedtwitz, "Classification and Management of Incubators: Aligning Strategic Objectives and Competitive Scope for New Business Facilitation", *International Journal of Entrepreneurship and Innovation Management*, Vol. 3, No. 1/2, 2003.

[318] McKinnon Ronald, I., *Money and Capital in Econimic Development*, Washington D. C. : Brookings Institution, 1973.

[319] Miller, S. M., Upadhyay, M. K., "The Effects of Openness, Trade Orientation, and Human Capital on Total Factor Productivity", *Journal of Development Economics*, Vol. 63, No. 2, 2000.

[320] Mine Karatas – Ozkan, Willaim D. Murphy, David Rae, "University Incubators in the UK", *International Journal of Entrepreneurship and Innovation*, Vol. 6, No. 1, 2005.

[321] Morrill, R. L, "The Shape of Diffusion in Space and Time", *Economic Geography*, Vol. 46, 1970.

[322] Moses Abramovitz, *Catching Up, Forging Ahead, and Falling Behind the Journal of Economic History*, The Tasks of Economic History, 1986.

[323] Mruinde, V., "Emerging Stock Markets: A Survey of Leading Issues", *Discussion Paper Series in Financial and Banking Economics*, *Cardiff Business School*, 1994.

[324] Pagano, M., "The Flotation of Companies on the Stock Market: A

Coordination Failure Model", *European Economic Review*, No. 36, 1993.

[325] Patrick, Hugh, "Financial Development and Economic Growth in Underdeveloped Countries", *Economic Development Cultural Change*, Vol. 14, No. 2, 1966.

[326] Paul Courtney, Lucy Mayfield, "Small Towns as 'Sub – poles' in English Rural Development: Investigating Rural – urban Linkages U- sing Sub – regional Social Accounting Matrices", *Geoforum*, No. 38, 2007.

[327] Paul D. Hannon, "A Conceptual Development Framework for Man- agement and Leadership Learning in the UK Incubator Sector", *Edu- cation & Training*, Vol. 45, No. 8/9, 2003.

[328] Pedersen, P. O., "Innovation Diffusion within and between National Urban Systems", *Geographical Analysis*, No. 2, 1970.

[329] Peter Lindelöf, Hans Löfsten, "Science Park Location and New Technology – based Firms in Sweden – implications for Strategy and Performance", *Small Business Economics*, Vol. 20, No. 3, 2003.

[330] Peter Lindelöf, Hans Löfsten, "Proximity as a Resource Base for Competitive Advantage: University – industry Links for Technology Transfer", *The Journal of Technology Transfer*, Vol. 29, No. 3 – 4, 2004.

[331] Po – Hsuan Hsu, Joseph Z. Shyu, Hsiao – Cheng Yu, Chao – Chen You, Ta – Hsien Lo, "Exploring the Interaction between Incubators and Industrial Clusters: The Case of the ITRI Incubator in Taiwan", *R&D Management*, Vol. 33, No. 1, 2003.

[332] P. O. Pederson, "Innovation Diffusion within and between National Urban System", *Geographical Analysis*, No. 2, 1970.

[333] Porter, M., *On Competition*, Boston, Harvard Business School Press, 1998.

[334] Porter, M. E., "The Adam Smithaddress: Location, Clusters, and the 'New', Microeconomics of Competition", *The National Associ-*

ation of Business Economists, Vol. 33, No. 1, 1998.

[335] Quinton C. Kanhukamwe, Maxwell Chanakira, "Role of Universities in Contributing Towards Science and Technology Park Development: A Framework of Critical Success Factors", *Technopolis*, 2014.

[336] Rajan, R., Zingales, L., "Financial Dependence and Growth", *The Journal of American Economic Review*, Vol. 88, 1998.

[337] Rice, M. P., "Co – production of Business Assistance in Business Incubators: An Exploratory Study", *Journal of Business Venturing*, Vol. 17, 2002.

[338] Richard Ferguson, Christer Olofsson, "Science Parks and the Development of NTBFs—Location, Survival and Growth", *The Journal of Technology Transfer*, Vol. 29, No. 1, 2004.

[339] Richard M. Auty, "The Impact of Heavy – industry Growth Poles on South Korean Spatial Structure", *Geoforum*, No. 21, 1990.

[340] Robert G. King, Ross Levine, "Government Ownership of Bank", *The Journal of Finance*, Vol. 57, 1993.

[341] Robert, J., Barro N., "Gregory Mankiw Xavier Sala – i – martin Capital Mobility in Neoclassical Models of Growth", *The American Economic Review*, Vol. 85, No. 1, 1995.

[342] Robert P. Singh, Ravi K. Jain, "Improving Local Economies through Technology Transfer: Utilising Incubators to Facilitate Cluster Development", *International Journal of Technology Transfer & Commercialisation*, Vol. 2, No. 3, 2003.

[343] Rosa Grimaldi, Alessandro Grandi, "Business Incubators and New venture Creation: An Assessment of Incubating Models", *Technovation*, Vol. 25, No. 12, 2005.

[344] Ross Levine, "Financial Development and Economic Growth: Views and Agenda", *The Journal of Economic Literature*, Vol. 35, 1997.

[345] Rudy Aernoudt, "Incubators: Tool for Entrepreneurship?", *Small Business Economics*, Vol. 23, No. 2, 2004.

[346] Saibal Ghosh, "Productivity and Financial Structure: Evidence from

Indian High – tech Firms", *Journal of Political Economy*, Vol. 94, 2009.

[347] Sang Suk Lee, Jerome S. Osteryoung, "A Comparison of Critical Success Factors for Effective Operations of University Business Incubators in the United States and Korea", *Journal of Small Business Management*, Vol. 42, No. 4, 2004.

[348] Schumpeter Joesph, *The Theory of Economic Development*, Cambridge Harvard University Press, 1934.

[349] Schumpter, J. A., *The Theory of Economy*, London: Oxford University Press, 1934.

[350] Schumpter, Joseph, *The Theory of Economic Development*, Cambridge, MA: Harvard University Press, 1912.

[351] Sean, M., Hackett, David M. Dilts, "A Real Option – driven Theory of Business Incubation", *Journal of Technology Transfer*, Vol. 29, 2004.

[352] Sean, M., Hackett, David M. Dilts, "A Systematic Review of Business Incubation Research", *Journal of Technology Transfer*, Vol. 29, 2004.

[353] Shaw, E., *Financial Deepening in Economic Development*, Oxford: Oxford Univ. Press, 1973.

[354] Stiglitz, J. E., "Credit Markets and Control of Capital", *Journal of Money, Credit and Banking*, Vol. 17, No. 2, 1985.

[355] T. Hagerstrand, *Innovation Diffusion as a Space Process*, Chicago U. P., 1953.

[356] D. Hakura, F. Jaumotte, "The Role of Inter – and Intraindustry Trade in Technology Diffusion", *Imf Working Papers*, Vol. 99, No. 58, 2006.

[357] Thomas S. Lyons, "Building Social Capital for Rural Enterprise Development: Three Case Studies in the United States", *Journal of Development Entrepreneurship*, Vol. 7, No. 2, 2002.

[358] Tim Padmore, Hervey Gibson, "Modeling Systems of Innovation:

Ⅱ. A Framework for Industrial Cluster Analysis in Regions", *Research Policy*, Vol. 26, 1998.

[359] Vernon, R., "International Investment and International Trade in the Product Cycle", *Quarterly Journal of Economics*, No. 80, 1966.

[360] Vandenbussche, Aghion, P. and Meghir C., "Growth, Distance to Frontier and Composition of Human Capital", *Journal of Economic Growth*, Vol. 11, No. 2, 2006.

[361] Wolfgang Keller, "Geographic Localization of International Technology Diffusion", *American Economic Review*, Vol. 92, 2002.

[362] Wu, Yanrui, "Openness, Productivity and Growth in the APEC Economies", *Empirical Economics*, Vol. 29, No. 3, 2004.

[363] Wurgler, "Finance and Growth: Schumpeter Might be Right", *Journal of Economics*, Vol. 108, 2000.

[364] Yang, L. Y., MO, S. S., Zhou, A. Q., "The Financial Structure and High – tech Industries development in China", *Journal of International Colloquium on Computing, Communication, Control, and Management*, 2000.